LA ESCUELA
DEL CAMINANTE

LA ESCUELA DEL CAMINANTE

JOSÉ A. SANZ

Número de Control de la Biblioteca del Congreso de EE. UU.:   2017916772
ISBN: Tapa Dura   978-1-5065-2269-2
             Tapa Blanda   978-1-5065-2268-5
             Libro Electrónico   978-1-5065-2267-8

Las opiniones expresadas en este trabajo son exclusivas del autor y no reflejan necesariamente las opiniones del editor. La editorial se exime de cualquier responsabilidad derivada de las mismas.

He traducido las citas bíblicas lo más cercanamente posible al texto original, porque nos acercan más a las expresiones peculiares que utilizó Pablo, aunque a veces sufra el texto en español.
El texto original griego proviene de The Greek New Testament, United Bible Societies, 1983, Third Edition.

Información de la imprenta disponible en la última página.

Fecha de revisión: 24/10/2017

Para realizar pedidos de este libro, contacte con:
Palibrio
1663 Liberty Drive
Suite 200
Bloomington, IN 47403
Gratis desde EE. UU. al 877.407.5847
Gratis desde México al 01.800.288.2243
Gratis desde España al 900.866.949
Desde otro país al +1.812.671.9757
Fax: 01.812.355.1576
ventas@palibrio.com
769775

ÍNDICE

BIENVENIDOS A LA ESCUELA DEL CAMINANTE 1

LAS CLAVES DE LECTURA 5

EL TÍTULO
LA BUENA NOTICIA DE JESÚS MESÍAS (Mc 1:1) 11

PRINCIPIO
DIOS DECIDE (Mc 1:2-15)..................................... 19

PRIMERA PARTE: EL GOZOSO IMPACTO DEL REINO
(Mc 1:16-8:26).. 33
    JESÚS DA LA CARA (Mc 1:16-3:12) 35
    JESÚS SE DEFINE (Mc 3:13-6:6a) 72
    JESÚS ENVÍA (Mc 6:6b-8:26)..106

SEGUNDA PARTE: EL DOLOROSO DESAFIO DE LA CRUZ
(Mc 8:27-10:52)... 139
    ¿QUÉ CLASE DE DISCÍPULO BUSCA JESÚS?
    (Mc 8:27-9:29) 140
    ¿QUÉ ACTITUDES DEBE DESARROLLAR EL
    DISCÍPULO? (Mc 9:30-50) 156
    ¿CÓMO HA DE SER LA COMUNIDAD DE LOS
    DISCÍPULOS? (Mc 10:1-31) 163
    ¿QUÉ DEFINE AL DISCÍPULO? (Mc 10:32-52) 173

TERCERA PARTE: LA SEMANA SANTA (Mc 11:1-15:47)...... 181
    LOS DOS FRENTES (Mc 11:1-13:37)............................181
    LOS TRES DIAS GRANDES (Mc 14:1-15:47) 215

FINAL
HACIA UN ENCUENTRO EN GALILEA (Mc 16:1-8)......... 243

COMPLEMENTO
APARICIONES DEL RESUCITADO (Mc 16:9-20) 249

BIENVENIDOS A LA ESCUELA DEL CAMINANTE

Una escuela sin edificios ni oficinas, sin mesas ni sillas, sin libros ni cuadernos, sin computadoras ni tabletas, sin papel ni plumas. En esta escuela se aprende andando, viendo y oyendo. Es la escuela del caminante.

El maestro caminante es Jesús. La historia comienza con el llamado de unos discípulos y termina con la promesa de un nuevo encuentro. Entre tanto, un gran recorrido por Palestina y sus alrededores. Hay mucho que aprender por el camino, porque aquí se enseña a vivir.

Marcos dice que el hecho de que hay un maestro que ha abierto una escuela es una *buena noticia*. Es *noticia*, algo nuevo y sorprendente. Dios ha decidido enviar a Jesús *el Mesías*. Y es *buena*, pues va a beneficiar a todos - en contra de los pesimistas que dicen que este mundo no tiene remedio.

¿Por qué hay que hacer caso a Jesús? ¿por qué hay que acudir a su escuela? Porque la gente se siente oprimida, quiere otra clase de vida, espera el consuelo ya que en este mundo todo anda revuelto y confundido. Entonces uno recibe la *buena noticia* con alegría. Por fin, Dios se ha decidido a hacer algo maravilloso. Ya tenemos futuro, si respondemos a la proclamación del reino de Dios. Para eso nos inscribimos en la escuela del caminante y nos ponemos a las órdenes del maestro.

Cada maestro tiene su propio método – *el mejor* para lo que él quiere enseñar. En esta escuela sólo se aprende siguiendo al maestro. Primero hay que estar seguros a quien se está siguiendo. Empezamos por darnos cuenta de la personalidad del maestro, porque según se vayan descubriendo distintos aspectos del maestro así será su seguimiento.

Partimos con la ilusión de estar en el lado de *los ganadores*, de los que van a entrar en el Reino de Dios, pues eso es lo que proclama Jesús.

Jesús educa a los discípulos paso a paso. Hay asuntos que los trata en campo abierto donde todos pueden oír lo que dice, pero hay otros que los explica *en privado*, cuando está solo con los discípulos en casa o en un lugar apartado. Parece que Jesús no tiene buenos alumnos, puesto que cuanto más oyen, menos *entienden*. Jesús, sin embargo, no los deja por imposibles, sino que sigue *delante* marcando el paso con paciencia. De verdad, la escuela del caminante está llena de sorpresas.

Marcos nos invita a escuchar la proclamación del reino de Dios que Jesús hace y a responder inscribiéndonos en la escuela del caminante. Estamos en mejor posición que los primeros discípulos, pues vamos a ver y oír lo que ellos vieron y oyeron y además sabremos cómo les fue. Pero tal vez seamos tan duros de inteligencia como fueron ellos, ya que la gente que nos rodea y la propaganda que nos impone la sociedad hacen que no terminemos de ponernos *detrás* de Jesús.

El Evangelio de Marcos nos ayuda a refrescar nuestra imagen de Jesús, a oír de nuevo su llamado a seguirlo, a darnos cuenta de lo que espera de nosotros y a descubrir las dificultades que conlleva el ser sus discípulos en un mundo que se dedica a otra cosa, que vive con criterios que no son los de Dios.

Nos engañamos si pensamos que ya sabemos lo que el maestro nos va a enseñar. Es cierto que cada domingo escuchamos el evangelio en las celebraciones eucarísticas, donde nos familiarizamos con algunos *trozos* de su evangelio. Pero con dificultad apreciamos *el hilo* que hilvana estas piezas. Sacamos algunas enseñanzas, pero se nos escapa el sentido que pueda tener la *historia* en su conjunto.

Jesús caminó con sus discípulos por Palestina hace más de dos mil años. Físicamente no podemos volver allá. Pero el Evangelista Marcos nos da la oportunidad de revivir la historia y de meternos en la escuela del caminante. Nos da la oportunidad de colocarnos en el puesto de los discípulos y, por tanto, de escuchar a Jesús, que ahora nos habla personalmente a nosotros.

Les propongo a que me acompañen a la escuela del caminante según la presenta el Evangelio de Marcos, dejándole a él, que es un buen narrador, que nos cuente su historia -casi diría, su *novela* - que es la historia de Jesús, de aquellos que fueron *tras* Jesús y de aquellos que se colocaron *frente* a él. Lo hacemos con la intención de responder a la pregunta: Y yo, ¿dónde me sitúo? ¿con quién me identifico? ¿a quién me parezco? ¿qué me dice Jesús? ¿cómo me afectan sus palabras y sus acciones? Nos gustaría ser buenos seguidores de Jesucristo hoy día, pero encontramos tantos obstáculos como los discípulos.

Marcos no escribió un *evangelio* para ser escuchado mas que leído. Mucha gente no sabía leer. La *Palabra de Dios* era palabra oída, memorizada y recitada. Era una palabra para el oído, no para la vista. De ahí que Marcos repita palabras claves que quiere que se nos graven bien y que organice relatos en grupos para que no perdamos el hilo. Empezaremos por recobrar el Evangelio como palabra proclamada, para después sacarle gusto como palabra escrita.

LAS CLAVES DE LECTURA

Vamos a considerar el Evangelio en cuatro pasos. Primero, leemos el texto tal como aparece en la Biblia (El Texto). Este texto ha sido guardado en la Iglesia porque representaba la voz del Espíritu Santo que seguía guiando a la comunidad. Por eso el segundo paso es acoger el texto tal como lo guardaron los Padres de la Iglesia (La Palabra Recibida). Este texto se convierte en Palabra de Dios viva en la proclamación que se hace en la liturgia, especialmente en las celebraciones eucarísticas de cada domingo. En este tercer paso, leemos el evangelio en relación con otros textos bíblicos (La Palabra Proclamada). Finalmente, cada uno de nosotros tiene que apropiarse el texto, para ver lo que me dice a mí personalmente (La Palabra Leída).

El Texto

Marcos cuenta una historia. El narrador no es un periodista que pretenda relatar sucesos de una manera objetiva, sino una persona de fe, que da un testimonio. El es un seguidor de Jesús Resucitado -un *buen* seguidor de Jesús, porque hay distintas maneras de seguir a Jesús. Por eso se pregunta ¿qué clase de discípulo espera Jesús?

Marcos cuenta un relato como mensaje de Dios a la comunidad, que se ha de preguntar: ¿somos buenos seguidores de Jesús? ¿estamos llevando adelante la misión que Jesús nos encomendó? Marcos sabe muy bien que corren *malos tiempos* para los que se han puesto *detrás* de Jesús. ¿Podremos hacerlo hoy los que nos llamamos cristianos? La solución está, según Marcos, en un nuevo encuentro con Jesús Resucitado.

Es un relato bien contado. Tiene un comienzo que introduce a los personajes; suceden eventos importantes ante los que hay que tomar una postura; aparecen obstáculos o imprevistos que hay que superar. Unos se ponen a favor y otros en contra. ¿Cómo terminará esta historia? ¿Habrá un final feliz o un fracaso? ¿o, tal vez, acabe en unos puntos suspensivos?

Marcos nos presenta a un hombre con una misión, que se llama Jesús; es un tanto misterioso, porque tiene una *autoridad* que lo distingue de los otros maestros. Hay algunos que están dispuestos a acompañarlo, convirtiéndose en discípulos suyos, y hay otros que se van oponiendo progresivamente hasta tramar su muerte. Pero queda pendiente la promesa de un nuevo encuentro con Jesús.

Marcos, que es un creyente, quiere convencernos de su punto de vista sobre Jesús y nos invita a pensar en las dificultades en su seguimiento, ya que espera que nosotros, oyentes y lectores de su evangelio, seamos auténticos discípulos de Jesús.

Marcos podía haber contado muchas cosas sobre Jesús y sus discípulos, pero se ha fijado en algunos episodios y ha escogido ciertas palabras y frases claves. Por tanto, nos vamos a fijar cómo Marcos enlaza una escena con lo que precede y con lo que sigue, para que vayamos descubriendo poco a poco el hilo de la trama.

Marcos no sólo narra, sino que organiza sus historias por días y por semanas. Hay eventos que suceden a orillas del lago, donde todo el mundo puede ver y oír lo que pasa, pero otros se dan en lo alto de un monte, donde pocos pueden estar presente o en el desierto, cuando Jesús busca la soledad.

Marcos distingue entre los que pertenecen a la *familia* de Jesús, que son instruidos dentro de *la casa*, y los que se quedan *fuera*.

Toda la historia de Jesús se presenta como una peregrinación: empieza en Galilea y sus alrededores. Jesús comienza a darse a conocer; sorpresivamente, son los demonios los primeros en advertir que ha aparecido una persona muy especial. Después los discípulos se dan cuenta de que están tratando con el Mesías. Entonces Jesús se pone de camino hacia Jerusalén, que es la plaza fuerte de sus enemigos. Allí será donde un soldado romano lo declare *hijo de Dios*. Los discípulos tendrán que esperar hasta un nuevo encuentro en Galilea.

Los que están *con* Jesús oyen lo que tiene que decir, pero, sobre todo, ven lo que hace. Empiezan muy entusiasmados, pero van perdiendo fervor según aumenta la oposición de los líderes judíos, pues la hostilidad de los que se ponen *contra* Jesús crece con el paso del tiempo. Primero levantan preguntas, después espían y le ponen pruebas, hasta que deciden provocar su muerte. En ese mismo ritmo los discípulos se van endureciendo y se les cierra la mente, hasta el punto de no entender lo que Jesús está tratando de llevar a cabo. Cuando Jesús les habla del reino todo es gozo, pues ven victoria al final, pero cuando les propone la cruz, se les cierra la mente.

La vida de Jesús es una pelea constante, contra los demonios, contra sus adversarios e incluso contra sus propios discípulos. Marcos habla más con hechos que con palabras. Describe poco los sentimientos, pero muestra con claridad las reacciones de los distintos personajes.

Marcos cuenta la historia de Jesús porque es lo que su comunidad necesita escuchar. Algunas palabras, algunas frases e, incluso, algunos episodios reflejan las preocupaciones de la primera comunidad cristiana. Marcos nos da directamente la historia de Jesús, pero indirectamente los latidos de su comunidad. Hay que tener en cuenta cómo la primera comunidad cristiana escuchó la historia de Jesús. Nosotros también damos el salto del tiempo y nos colocamos como oyentes de esta historia que Marcos nos cuenta.

La Palabra Recibida

La comunidad cristiana acoge y guarda el Evangelio de Marcos, no sólo porque es un libro sobre Jesús, sino porque es Palabra de Dios inspirada por el Espíritu Santo, que hace que no caiga en el olvido. La Iglesia guarda con respeto y cariño este Evangelio, lo proclama y lo medita continuamente. No es un libro para profesores de universidad o aficionados a la historia, sino que es un libro para todos aquellos que quieren vivir según la voluntad de Dios. Así es como los *Padres de la Iglesia* recibieron este Evangelio.

¿Cómo comentaban *los Padres de la Iglesia* la Palabra de Dios? Primero formaban una cadena de textos alrededor de un mismo tema. Los leían juntos, para llegar a *la verdad completa*. Un texto iluminaba otro texto. Casi nunca los *Padres de la Iglesia* comentaban un texto aisladamente, siempre lo relacionaban con otro. Leían el texto con *sentido común*, lo que estaba escrito. Después buscaban el sentido moral o espiritual que pudiera encerrar el texto. Esto era lo que más interesante para ellos.

Hay que tener en cuenta que los *Padres de la Iglesia* fueron pastores y maestros en una comunidad que celebraba las acciones de Dios en los sacramentos. Los *Padres de la Iglesia* no fueron profesores de universidad ni cronistas de historias. Querían descubrir lo que Dios les estaba pidiendo a los cristianos de su tiempo, es decir el paso que el Espíritu Santo estaba marcando a las personas de fe.

La Palabra Proclamada

Hoy oímos el Evangelio de Marcos como Palabra proclamada en las asambleas litúrgicas, sobre todo en la primera parte de la celebración eucarística de cada domingo. La Iglesia escucha constantemente las Escrituras según un itinerario, que hace que nos centremos cada año con más intensidad en un Evangelio: Mateo en el ciclo A, Marcos en el ciclo B y Lucas en el ciclo C. El Evangelio de Juan se reparte cada año entre los diversos ciclos.

Escuchamos el Evangelio de Marcos, después de haber oído otras lecturas de la Palabra de Dios, normalmente del Antiguo Testamento. De esta manera vemos que lo que anuncia la primera lectura se cumple en el Evangelio. Acogemos la Palabra de Dios cantando el salmo responsorial. Así es como la Iglesia quiere que escuchemos el Evangelio de Marcos.

En la proclamación dominical el Evangelio se vuelve palabra viva de Dios para la comunidad que la escucha. Liturgia es diálogo: Acogemos la palabra y respondemos a ella. ¿Qué nos está diciendo Dios hoy día, a nosotros los oyentes de la Palabra?

La Palabra Leída

En las asambleas dominicales, *oímos* la proclamación todos juntos; pero, en casa, cuando estamos solos o en pequeños grupos, *leemos* el Evangelio de Marcos porque es Palabra de Dios que cada uno de nosotros ha de asimilar personalmente. En las proclamaciones dominicales, recibimos el Evangelio *trozo a trozo* y, a veces, es difícil conectar los episodios. Sin embargo, en la lectura personal nos damos cuenta de la historia que Marcos escribió, un relato continuado, completo con principio, medio y fin. Este comentario insiste, precisamente, en el relato seguido que Marcos cuenta, la *historia* de unos individuos que se ponen de camino y que han de llegar a alguna parte.

Nos interesa esta historia, no sólo porque es simpática y nos proporciona enseñanzas, sino porque es una de las maneras cómo Dios nos habla hoy día y nos dice lo que espera de nosotros. Por tanto, no nos debemos asustar entre la distancia entre Marcos y nosotros. Hablamos distinto lenguaje, pertenecemos a diferentes culturas y presuponemos otros valores. Pero es el mismo Espíritu el que inspiró a Marcos y el que nos guía a nosotros. La distancia entre Marcos y nosotros se acorta mucho con un poco de esfuerzo.

Al leer este comentario debe de tener delante el Evangelio de Marcos. He traducido algunos textos. Pero ya saben, *traductor, traidor*. No hay una traducción perfecta. Todas las traducciones presuponen el punto de vista del que hizo el trabajo. Yo he escogido una traducción lo más literal posible.

EL TÍTULO
LA BUENA NOTICIA DE
JESÚS MESÍAS (MC 1:1)

El Texto

"Comienzo de la buena noticia de Jesús Mesías (hijo de Dios)" (1:1).

Las primeras palabras nos dicen lo que Marcos tiene en mente al escribir su libro: presentar a *Jesús, Mesías*. El Evangelio introduce muchos otros personajes, pero, desde el principio, queda bien claro que el protagonista de esta historia es Jesús y que los demás personajes tienen importancia según se relacionen con Jesús. Marcos no tiene interés en describir una época ni la historia de un pueblo, sino en mostrarnos el significado de esta persona que se llama Jesús.

Noten un hecho curioso. No se dice, como en otros libros, quién sea el autor de este Evangelio. El nombre de *Marcos* aparece en algunos manuscritos al principio y en otros al final y en otros al margen y en otros no aparece. Dentro del mismo evangelio, no hay referencia alguna a su autor. Por tanto, lo importante no es el escritor, sino la comunidad que reconoció el escrito como Palabra de Dios y que lo transmite de generación en generación. Pero el hecho de que el Evangelio ha sido asignado a Marcos nos ayuda a entender mejor el mensaje.

¿Quién pudo ser este Marcos? Si ponemos juntos todos los datos que nos da el Nuevo Testamento y suponiendo que se refieren a un mismo individuo, se trataría de una persona con un nombre judío (Juan) y otro latino (Marcos); hijo de María, una señora rica que tenía una casa en Jerusalén donde se reunían los primeros cristianos y a donde acudió Pedro al ser liberado de la prisión (Hechos 12:12); primo del apóstol Bernabé (Col 4:10) a quien acompañó en el primer viaje misionero junto con Pablo (Hechos 13:5), pero que al llegar a Perge de Panfilia se regresó a Jerusalén. Años más tarde, Marcos aparece al lado de Pablo cuando estaba prisionero (Filemón 24). Por tanto, Marcos sabía muy bien lo que le esperaba a un discípulo de Jesús.

De acuerdo a un escritor antiguo, Papías (60-130), Marcos acompañó a Pedro cuando vivió en Roma y allí escribió su evangelio. Tradiciones posteriores dicen que Filón de Alejandría, un famoso líder judío, se encontró con Pedro en Roma y que invitó a Marcos para que fundara la Iglesia en Alejandría, Egipto, donde murió.

Tanto el contacto de Marcos con Pablo como con Pedro habla de persecución. Se da una realidad dolorosa. Jesús fue rechazado por los líderes, tanto religiosos como civiles. El testimonio de los apóstoles fue aceptado sólo en algunos sitios, sobre todo por los gentiles (no judíos), pero rechazado por la mayoría del pueblo judío. La generación siguiente de misioneros cristianos no tuvo mejor suerte. Parecía que la misión había fracasado: el mundo no quería escuchar el mensaje de salvación. Además los misioneros eran perseguidos e incluso condenados a muerte. ¿Cómo era posible que Dios permitiera tal situación?

Entonces Marcos cuenta cómo Jesús ya había preparado a sus discípulos para hacer frente a las persecuciones: *Vean por ustedes mismos: los entregarán a los tribunales, serán golpeados en las sinagogas y comparecerán ante gobernadores y reyes por mi causa… Y el hermano entregará a muerte al hermano y el padre al hijo y se levantarán los hijos contra los padres para matarlos. Y serán odiados por todos a causa de mi nombre; pero el que aguante hasta el final, ése se salvará* (Mc 13:9-13).

La referencia a los tribunales (el sanedrín judío) y a las sinagogas, al odio dentro de la misma familia y a la lucha entre *hermanos* parece que indica una persecución por los mismos judíos, y no tanto por parte de los romanos, aunque también la hubo en algunas ocasiones y en lugares aislados. Tal vez la tensión fue creada por la guerra judía contra los romanos, cuando el Templo de Jerusalén fue destruido en el año 70. Al parecer los seguidores de Jesús no participaron en la guerra y esto fomentó la enemistad dentro de las mismas familias judías.

Cuando hay persecución, algunas personas reniegan de su fe (como Pedro en la pasión, 14:71), otros se vuelven traidores (como Judas, 14:10). Los hay que se enfrían en su fe (Ap 2:4) o los que piensan que es mejor olvidarse de todo este asunto de la cruz (1Cor 1:18). Pero estaban también los que resisten la persecución valientemente (Hb 12).

Marcos escribe para una comunidad concreta. Menciona a Rufo y Alejandro, hijos de Simón el Cirineo que llevó la cruz de Jesús (15:21), como personas conocidas en la comunidad cristiana. Marcos cita la Biblia Hebrea, por tanto está en un ambiente judío. Pero explica las tradiciones judías y traduce palabras del arameo, es decir, dentro de esa comunidad cristiana había también gentiles, personas que no entendían la cultura judía.

Entonces Marcos se pregunta: ¿Cómo se puede seguir siendo discípulo de Jesús cuando uno encuentra tanta oposición, no sólo en la sociedad sino dentro de la misma familia, tanto por parte de los judíos que ya han rechazado a Jesús como Mesías, como por los gentiles que no conocen el plan que Dios ha propuesto a favor del mundo?

Para responder tal pregunta Marcos contaba con *la memoria* de los discípulos que habían acompañado a Jesús.

Cuando escribe el evangelio, ya circulaban cartas de Pablo y colecciones de enseñanzas de Jesús. Sobre todo había relatos que se proclamaban en las celebraciones litúrgicas como el bautismo y la eucaristía, donde se cantaban himnos y se recordaban eventos, como la pasión, muerte y resurrección de Jesús. Lo que era una proclamación en las celebraciones cristianas, Marcos lo convierte en un drama con personajes y acontecimientos.

Marcos crea una manera nueva de presentar a Jesús: el evangelio, una narración sobre Jesús, que incluye no solamente el recuerdo de sus palabras, sino también hechos de su vida; no solamente lo que dijo, sino también su manera de vivir y las personas con las que convivió, unos a su favor y otros en su contra, unos que se acercan a él suplicantes y otros que se alejan de él escandalizados. Es así toda la persona de Jesús, la que se convierte en *buena noticia*.

Buena noticia tenía un significado especial en la cultura griega y latina en que vivía Marcos. *Buena noticia* era la comunicación de una victoria en tiempos de guerra, o el nacimiento de un hijo del emperador, la visita de un gobernante importante a la ciudad, o el mensaje divino a través de un oficial del templo. Por tanto, Marcos está diciendo que algo bueno ha sucedido en el mundo.

Sin embargo, para los oyentes de Marcos, familiarizados con la Biblia, la expresión *buena noticia* les traía el recuerdo del profeta Isaías, que había llamado *buena noticia* a la decisión de Dios de liberar al pueblo de Israel. Dios había decidido volver a reinar desde Sión, el monte santo de Jerusalén. La diferencia estaba en que Isaías anunciaba algo que iba a pasar en el futuro, mientras que Marcos se refiere a algo que ya ha pasado y del que él va a narrar su *comienzo*.

Se inaugura una nueva etapa en la historia porque Dios ha decidido empezar un nuevo proceso enviando a Jesús. Marcos narra sólo el *comienzo*, puesto que Jesús el Mesías sigue actuando en la Iglesia y en el mundo. Aquí empieza una nueva etapa, la de Jesús el Mesías, que, como el profeta Isaías, proclama el Reino de Dios, pero esta vez en su fase definitiva.

Entonces Jesús es *la buena noticia*, la última *maravilla* de Dios, la última intervención de Dios en favor de la humanidad. Hay que tener en cuenta que Marcos escribe como creyente después de la resurrección de Jesús. Por eso se concentra en Jesús, como enviado del Padre, investido con plena autoridad divina, para restaurar la creación, que se encuentra bajo la influencia de las fuerzas del mal.

Tal vez detrás de la expresión *buena noticia* esté la manera de pensar de San Pablo, que dice que *evangelio* no es sólo *noticia* sino *poder de Dios para la salvación de todos los que creen* (Rm 1:16). Es decir, Marcos no está simplemente dando testimonio de algo que ha pasado, sino, que al proclamarlo como Palabra de Dios, hace presente su poder y obliga al oyente y al lector a tomar una decisión en favor o en contra. Por eso el evangelio no es sólo información sobre Jesús, sino que es desafío: hace presente lo que Jesús trae. El evangelista no narra simplemente la vida de Jesús, sino que proclama la presencia de Jesús, que llama al oyente y al lector a que se haga su discípulo.

Desde el principio Marcos dice al lector que se trata de Jesús, *el Mesías*. Presupone que todo el mundo entiende el significado de esta palabra. Se trata de un personaje especial en la cultura judía. Los judíos estaban convencidos de que este mundo no podía seguir por mucho tiempo de la manera en que se hallaba, pero se sentían impotentes para cambiarlo. Los políticos no encontraban el medio de hacerlo ni los sabios sabían cómo. Sólo Dios lo podía hacer y en su sabiduría había decidido enviar a una persona especial, un *ungido* (en griego *Cristo*), que cambiaría la suerte del mundo para siempre.

Pero la gente se imaginaba a este Mesías de muchas maneras. Unos esperaban un rey guerrero (*un hijo de David*), que se impondría por la fuerza en una batalla final definitiva. Otros esperaban un Mesías, que se pareciera al Sumo Sacerdote, restaurando un culto santo. Otros se imaginaban al Mesías como un maestro, que enseñaría la Ley en su exactitud. Tampoco estaban de acuerdo en el *cuándo*. Si estaría a la vuelta de la esquina o si tardaría mucho tiempo para darle tiempo al pueblo a prepararse.

Cuando Marcos escribe su evangelio predominaba un ambiente *apocalíptico*. Es decir, se esperaba una transformación del universo, donde las fuerzas del mal serían totalmente arrasadas por el Mesías o sus enviados. Sería una lucha a nivel cósmico, pues la tierra ya estaba dominada por poderes malignos, incluso las autoridades civiles, religiosas y militares parecían estar al servicio del demonio. Desde el principio Jesús se enfrenta a tales poderes (exorcismos) y a tales autoridades. Su crucifixión será un evento cósmico; la oscuridad reinará por toda la tierra.

Así el lector sabe desde el principio que Jesús es *el Mesías*, pero no sabe qué clase de Mesías va a ser. En eso se parece a los discípulos de Jesús. A ellos les va a costar darse cuenta que Jesús es el Mesías, pero les va a costar mucho más aceptar qué clase de Mesías va a ser Jesús.

Algo parecido pasa con el otro título *Hijo de Dios*. Ha sido colocado en paréntesis porque no aparece en muchos manuscritos importantes del Evangelio de Marcos; tal vez lo puso uno de los primeros copistas que hacían a mano los ejemplares del evangelio (no había imprentas en aquella época) y que después entró a formar parte del texto definitivo. Sea como fuere, el lector sabe que Jesús es *Hijo de Dios*, porque lo va a oír muy pronto en el bautismo de Jesús (1:11), después lo oirá en el medio del evangelio durante la transfiguración (9:6) y, finalmente, en la pasión (14:61-62; 15:39). Pero el lector no sabe qué clase de *Hijo* es Jesús ni tampoco cómo se ponen juntos los títulos de *Mesías* e *Hijo de Dios*. Así que el lector, como los discípulos inmediatos de Jesús, tiene mucho que aprender.

La Palabra Recibida

Desde los primeros tiempos de la Iglesia, se estableció una tradición firme de que el Evangelio de Marcos era la voz de Pedro. Es una tradición que aparece muy pronto y en muchos lugares apartados a la vez, lo que indica que es un dato bien arraigado en la comunidad cristiana y que se ha transmitido independientemente.

Lo encontramos ya en Papías (60-130), obispo de Hierápolis en Frigia, que había conocido al *presbítero Juan*. Según Papías, Marcos fue un buen intérprete del apóstol Pedro, el testigo directo de lo que Jesús dijo e hizo. Pedro fue narrando las enseñanzas de Jesús según hacía falta, sin pretender dar un relato completo. Finalmente, Marcos escribió de manera fiel el testimonio de Pedro, sin omitir nada de lo que oyó, pero *sin orden*.

Este informe de Papías fue secundado por la mayor parte de los Padres de la Iglesia que informan cómo Pedro predicó la Palabra de Dios en Roma y cómo los oyentes le pidieron a Marcos, que había acompañado a Pedro por mucho tiempo, que pusiera sus palabras por escrito.

La Palabra Leída

Al leer el Evangelio de Marcos uno se identifica con los discípulos de Jesús. Queremos descubrir *quién* es este Jesús y *cómo* hay que seguirlo. El evangelista transmite no sólo lo que los discípulos aprendieron sobre Jesús, sino también sus reacciones y sus dificultades en el seguimiento. Marcos nos previene, pues ha ordenado los hechos para que nos demos cuenta que hay dos etapas en el seguimiento de Jesús: El seguimiento entusiasta al principio cuando se proclama el mensaje glorioso del Reino de Dios y el desánimo cuando empieza el camino hacia la pasión. Después deja abierta la posibilidad de un reencuentro, una vez que hayan aprendido lo que significa la resurrección.

Hoy día también es dificultoso e, incluso, peligroso ser discípulo de Jesús. En un ambiente donde se vive de espaldas a Dios, los seguidores de Jesús van a ser criticados, insultados y también perseguidos. El seguidor de Jesús vive hoy día *contra corriente*. Por tanto podemos ir de la mano con los discípulos para ver lo que Jesús espera de sus seguidores y para enfrentarnos a actitudes, que tal vez estén muy enraizadas en nosotros, pero que no corresponden a la condición de discípulos de Jesús. ¡Entremos en la escuela del caminante con los Doce discípulos!

PRINCIPIO
DIOS DECIDE (MC 1:2-15)

El Texto

Marcos empieza con un Jesús adulto, porque lo importante para él es el hecho de ser enviado por el Padre: es el Hijo muy especial, *el amado*. Lo que pudo hacer antes de su *vocación* no tiene importancia para Marcos.

El *comienzo* de la *andadura* de Jesús fue la figura de Juan Bautista. Jesús no empalma con la propuesta de los sacerdotes, ni de los fariseos, ni de los saduceos, ni de los celotes, sino con el *profeta* Juan, que *va por delante* para introducir a Jesús - en paralelo con el epílogo (16:1-8) donde Jesús *va por delante* de los discípulos para encontrarse con ellos en Galilea. Pero la actuación profética de Juan remite a una decisión anterior que se ha tomado en los cielos.

1) El recuerdo de Isaías (Mc 1:2-3)

Dios Padre ha decidido iniciar un proceso para dar cumplimiento a una profecía, que había sido proclamada muchos siglos antes.

Marcos cita un documento oficial, que no puede dejar de cumplirse. Pero la cita no se encuentra al pie de la letra en Isaías, sino que combina dos textos. Uno viene del libro del

Exodo (23:20) en el que Dios promete enviar a su ángel para que guíe a su pueblo por el desierto. El otro texto es del profeta Malaquías (3:1) según el cual Dios envía un mensajero para preparar un camino al Señor cuando vaya a ocupar su Templo en Jerusalén. Marcos no fue el primero en juntar las citas, sino que los comentaristas judíos ya las habían unido anteriormente.

Entonces, ¿por qué se atribuye el texto a Isaías? Porque Isaías es el profeta de la preparación de caminos en tiempos del exilio (Is 40:3-5). Isaías no habla de preparar un camino para que el pueblo pueda regresar más fácilmente a su tierra, sino de preparar un camino para que Dios vuelva a tomar el mando de su reino. Dios había permitido que los gentiles ocuparan la Tierra Prometida en castigo por las maldades de los israelitas, pero ahora Dios volvía a reclamar su trono. Isaías se imagina una procesión de Dios a la ciudad santa, desde donde mostraría todo su poder al mundo entero.

Marcos dice que vuelve a sonar la voz del profeta que anunció el inicio de nuevos tiempos para su pueblo. Dios anuncia que está dispuesto a enviar un mensajero que introduzca una nueva etapa de su soberanía. Por tanto hay que esperar un servidor, que será una voz que grite y que exija que se prepare un camino apropiado a un enviado de Dios.

2) Juan Bautista (1:4-8)

Marcos nos traslada al *desierto*, que no designa un lugar de arena, sino un sitio despoblado, salvaje, aislado, más apropiado para las fieras que para los seres humanos. Algunos judíos esperaban que la renovación que traía el Mesías empezaría en el desierto, por donde entró el antiguo Israel. Algunos esenios se habían alejado del sacerdocio *impuro* de Jerusalén y se habían marchado al desierto a prepararse para los nuevos tiempos del Mesías. Varios rebeldes, que se hacían pasar por Mesías, también habían organizado sus tropas en el desierto.

Allí, en el desierto, *aparece* Juan Bautista. Se viste como corresponde a una persona que vive en el desierto. Su túnica está formada con pelos de camello entrelazados (no una vestidura de *piel de camello*, que era considerada impura) y se alimenta de productos que se encuentran en sitios salvajes, saltamontes y miel.

Juan actúa a orillas del río Jordán, que indica el lugar de entrada en la Tierra Prometida, como sucedió en tiempos de Josué (Jo 3). Ahora también Juan está llamando a la gente a que se coloque en el mismo *límite*. Hay que prepararse para entrar en los nuevos tiempos.

Juan bautiza y proclama. Proclamar es comunicar a gritos un mensaje oficial en público, como hacían los antiguos pregoneros. Juan, desde el desierto, pide a Israel que vuelva al desierto para renovar su dedicación a Dios. Así la palabra *desierto* adquiere un sentido religioso: es el lugar del encuentro de Dios con su pueblo o, en palabras del profeta Oseas (2:16), el lugar del noviazgo y la escuela del amor. Por eso el bautismo que propone Juan es *un cambio de mente*, un mirar a lo que Dios está haciendo en lugar de estar tan ocupados en las cosas ordinarias.

El bautismo de Juan es el signo exterior de que uno ha cambiado por dentro. Cuando Dios llama, uno ha de responder; hay que aprovechar la oportunidad de reconciliarse cuando Dios está dispuesto a conceder el perdón. Pero el bautismo de Juan es sólo preparación para recibir el perdón de los pecados. Por eso hay que mirar a otro que también bautizará, pero *con Espíritu Santo*.

La imagen de Juan Bautista en el Evangelio de Marcos nos deja un par de sorpresas. Primero, no habla de *juicio* como en los otros evangelios. Después, la respuesta a su llamada es muy positiva. Su grito desde el desierto llega hasta la capital y los pueblos vecinos. Los habitantes del país salen de sus casas y acuden al Bautista en un continuo goteo. Al final, *toda* la región de Judea, incluidos *todos* los habitantes de Jerusalén, se *dejaban bautizar* en el río Jordán, *poniéndose de acuerdo abiertamente* con Dios (confesando sus pecados).

Marcos nos permite conocer el contenido del mensaje que proclama Juan Bautista: Han llegado tiempos nuevos, los tiempos del que *es más fuerte que yo*. La distancia entre Juan y *el que viene* es tal que no es digno de hacer lo que normalmente un discípulo hacía por su maestro o un esclavo por su amo, desatar las sandalias.

Es la distancia entre *agua* y *Espíritu Santo*. Juan ya habla de su bautismo en pasado: *yo los bauticé* - es decir, da por terminada su misión. Del bautismo que ofrece *el más fuerte* habla en futuro, todavía no ha comenzado. Juan y *el más fuerte* pertenecen a dos épocas distintas, la de la preparación y la de la realidad. Ciertamente Juan se comporta como *el precursor*.

El bautismo de Juan ha sido simplemente una preparación, un ensayo; los tiempos de verdad vienen *detrás* de él cuando se ofrezca al pueblo un bautismo con el Espíritu Santo. *El que viene* no sólo tendrá el Espíritu Santo en sí mismo sino que también tendrá el poder de darlo a otros. Esto es lo que se esperaba para los últimos tiempos (Joel 3:1), que, según el profeta Ezequiel, será como un *rociarles con agua* (Ez 36:25-27).

3) Jesús Nazareno (1:9-15)

En *aquellos días* es una fecha indeterminada, pero a los oídos judíos les sonaba a los *tiempos finales*, a la etapa definitiva cuando Dios iba a enviar a su Mesías para hacer los cambios necesarios en el mundo.

Ahora *aparece* Jesús, como antes *apareció* Juan Bautista (1:4). Pero Jesús no sólo aparece, sino que *viene* (1:7,9,14). Es un enviado.

Jesús es uno de los que ha escuchado la voz de Juan Bautista y se pone en movimiento. No procede de Jerusalén, ni siquiera de la región de Judea, como *todos*, sino que viene de Nazaret en Galilea, una región separada de Judea por Samaria. Deja atrás el lugar de su familia, para iniciar una etapa nueva a disposición de Dios.

Fue bautizado. El sujeto de todos los verbos es Jesús -es el protagonista de esta historia. Parece que Juan no hace nada, ni siquiera se entera de lo que está pasando. Tampoco llega a identificar al que es *el más fuerte*, aunque sabe que está a punto de aparecer. En el Evangelio de Marcos, Juan Bautista es simplemente un precursor, uno que prepara el camino.

Jesús no acude a ser bautizado porque fuera pecador en necesidad de reconciliación, sino porque hace falta buscar una buen momento para poner juntos a Juan, el preparador, con Jesús, el preparado. El bautismo es simplemente la ocasión para que Dios ponga en marcha su decisión de iniciar una nueva etapa en el desarrollo del Reino de Dios.

Inmediatamente es una palabra muy querida por Marcos. La usa 41 veces. Todo pasa deprisa en este evangelio. Los eventos se suceden uno tras otro con rapidez. La gente reacciona con prontitud. Parece que todo anda acelerado.

Vio ¿Quién ve? En este evangelio, solamente Jesús ve. Aunque todo sucede abiertamente, en público, sólo Jesús sabe lo que pasa. Quien sea Jesús permanece un misterio para todo el mundo, incluso para Juan Bautista. La identidad de Jesús se irá descubriendo poco a poco, cuando la gente vea sus *obras*. Jesús se da a conocer con hechos mas que con palabras.

¿Qué es lo que vio Jesús? *Rasgarse* los cielos. No es un simple *abrir*, sino un *partirse* en dos, como se hace con una tela, que, después, difícilmente se puede volver a coser. Es una acción violenta, pero deseada: *Ojalá rasgaras los cielos y bajaras*, pidió el profeta Isaías (Is 63:19). Por esta *abertura* Dios *cuela* su Espíritu a la tierra. Se ha derribado el muro que separaba el cielo de la tierra. Los dos se hacen presente en Jesús.

El Espíritu Santo aparece en forma de *paloma*. Es una imagen tradicional en los escritos judíos. Ya en el momento de la creación se dice que *el espíritu de Dios aleteaba* [como una paloma] *sobre las aguas* (Gn 1:2). Jesús *asciende* del agua del río Jordán y el Espíritu Santo *desciende* sobre él. No sólo se *posa* sobre Jesús, sino que lo *penetra* y se queda a vivir en él.

Una vez que se han roto los muros de separación entre cielos y tierra, se rompe también el silencio de Dios. Se oye una voz desde lo más profundo del cielo que se dirige personalmente a Jesús: *Tú eres mi Hijo*. De nuevo, solamente Jesús (y nosotros, los lectores) lo oye. Los demás tendrán que esperar a descubrirlo. Ahora Dios se muestra como *padre*. Los profetas anteriores habían sido *siervos*, Jesús es *hijo*. Es como si naciera al ser bautizado.

Jesús no solamente es *hijo*, sino que es *el amado*, que quiere decir el único. Dios se *deleita* en su Hijo, como se complacía con el Siervo Sufriente (Is 42:1). Jesús se goza de ser Hijo y, por eso, le encanta llevar adelante la misión que el Padre le ha encomendado.

Después de la declaración, Dios vuelve al silencio. Ya no volverá a hablar hasta el día de la transfiguración, para volver a decir lo mismo (Mc 9:7). Quien quiera saber algo de Dios, tendrá que fijarse en su Hijo y escucharlo bien. Dios sigue presente, pero *a oscuras*, en el trasfondo.

Inmediatamente, otra vez. Marcos no deja pasar el tiempo. El mismo Espíritu que ha entrado en Jesús, lo *expulsa* (el mismo verbo que después utilizará para echar fuera a los demonios) al desierto. Pero Jesús ya está en el desierto, donde ha sido bautizado. Es decir, el Espíritu Santo no lo deja salir del desierto por *cuarenta días*, reviviendo la experiencia de Israel que anduvo *cuarenta años* por el desierto.

El desierto no es sólo lugar de encuentro con Dios, sino también lugar de prueba, pues allí la vida se hace dura; nada es fácil en el desierto. En el desierto Jesús se encuentra con dos personajes. Por un lado está Satanás, *el amo de este mundo*, que *tienta* continuamente - es decir que pone obstáculos. Por otro lado están los ángeles que *diaconean* (sirven).

Los judíos estaban convencidos de que en este mundo todo iba al revés de lo que Dios había dispuesto. Los ejércitos romanos ocupaban *la tierra santa* y los líderes políticos y religiosos se habían vendido a los opresores. Israel se había convertido en un pueblo impuro. Era una *generación malvada*, que decía servir a Dios, cuando en realidad le había dado la espalda. Este era un mundo dominado por los demonios, que fácilmente se metían dentro de las personas y las *poseían*.

El problema venía de lejos, desde Adán y Eva que no superaron las tentaciones de Satanás. Desde entonces el orden querido por Dios se había trastocado. El mundo se había convertido en un lugar hostil para el ser humano. Los animales se habían vuelto fieras y la tierra se resistía a dar fruto sin trabajo. Pero Jesús resiste las tentaciones. Las fieras se le someten y los ángeles le sirven; es el orden querido por Dios. Ya Isaías había anunciado que en los tiempos del Mesías los animales más fieros vivirían juntos en un ambiente de justicia y paz (Is 11:1-9).

Adán no pasó la prueba y comenzó el desastre. Jesús se mantiene fiel e inicia una nueva etapa. Marcos no narra las tentaciones, ni tampoco la victoria de Jesús. Sólo dice que ha comenzado la guerra entre Jesús y Satanás, que Jesús pasa esta primera prueba, pero que quedan más batallas que luchar en el futuro.

Jesús ha superado la prueba. ¿Se quedará a vivir allí, como lo hizo Juan el Bautista y los esenios, que querían vivir purificados? No. Jesús se va a donde vive la gente. Ni tampoco Jesús es expulsado del sitio donde le sirven los ángeles y viven en paz con las fieras, como fueron Adán y Eva, sino que sale por propia voluntad porque tiene una misión: proclamar el Reino de Dios en un mundo donde se pasean los demonios a sus anchas.

¿Qué dirección tomaría Jesús? La primera alternativa era Jerusalén; se podía unir a los sacerdotes para ofrecer los sacrificios apropiados en el Templo o a los fariseos para aprender a vivir de una manera correcta según la Ley. La otra alternativa era volverse a su tierra, a Galilea.

Jesús escoge ir a Galilea donde vivían juntos judíos y gentiles -una tierra *contaminada*, según los líderes religiosos de Jerusalén; un lugar poco apropiado para que Dios actúe, según ellos. Todo movimiento religioso que partiera de Galilea era tenido por sospechoso. La misión de Jesús va dirigida a gente que vive en sus casas y que está ocupada en sus trabajos. A ellos se dirige el mensaje del Reino de Dios.

¿Cuándo deja Jesús el desierto? Cuando Juan Bautista es encerrado en la cárcel por haber sido *entregado* (la misma palabra que utilizará Marcos para la detención de Jesús). Juan el Bautista ha completado su misión de ser precursor de Jesús. Ya no le queda nada que hacer. El arresto de Juan es la señal para que Jesús inicie su ministerio.

¿Qué hace? Jesús proclama *la buena noticia* del Reino, lo que Dios ha decidido hacer, en oposición a lo que el emperador, los políticos y otras personas poderosas prometían.

¿Qué proclama? *Se ha acercado el Reino* (un poco más). El tiempo designado por Dios ya se ha cumplido. Hay un tiempo que se mide por el reloj y hay otro tiempo que es la ocasión apropiada para hacer algo. Marcos habla del *tiempo apropiado*. La época de Juan Bautista, el tiempo de preparación, se ha *llenado* (completado, ya no da más de sí, está agotado), ahora llega la época del Mesías que inicia una nueva fase cuando el Reino de Dios va a tomar cuerpo, acabando con el dominio de los demonios y de sus colaboradores. Es la gran oportunidad que Dios da para enderezar este mundo. Hay que pasar de un reino a otro; de vivir bajo Satanás a vivir bajo Dios.

¿Qué hay que hacer para responder bien a esta proclamación? Aprovechar la oportunidad que Dios da por medio de su Hijo Jesús. Cambiar la manera de pensar mirando las cosas desde arriba, desde el punto de vista de Dios, y aceptar la buena noticia que Jesús proclama: ha empezado la etapa definitiva del Reino de Dios. Es decir, no quedarse donde uno está, sino dar media vuelta en la vida para orientarse hacia Dios y aceptar el programa que Dios propone.

La Palabra Recibida

Los Padres de la Iglesia ven a Juan como el último eslabón, pero el más importante, de la cadena de los profetas. Hay continuidad entre lo anunciado en el Antiguo Testamento y lo que está pasando en el Nuevo. Pues Juan sólo prepara, no pertenece a los tiempos nuevos del Mesías. El bautismo de Juan está dirigido a provocar el arrepentimiento, mientras que el bautismo de Jesús da el Espíritu. El bautismo de Juan es el último acto de la Antigua Alianza y el bautismo de Jesús es el primer acto de la Nueva Alianza.

Pero Juan también representa la ruptura. El bautismo pone fin al Antiguo Testamento e introduce el Nuevo. Juan es el primer fruto de la nueva etapa de la historia. Con él comienza el Evangelio de Jesucristo.

A Juan se le llama *ángel* porque es un servidor auténtico y a los que el Espíritu Santo consagra como ministros se les da el nombre de *ángel*. El ministerio de Juan consiste en ser *voz* y *grito*. Como *voz* predica la fe, conforta y canta la misericordia divina y como *grito* llama al arrepentimiento, avisa de los peligros y anuncia el juicio. De esta manera nos ayuda a preparar el camino del corazón, que es tan amplio como un desierto, para que la Palabra de Dios entre sin dificultad.

Juan ofrece un bautismo dirigido al arrepentimiento, porque es sólo un ser humano y no puede dar más. Está al nivel de los catecúmenos que se preparan a recibir el bautismo del Espíritu, que es lo que ofrece Jesús. Este sí que tiene la capacidad para regenerar. El bautismo de Juan no fue mas que el *prólogo* del bautismo de Jesús. Primero es el arrepentimiento (bautismo de Juan), después viene la gracia (bautismo de Jesús).

Juan es, además, ministro con su ejemplo. Tuvo unos padres muy piadosos y se podía haber quedado a vivir tranquilamente en su casa. Pero renunció a todo y se fue a vivir en el desierto. Allí fue libre de verdad, porque no necesitaba nada. Vivía de lo que el desierto le ofrecía y se vestía con la sencillez del profeta Elías, otro hombre del desierto.

Jesús no tenía que someterse al bautismo de Juan, porque no necesitaba purificarse como los que se acercaban a ofrecer sacrificios al Templo. Pero no tuvo reparos en identificarse con los pecadores que buscaban la regeneración. Por otra parte fue un acto de humildad el dejarse bautizar por un *servidor*. Pero este acto de sumisión permitió que se abrieran los cielos, descendiera el Espíritu Santo y hubiera reconciliación en el mundo. Al entrar en el Jordán santificó el agua para que pudiera ser usada en los bautismos. En el bautismo, los cristianos, en cierta manera se meten en el Jordán, como Jesús o como lo hicieron los israelitas en el paso del Mar Rojo.

El Espíritu Santo descendió *como una paloma* para decirnos que Dios prefiere la sencillez y la inocencia y que viene con un mensaje de paz, como en los tiempos de Noé.

Así en el Jordán tenemos una manifestación de la Trinidad: la voz del Padre, el cuerpo del Hijo y la paloma del Espíritu Santo. El Padre que testifica, el Hijo sobre el que recae el testimonio y el Espíritu Santo que confirma el testimonio.

Finalmente, el Espíritu Santo conduce a Jesús al desierto para ser tentado. La mayor tentación es la soledad.

La Palabra Proclamada

1) Segundo Domingo de Adviento

El pueblo vive en una situación miserable. Entonces el profeta anuncia que ha llegado el tiempo del consuelo. Dios ya no aguanta más el desprecio de su pueblo y ha decido tomar de nuevo las riendas del mando. Toda la naturaleza facilitará su regreso, como si fuera una gran procesión que va del desierto a la ciudad. Ya se oye la voz del mensajero que trae la *Buena Noticia* a la ciudad devastada. Dios va a ocupar su sitio de buen pastor (Is 40:1-5,9-11).

El salmista se ha puesto a la escucha y sueña con los nuevos tiempos en que *misericordia y verdad, justicia y paz* prevalecerán en el país; entonces la tierra producirá fruto abundante (Salmo 85).

Juan Bautista es esa voz que parte del desierto y llega hasta la capital, diciendo *ya viene*. Por tanto hay que prepararle el camino. Pero es el camino del compromiso personal, por eso predica un bautismo de arrepentimiento (Mc 1:1-8).

Jesús vino en humildad y anunció otra venida en majestad. Parece que Dios se tarda mucho. ¿Habrán fallado las promesas? No. Dios quiere que *nadie perezca* y da tiempo para el arrepentimiento. Estamos viviendo el tiempo de la paciencia de Dios. Pero Dios no fallará. Habrá *nuevos cielos y nueva tierra* (2 Pedro 3:8-14).

2) El Bautismo del Señor

Dios presenta a su *siervo*, una persona muy especial en quien se complace; es portador de su espíritu divino con una misión para todas las naciones (Is 42:1-4,6-7). Esa voz divina es como un trueno potente que hace temblar los fundamentos de la creación (Salmo 29).

¿Qué dice la voz celestial? *Tú eres mi Hijo, en ti me complazco.* Se dirige personalmente a Jesús de Nazaret. Por fin los cielos se han *rasgado*, como había pedido el pueblo por boca del profeta Isaías, y el Espíritu Santo ha descendido quedándose en él (Mc 1:6-11). Jesús es el Hijo fiel, dispuesto a sacar adelante la misión que el Padre le ha encomendado.

Jesús de Nazaret, el ungido con el Espíritu Santo, inaugura una nueva etapa de paz para todo aquel que teme a Dios y practica la justicia (Hechos 10:34-38).

3) Tercer Domingo del Tiempo Ordinario

La ciudad de Nínive era famosa por sus jardines y terrazas, pero también era bien conocida por la crueldad con que trataba a los pueblos vencidos, entre ellos a Israel. Allí es enviado el profeta Jonás, uno de los vencidos, con un mensaje de parte de Dios: *Dentro de cuarenta días Nínive será destruida.* Los habitantes de la ciudad escuchan y se arrepienten. Dios también cambia *su parecer* (Jonas 3:1-5,10).

Amor y ternura son cualidades de Dios. De él esperamos lo mejor. Por eso le pedimos que nos descubra sus caminos y nos enseñe el sendero recto, ya que somos pobres pecadores, como los ninivitas (Salmo 25).

Jesús, como el profeta Jonás, se presenta con un mensaje de parte de Dios: El Reino de Dios entra en una nueva fase. Hay que disponerse a recibirlo (Mc 1:14-20). ¿Estaremos a la altura de los ninivitas, que escucharon y cambiaron?

4) Primer Domingo de Cuaresma

El agua del diluvio arrasa con todo lo que encuentra a su paso; es la consecuencia del pecado. Pero Dios no quiere eliminar la vida, sino purificar la tierra. Por eso se compromete con Noé a no repetirlo, concediéndole una alianza que abarca tanto a personas como a animales (Gn 9:8-15).

El salmista canta el don de Dios. La alianza es su regalo, una muestra de su amor y ternura, que son eternos. La alianza es también camino recto que guía a los pobres y humildes por lugares seguros (Salmo 25).

El agua del diluvio es *figura* del bautismo, que no sólo purifica, sino que nos encamina de acuerdo a la vida nueva obtenida por Cristo (1 Pedro 3:18-22).

La cuaresma es tiempo de preparación para los que van a recibir los sacramentos de iniciación (bautismo, confirmación y eucaristía) y tiempo de renovación para aquellos que ya los han recibido. Pues, vivimos en tiempos de tentación, cuando nos vemos presionados a apartarnos del camino que Dios nos ha indicado. El pueblo de Israel fracasó en las tentaciones que sufrió durante su travesía por el desierto. Pero Jesús, el buen Hijo, se mantuvo fiel a la misión encomendada por el Padre de proclamar su Reino (Mc 1:12-15).

La Palabra Leída

Los lectores tenemos una ventaja sobre los personajes del evangelio. Sabemos mucho más que ellos. Sabemos que Jesús es el Mesías, porque Marcos ya nos lo ha dicho en el título. Oímos la voz del cielo, que en el relato sólo Jesús la oye. Por tanto sabemos que Jesús no sólo es Mesías, sino también *Hijo Amado*. Sabemos también que todo que está pasando se debe a una decisión de Dios, que quiere cumplir una promesa dada desde antiguo, la de implantar su reino. Sabemos que Jesús es portador del Espíritu Santo y que también lo puede dar. Finalmente, sabemos, porque se lo hemos oído a Juan Bautista, que el que viene es *el más fuerte*.

Es decir, los lectores estamos preparados para acompañar a Jesús. Sabemos por donde va esta historia. Pero nos falta por descubrir qué clase de Mesías va a ser Jesús y cómo se pone junto que Jesús es Mesías e Hijo de Dios, con quién se las va a tener que ver *el más fuerte* y, sobre todo, a dónde nos va a llevar el camino.

Nosotros, cristianos, también hemos recibido el Espíritu Santo en nuestro bautismo. Entonces podemos emprender la marcha con confianza; estamos bien equipados y en buenas manos. El maestro ya ha abierto la escuela del caminante. Nos ponemos en marcha.

PRIMERA PARTE

EL GOZOSO IMPACTO DEL REINO (MC 1:16-8:26)

Los lectores estamos en el secreto de la identidad de Jesús. Nos lo ha dicho Marcos desde el principio: Jesús es el Mesías, el Hijo de Dios, que ha *venido* a poner en marcha una nueva fase del Reino de Dios. Pero los personajes del Evangelio no lo saben. Por tanto Jesús tiene que darse a conocer. ¿Serán capaces de entender la auténtica identidad de Jesús o se equivocarán? ¿le harán caso o no? ¿se abrirán al Reino que Jesús proclama?

Con frecuencia la gente se admira ante las palabras y las obras de Jesús y se preguntan: ¿Quién es éste? Admiración no significa *fe*. Se dividen, unos a favor y otros en contra. ¿Quién habla por Dios, las autoridades religiosas o este individuo que llaman Jesús? Los dos dicen que representan a Dios, pero no dicen lo mismo.

Antes de que la gente encuentre una respuesta, los demonios ya lo saben. Se han dado cuenta de que *el más fuerte* ha iniciado el proceso de expulsarlos de sus dominios. El Reino de Dios se abre camino. Pero los demonios no están dispuestos a aceptar su derrota pasivamente.

Jesús elige a Doce discípulos. Son los personajes que están más cerca de Jesús y responden positivamente a su llamado.

Enfrente se colocan los maestros y los fariseos. Los maestros de la Ley por lo general viven en Jerusalén, aunque también aparecen algunas veces en Galilea; los fariseos, de los que aquí se habla, viven en Galilea (sólo en 12:13 aparecen en Jerusalén). Levantan preguntas, acusan, espían y, finalmente, se confabulan para matar a Jesús.

Además de los Doce hay otros que siguen a Jesús. Incluso hay mucha gente que se apega a Jesús, pues han visto sus obras maravillosas y han escuchado sus palabras poderosas. Algunos presentan trazos de buenos discípulos, pero muchos son más un estorbo que un apoyo. Lo apretujan, no lo dejan descansar, ni caminar, lo *persiguen* cuando quiere estar solo. En ocasiones Jesús se distancia de ellos.

Todo esto pasa en Galilea, donde Jesús recorre los pueblos. Son viajes rápidos; Jesús se detiene por poco tiempo en un lugar. Predomina el entusiasmo de los que están con Jesús y el enfado creciente de los que están en su contra. La última parada será cerca de Cesárea de Filipo, en el norte, el lugar más alejado de Jerusalén.

Esta es la trama de la Primera Parte del Evangelio: Jesús llama a sus discípulos (1:16-20), que ven las curaciones que hace Jesús mostrando su autoridad como enviado de Dios (1:21-45). También observan cómo surge la oposición (2:1-3:6). Pero la gente, por el momento, está con Jesús (3:7-12).

Jesús nombra a los Doce y les da autoridad para que ellos mismos proclamen el mensaje y expulsen demonios (3:13-19). De nuevo, aparece la oposición de los parientes y de los maestros (3:20-35). Jesús explica el mensaje con parábolas que a unos les abre el entendimiento y a otros los confunde (4:1-34). Jesús refrenda sus palabras con hechos, que unos aplauden y otros critican (4:35-5:43). Sus propios paisanos rechazan a Jesús (6:1-6a).

Jesús envía en misión a sus discípulos (6:6b-31). Hace un llamado a todo Israel a recibir el alimento que Dios provee (6:32-44) y se manifiesta a los discípulos de una manera poderosa (6:45-52). La gente está con Jesús (6:53-56), pero los fariseos discuten sobre la Ley y la Tradición (7:1-23). Frente a la cerrazón de los judíos una mujer gentil se abre a la fe (7:24-30) y un sordo oye (7:31-37).

Jesús invita a una comida a judíos y gentiles juntos (8:1-9). Le piden a Jesús que dé una prueba de su autoridad (8:10-13). Parece que los discípulos entienden cada vez menos (8:14-21), pero un ciego ve (8:22-26). Así llegamos a las cercanías de Cesárea de Filipo, donde Jesús va a dar un giro a la escuela para introducir un nuevo tema: la pasión. Esto requerirá un nuevo llamado para que los discípulos renueven su vocación al seguimiento de Jesús.

Los lectores del Evangelio vamos a la par de los discípulos en la tarea de descubrir la identidad de Jesús y las exigencias de su misión. Aunque los lectores partimos con ventaja, pues sabemos que Jesús es el Mesías, algo que los discípulos tienen que descubrir. Simpatizamos con los Doce, porque han respondido positivamente al llamado de Dios y a las exigencias del Reino que Jesús propone. Han dejado sus familias y sus trabajos para estar con Jesús. También nos gustaría a nosotros hacer lo mismo.

Por el camino muchos aspectos de la persona y de la misión de Jesús se van clarificando, cuando surgen las discusiones. Entonces vemos cómo los discípulos van pasando de una actitud entusiasta al principio a una postura dubitativa al final. A pesar de las muchas explicaciones de Jesús, *no entienden*. Tal vez nosotros estemos en las mismas. Sabemos, pero no entendemos.

JESÚS DA LA CARA (Mc 1:16-3:12)

El primer paso que da Jesús es mostrar que él es el enviado de Dios, es decir, que tiene *autoridad*. Jesús lo hace con palabras y hechos. Los líderes, que ahora ostentan el poder y quieren hacer valer *su autoridad*, se resisten a reconocerlo mientras que la gente acude a Jesús.

Mc 1:16-45 Jesús se Da a Conocer en Público

Jesús no es un predicador solitario. Lo primero que hace es buscar acompañantes. Y no los busca entre los sacerdotes del Templo ni entre los líderes de los fariseos ni entre los militantes celotas. Sus acompañantes van a ser unos pescadores, que tienen que oír lo que Jesús dice y ver lo que Jesús hace. Ya en presencia de sus discípulos, Jesús muestra su autoridad expulsando demonios y curando enfermos, muchos y en muchas partes. Pero lo hace respetando la *Ley de Moisés*.

Estamos en Galilea, la tierra que ha visto crecer a Jesús. Casi todos los eventos de esta sección suceden en Cafarnaún, a orillas del lago de Genesaret (Marcos lo llama *el mar de Galilea*) o en sus cercanías. Los que están alrededor de Jesús parecen ser conocidos o vecinos y aprueban lo que Jesús hace. Marcos conecta las escenas marcando el tiempo: un sábado (1:21), al llegar la tarde (1:32), temprano por la noche (1:35).

1) Los Primeros Discípulos (1:16-20)

A) El Texto

Lógicamente Jesús debería haber mostrado su *autoridad* antes de llamar a unas personas a que lo sigan como discípulos. Así lo hace, por ejemplo, Lucas en su evangelio, donde primero Jesús enseña y cura, después llama a los discípulos. Pero Marcos quiere establecer otro punto: Jesús no hizo nada sin que sus discípulos estuvieran presentes. Por tanto, primero es el llamado y después las curaciones.

Estamos junto al lago de Genesaret, donde los pescadores están ocupados en sus tareas normales. El llamado de Jesús sucede en la vida ordinaria, cuando las personas están en sus trabajos con sus familiares.

Jesús tiene poder para mover a las personas sólo con mirarlas, porque actúa bajo el impulso del Espíritu Santo que le da autoridad para llamar a las personas a una misión especial.

Jesús los llama a que se pongan *detrás*. No es una invitación, sino un mandato, dado por una persona con autoridad, como los antiguos líderes que convocaban a los israelitas a la guerra santa.

El llamado tiene un objetivo: *hacerlos pescadores de hombres*. El hecho de que Jesús ha *venido* abre el tiempo de la pesca, que consiste en sacar a la gente del mar de *esta generación malvada* e introducirlos en la nueva etapa del Reino de Dios.

La respuesta no se deja esperar, *inmediatamente* dejan su ocupación. El primer paso de una vocación es la separación de lo que uno hace normalmente. Los que sigan a Jesús tienen que estar dispuestos a *dejar atrás* muchas cosas, incluso la misma familia. Esto entre los judíos era algo muy grave; equivalía a colocarse entre los marginados, que apenas eran tenidos en cuenta en la sociedad. Pero los discípulos lo aceptan con alegría, porque ésta es la gran oportunidad que han recibido para entrar en el Reino de Dios que Jesús proclama.

Primero una pareja de hermanos, con nombres un tanto helenizados (griegos), Simón y Andrés. Después, otra pareja, con nombres tradicionalmente judíos, Santiago y Juan, hijos de Zebedeo. Ahora es Jesús el que actúa *inmediatamente*. Los *llamó*. Y *se fueron detrás* de Jesús, dejando a su padre con los trabajadores.

B) La Palabra Recibida

Los Padres de la Iglesia se quedan admirados del progreso del cristianismo, que, a pesar de tantas persecuciones, pérdidas de propiedades, encarcelamientos, torturas e incluso martirios, se ha enraizado en el imperio romano *en tan poco tiempo*. Lo más admirable es que *los maestros de esta religión* fueron unos pescadores, sin estudios ni alta posición social. Aquí se ve la mano de la Providencia divina que encargó una misión tan excelsa, como es la de llevar la Palabra de Dios a todo el mundo, a un pequeño grupo de hombres corrientes, sin preparación académica y sin medios económicos. Así es como le gusta hacer las cosas a Dios.

Estos hombres debieron de ver algo muy especial en el rostro de Jesús para sentirse obligados a dejarlo todo para seguirlo. Parece incluso irracional. Pero lo hicieron, apegándose tanto a Jesús que recorrieron juntos regiones enteras. Para seguir a Jesús hay que empezar por dejar atrás todas las cosas externas, incluso la propia familia, para centrarse en la persona de Jesús. Dejan al padre carnal, para seguir al Padre espiritual. En realidad no dejan a un padre, sino que encuentran a un Padre.

C) La Palabra Proclamada: Tercer Domingo del Tiempo Ordinario (ver sección anterior)

Jesús ha proclamado la Buena Noticia del Reino. La mejor manera de acogerla es hacerse discípulo de Jesús. Para eso hay que cambiar las prioridades en la vida. Los discípulos han escuchado el llamado de Jesús y, por eso, *dejan* lo que estaban haciendo para ponerse *detrás* del Maestro.

D) La Palabra Leída

Al entrar en la escuela del caminante lo primero que tenemos que hacer es fijarnos en el maestro. Aparece de sorpresa, cuando estamos en nuestros quehaceres cotidianos. De pronto, unos ojos y una voz, tan poderosos que nos sacan de nuestra rutina. Los discípulos lo dejan todo y se ponen *detrás de él*. A nosotros nos gusta planear las cosas con más cuidado y calcular las ventajas y dificultades de una decisión. Nos cuestan los encuentros personales, sobre todo si exigen compromisos serios, como la vocación religiosa o el

matrimonio. Mucho más, si se trata de *dejarlo todo* por Jesús.
Pero ahí están esos ojos y esa voz, que no nos dejan en paz.

2) Liberación de un Poseso (1:21-28)

Jesús camina siempre en compañía de sus discípulos. El
verbo está en plural: *entraron* juntos. Ahora Jesús ya puede
empezar su ministerio con la gente; *inmediatamente se puso a
enseñar.*

A) El Texto

El evangelista marca tres momentos: una enseñanza
(1:21-22), una acción (1:23-26) y la reacción de la gente
(1:27-28).

Estamos en Cafarnaún, a orillas del lago Genesaret.
Entramos en una sinagoga, donde los judíos se reúnen no
sólo para hacer oración y escuchar la Sagrada Escritura, sino
también para tratar asuntos comunitarios, sobre todo si se
relacionan con la Ley y la Tradición. Hay que notar la expresión
de Marcos, *la sinagoga de ellos*, la de los judíos. Cuando escribe
el evangelio, ya se han separado los judíos tradicionales de los
cristianos; *sinagoga* e *iglesia* son dos realidades aparte.

Es sábado, precisamente el día en que la gente acude a
la sinagoga porque es el día de descanso en que no se podía
hacer ningún *trabajo*. Por tanto, es un día distinto al del
llamado de los primeros discípulos, ya que estaban *trabajando*
en sus redes. Es decir, estamos en el sábado siguiente al
llamado de los discípulos.

Jesús y sus discípulos, como fieles judíos, acuden el sábado
a la sinagoga. Allí Jesús comenta la Palabra de Dios, como
hacían todos los demás, y *enseña* por un buen rato. Marcos
no dice lo que Jesús enseña, pero es de suponer que es el tema
central de siempre: Se ha acercado el Reino de Dios.

La gente se queda con la boca abierta al oír a Jesús. Todos
notan la diferencia entre Jesús y los maestros que explican las

Escrituras. Hay un Espíritu que obra en Jesús y que no se da en los demás. Jesús tiene *autoridad*, un poder que otro le ha delegado. Jesús es un *enviado*, aunque la gente todavía no sabe quién lo ha enviado ni de donde venga tal autoridad. ¿Ese poder es sólo cuestión de palabras?

Inmediatamente salta delante de Jesús *un hombre con un espíritu impuro*. Es decir, una persona dominada desde dentro por un *espíritu*, que no es el Espíritu de Dios ¿Un poseso en la sinagoga? Parece ser que los demonios se sienten a gusto no sólo en las calles y en las casas, sino también en los mismos centros religiosos. Los maestros de la Ley no tienen *autoridad* para descubrir *espíritus impuros* y mucho menos para expulsarlos, pues no son enviados de Dios.

Este poseso se puso a gritar. Cuando aparece *el hombre de Dios*, como en el caso de Elías (1 Reyes 17:18), el mal no se puede esconder ni quedar quieto, salta a la luz con violencia. Es el primer toque de alarma. El Espíritu Santo, que obra desde dentro de Jesús, lo empuja para que empiece la guerra contra los otros poderes que esclavizan a la gente. El Reino de Dios avanza. Se va a producir un cambio de señores.

La gente todavía no se ha dado cuenta, pero los demonios lo han notado muy pronto. *¿Por qué te metes con nosotros? Has venido a destruirnos*. Este *espíritu impuro* habla en nombre de *nosotros* (todos los demonios). Querrían que Jesús dejara las cosas como están. Pero no va a ser así; todo va a cambiar, y pronto. Los demonios han sentido la *autoridad* de Jesús y se dan cuenta de que están tratando con el *Santo de Dios*. Al parecer ni los discípulos ni la gente oyen la declaración del *espíritu impuro*.

Santo es lo contrario de *impuro*. Normalmente los judíos aplicaban el título de *santo* a los sacerdotes para designarlos como consagrados, dedicados a Dios, separados de todo roce con las impurezas del mundo. Muchos esperaban un Mesías de este tipo, uno que tuviera las cualidades sacerdotales en sumo grado y restaurara la *santidad* de todo el pueblo. Al llamar a Jesús *Santo de Dios*, los demonios no están haciendo un acto de fe, sino un intento de controlarlo. Quien sabe el nombre, puede dominarlo.

Jesús lo *reprende* y le *pone una mordaza* en la boca como se hace con los bueyes. Al espíritu impuro no le queda más remedio que someterse al que tiene autoridad y es *el más fuerte*. Pero lo hace provocando convulsiones y dando un gran grito.

Todos se asombran y discuten entre ellos. Se dan cuenta de que hay una enseñanza *nueva*, no en sentido temporal como si se hubiera descubierto algo que no se conocía anteriormente, sino de una cualidad superior a lo que hasta entonces habían oído. Jesús tiene poder para transformar a las personas, y refrenda sus palabras con hechos. Los demonios no pueden hacer otra cosa que obedecer al que ha venido con *autoridad*. La fama de Jesús se extiende por toda Galilea.

B) La Palabra Recibida

Los Padres de la Iglesia se fijan sobre todo en las palabras de los demonios: *Tú eres el Santo de Dios*. No es un acto de fe por parte de los demonios, sino una declaración producida por el miedo, porque los demonios ya estaban a la espera de que algún día apareciera el Salvador. Confiesan, pero bajo amenaza. Esto no es fe.

La confesión de los demonios es muy distinta de la que más tarde hará Pedro diciendo: *Tú eres el Mesías*. La confesión de Pedro brota del amor en el corazón. Los demonios conocen, pero no aman, sólo temen. Por tanto, no se puede decir que tengan fe, porque la fe verdadera va unida a obras de amor. Sin amor no hay fe. Entonces, no imitemos a los demonios buscando un conocimiento sin amor. Jesús los manda callar, pues la verdad no debe ser proclamada por bocas impuras, aunque sea cierta.

El diablo sabía que Cristo había venido para la salvación del género humano. En cuanto lo vio, se puso a temblar. Pero el diablo no sabía que Cristo nos redimiría con su sangre, por lo cual buscó cómo darle muerte. De haberlo sabido, sin duda, no lo hubiera llevado hasta la cruz.

Hay cristianos que hacen brujerías y que, incluso, invocan el nombre de Cristo en sus encantamientos. Los demonios siguen siendo demonios, aunque digan el nombre de Cristo. Así también los que hacen brujerías. Aunque usen el nombre de Jesús siguen siendo brujos.

C) La Palabra Proclamada: Cuarto Domingo del Tiempo Ordinario

Moisés anuncia que Dios está dispuesto a enviar a *un profeta como yo*. La Palabra de Dios estará en su boca y habrá que escucharlo con mucha atención, pues Dios mismo pedirá cuentas de cómo ha sido recibido (Dt 18:15-20).

Señor, que no nos hagamos los sordos a tu voz, pide el salmista (Salmo 95). Dios es nuestro pastor, nosotros las ovejas. No queremos ser como la generación del desierto que endureció el corazón y no se dejó guiar. Acabaron por no entrar en la Tierra Prometida.

Jesús es el profeta anunciado por Moisés. La gente lo notó enseguida. No era como los maestros de la Ley. Jesús tenía *autoridad*, una autoridad que la sienten los mismos demonios (Mc 1:21-28). Ciertamente Jesús posee el Espíritu Santo. Palabras y hechos lo dan a conocer. El Reino de Dios se abre camino en las palabras y obras de Jesús.

D) La Palabra Leída

Los discípulos se han dado cuenta de que Jesús es una persona poderosa, de palabra y de obra. Es un hombre con *autoridad*, aunque todavía no sepan de cierto el alcance de tal poder ni la relación que pueda tener con Dios. Los lectores sabemos un poco más: Jesús es Mesías, Hijo de Dios y ahora también *el Santo de Dios*, declarado por los demonios y oído por los lectores, aunque, al parecer, no por los discípulos ni por la gente. No podemos tratar a Jesús simplemente como un personaje famoso, un gran maestro o el iniciador de una religión. El es *el Santo de Dios*.

3) Curación de una Enferma (1:29-31)

A) El Texto

El caso del poseso presenta la expulsión directa (exorcismo) de un *espíritu impuro*. Pero en la mentalidad judía toda enfermedad era un ataque de los demonios. Por tanto las curaciones no eran simplemente un alivio de una enfermedad, sino una expulsión de fuerzas malignas y, en consecuencia, una victoria del Reino de Dios.

La acción sucede *inmediatamente* después de salir de la sinagoga. El lugar es la casa de Pedro y Andrés. Los otros dos hermanos, Santiago y Juan, también están presentes.

La persona enferma es la suegra de Pedro, que está acostada, *ardiendo* con fiebre. Esta vez Jesús no dice una palabra. Es suficiente con tomarla de la mano para *levantarla* (la misma palabra que se usa para la resurrección) y ella enseguida se *pone a servir*. Jesús la llama con la acción de curarla y ella responde con el servicio. La suegra de Pedro es una auténtica *discípula*; ha sido llamada sin palabras y ha respondido adecuadamente.

B) El Texto Recibido

Los Padres de la Iglesia recuerdan que Jesús sigue presente en medio de nosotros. Para sanar, hay que dejarse tocar por Jesús. Cuando uno es *levantado* es para ponerse al servicio de los demás. Así es la Iglesia, *curada* y *servidora*.

C) El Texto Proclamado: Quinto Domingo del Tiempo Ordinario

Job es una persona *quebrantada*. Le han ocurrido muchas desgracias. La enfermedad lo va desgastando hasta el punto de que ha perdido todas las ganas de vivir. Pues ¿qué es la vida cuando uno tiene que aguantar tanto? Un servicio militar del que uno se quiere librar cuanto antes; una jornada de trabajo que uno quiere terminar pronto; una noche de dolor que parece no tener fin. Job se resigna a *no volver a ver la dicha* (Job 7:1-4,6-7). Pero hay salida de este túnel oscuro. Pues el Señor *sana los corazones rotos, venda las heridas* y *tiende su mano* (Salmo 147).

Así lo hace Jesús con la suegra de Pedro. Sin embargo, Jesús no se limita a hacer el bien a los de su grupo y a sus familiares. La sanación de la suegra de Pedro es el modelo de lo que Jesús hace con muchos otros y en muchas otras partes (Mc 1:29-39). Nadie se queda fuera, porque la voluntad del Padre es que todos se salven. Jesús entra en la vida de las personas para liberarlas de sus esclavitudes y para volverlas a su integridad, para que así puedan ponerse a servir a los demás.

D) El Texto Leído

A Marcos le gusta introducir personajes secundarios, poco relevantes, casi sin importancia, como si fueran estrellas fugaces. Aparecen de pronto y desaparecen en el resto del evangelio. Pero son personajes que revelan alguna faceta del seguimiento de Jesús. Así vamos aprendiendo a descubrir lo que Jesús espera de sus discípulos, aunque tal vez no lo veamos en los Doce. Éste es el caso la suegra de Pedro que es curada y, en seguida, se pone a servir. El servicio es una de las características de todo seguidor de Jesús, como más tarde lo explicará. De momento Marcos nos ha dejado un anticipo: una mujer liberada y servidora.

4) Muchas Curaciones (1:32-34)

Jesús ha curado a *un* endemoniado y a *una* enferma. Ahora las curaciones se extienden a *muchos* que pertenecen a los dos grupos, endemoniados y enfermos.

Seguimos en sábado, pero por la tarde, cuando muchos judíos consideraban que había comenzado otro día. Entonces la gente se siente libre para traer a sus enfermos y endemoniados a Jesús, hasta el punto de que *toda la ciudad estaba amontonada a la puerta* de la casa de Pedro.

El poder de Jesús se extiende a toda clase de enfermos y de endemoniados. Jesús es el gran médico. De nuevo, son los demonios los que sienten el golpe de *autoridad* que tiene Jesús; saben muy bien con quién se están enfrentando. Pero Jesús también conoce sus intenciones y no les *permite* ni siquiera decir una palabra. A Jesús no lo pueden definir ni los demonios ni siquiera los curados. Habrá que irlo descubriendo de otra manera.

Jesús aparece no sólo como el enviado con autoridad, sino también como el investido con tal poder que se convierte en el gran médico que puede tratar cualquier clase de demonio o de enfermedad.

5) Muchos Lugares (1:35-39)

A) Texto

Hasta ahora todas las curaciones que ha hecho Jesús han sucedido en Cafarnaún. ¿Se limitaba el poder de Jesús a un lugar concreto o sería efectivo en toda Galilea?

Es todavía muy noche. Jesús se marcha a un *lugar solitario* con la intención de hacer oración de una manera prolongada. Jesús busca la oración especialmente cuando tiene que tomar decisiones difíciles. Tal vez éste sea también un momento difícil. Jesús, el gran médico, ha comenzado a ser un personaje famoso. Corre el peligro de buscar el aplauso de la gente, en lugar de mantenerse fiel a la misión que el Padre le ha confiado.

Pedro *y los que estaban con él* salen en *su caza*. Quieren sacar a Jesús de su retiro, porque la gente lo está *buscando*. Empiezan las notas negativas de los discípulos: Jesús busca el silencio y la oración para resistir la tentación de la fama. Los discípulos lo sacan de su retiro precisamente para que crezca su popularidad. Parece que Jesús y los discípulos van en distintas direcciones. Jesús deja su retiro y *sale* de Cafarnaún. En lugar de volver a la ciudad que lo trataba como personaje famoso, Jesús toma la decisión de ir a los *pueblos vecinos* por su fidelidad a la misión recibida: proclamar el Reino de Dios. *Para esto salí* o mejor, *Para esto Dios me hizo salir*.

B) El Texto Recibido

Los Padres de la Iglesia recalcan cómo Jesús tenía la costumbre de retirarse para hacer oración. El que siempre ora, siempre es escuchado. La misión se mantiene cuando se ora constantemente.

C) El Texto Proclamado: Quinto Domingo del Tiempo Ordinario (ver la sección anterior)

El ser humano se siente aplastado por el mal. Jesús ha venido para liberar y curar, pues así es Dios, que quiere que la salvación llegue a todos. Jesús ora para que su voluntad coincida con la del Padre. Por eso no se puede limitar a la ciudad donde vive. Tiene que salir a otros pueblos para que allí también tengan la oportunidad de recibir el Evangelio en palabra y en hechos, *pues para eso he venido*.

D) El Texto Leído

El lector ha descubierto varias notas positivas sobre Jesús: Tiene tanta autoridad, que su poder curativo no está limitado ni por el número de personas ni por los lugares geográficos; ora frecuentemente; no se queda en el lugar donde ha tenido más éxito; por último, actúa de acuerdo a la misión que le ha encomendado el Padre.

Al mismo tiempo, el lector empieza a sospechar que los discípulos no están en la misma onda de Jesús ya que quieren sacarlo de su retiro para que siga haciendo obras maravillosas con la gente. Por eso hay que preguntarse: ¿qué vamos buscando, el aplauso de la gente o la fidelidad a la misión encomendada por Dios?

6) Un Leproso (1:40-45)

A) El Texto

Jesús ha curado a muchos y en muchas partes, pero todavía está dentro de su región de Galilea, donde es una persona conocida. ¿Alcanza su *autoridad* más allá de Galilea?

Marcos habla de Templo y de sacerdotes. Estamos en un lugar indefinido, pero cerca de Jerusalén o tal vez en la misma capital. Jesús va de la periferia, una región sospechosa en cuanto a fidelidad religiosa se refería, al centro del judaísmo oficial.

Marcos lo pone todavía más difícil. Se trata de curar a un leproso, el caso más extremo en la sociedad judía. El leproso era no sólo una persona enferma, sino una persona desterrada a vivir en los márgenes de la sociedad, una persona expulsada de la comunidad ya que la consideraban peligrosa, una amenaza ya que puede contagiar con *impureza* a todos los demás. El leproso les hacía recordar todo lo opuesto a Dios, el deterioro de la vida y el triunfo del mal. Los sacerdotes no tenían un remedio para curar tal enfermedad; sólo podían diagnosticar que uno la tenía o que estaba libre de ella. El leproso era un muerto en vida, totalmente impotente para regenerarse ¿Podría Jesús hacer algo en un caso tan extremo?

Marcos no comienza el relato diciendo que Jesús se marcha a Jerusalén, sino que un leproso se acerca a él, y se coloca *cara a cara*. Es lo que normalmente hacen los enfermos que buscan a Jesús. Este leproso suplica, pues reconoce su estado de degradación y su impotencia para salir de él. Lo hace de una manera muy reverente, poniéndose de rodillas.

Si quieres es una súplica muy emocional. El leproso apela a la compasión de Jesús; no le da razones por las que deba ser curado. Además está reconociendo que Jesús tiene *autoridad* para realizar tal curación.

Puedes curarme. No duda. No le está diciendo a Jesús, *trata a ver si puedes curarme.* Al revés, está reconociendo el poder de Jesús. Tal vez el leproso había visto u oído que Jesús había hecho otras curaciones. Ahora se trata de ver si Jesús está dispuesto, si es su voluntad, el curarlo.

La misericordia mueve a Jesús. Más aún, lo conmueve profundamente. Se siente tan afectado que algunos manuscritos del Evangelio de Marcos dicen que Jesús se *enoja* por lo que ve delante: un hombre, víctima de la saña de los demonios, con tanto dolor que se atreve a romper las reglas que le prohibían acercarse a las personas.

Jesús *lo tocó.* La fuerza curativa pasa de Jesús al leproso. *Inmediatamente* queda curado (*la lepra se separó de él*). Jesús no se está saltando las reglas de la Ley, sino que está dando testimonio de que el leproso ya está curado. También el libro de los Reyes narra la curación de un leproso, la del general sirio Naamán, que sirve de testimonio: todos se dan cuenta de que la curación ha sido obra de Dios (2 Reyes 5:15) y de que hay un profeta en Israel (2 Reyes 5:8). ¿No sería también Jesús, un profeta en Israel, que hacía las obras de Dios?

Jesús sigue altamente emocionado. *Reprende* y *echa fuera* al leproso, como había hecho con los demonios en los exorcismos. Pero en este caso es para que el leproso cumpla con lo mandado por la Ley. Debe de presentarse ante los sacerdotes para que certifiquen su curación y así pueda reintegrarse a la vida normal de la comunidad. Entonces ha de ofrecer un sacrificio en el Templo para que todo el mundo entienda claramente que ya está curado.

No se lo digas a nadie. Es una orden imposible de cumplir. ¿Cómo puede ocultar un leproso su curación? ¿Cómo no ha de celebrar una fiesta con sus familiares y amigos? Es una manera de decir que Jesús no busca el aplauso de la gente. Incluso los curados no saben bien quién es Jesús, pues para conocer a Jesús hay que esperar a la cruz y a la resurrección. Entonces sí que se podrá proclamar abiertamente quién es Jesús.

De todas maneras el leproso no se puede contener. *Comenzó a proclamar muchas cosas.* Tiene que compartir su alegría y lo hace con intensidad. *Y a divulgar la palabra* (el evangelio, que se manifiesta en palabras y hechos). Quien ha conocido a Jesús no puede quedarse callado; sin querer se vuelve misionero.

Jesús busca un lugar despoblado, pero la gente sigue acudiendo a él de todas partes. Desde el punto de vista oficial de los líderes judíos, Jesús es un marginado; pero para los necesitados Jesús es el centro de atracción.

¿Qué han aprendido los discípulos? Primero, que Jesús tiene poder para curar la enfermedad más extrema. Después, que ejerce su autoridad en todas partes, no sólo en la región periférica de Galilea, sino en el mismo centro de la vida judía. Finalmente, que Jesús se comporta como un judío fiel cumpliendo y haciendo cumplir todas las normas de la Ley.

¿Qué aprendió la primera comunidad cristiana? Cuando Marcos escribe el evangelio, la comunidad cristiana ya se había separado de la comunidad tradicional judía; había una *iglesia* (nuestra) y una *sinagoga de ellos*. Entonces los primeros cristianos se preguntaban: ¿Qué debemos hacer con la Ley judía? Respuesta: Respeto, siguiendo el ejemplo de Jesús. Pero con una advertencia: La Ley judía es *de Moisés*, no precisamente la última propuesta de la voluntad de Dios.

B) La Palabra Recibida

Los Padres de la Iglesia elaboran la reflexión sobre la Ley antigua y la Nueva Alianza. Por un lado Jesús le quita todo valor a la Ley antigua al tocar al leproso, algo que estaba prohibido. Por otro lado la respeta al mandar al leproso que cumpla con todas las normas legales que le van a permitir reintegrarse a la comunidad.

Los Padres de la Iglesia se fijan en el gesto de tocar al leproso. La lepra no hizo impuro a Jesús, sino que su mano santa limpió el cuerpo del leproso. Jesús muestra que *todas las cosas son puras para el puro, pero para los impuros e incrédulos nada es puro* (Tito 1:15).

Jesús da una lección de humildad. Toca al intocable, para que aprendamos a no despreciar a nadie. Y si tenemos lepra en el corazón, sintiéndonos culpables, digamos con el leproso: *Señor, si quieres, puedes curarme.*

Jesús quería que todo quedara en secreto, pero no lo consiguió. Uno también preferiría que las buenas obras quedaran ocultas sin que nadie lo supiera, pero por el bien de otros la Providente permite que se publiquen, incluso contra los deseos de uno mismo.

C) La Palabra Proclamada: Sexto Domingo del Tiempo Ordinario

El leproso no es un enfermo cualquiera; es un enfermo contagioso; no sólo él es impuro, sino que vuelve impuro todo lo que toca. Por tanto, hay que protegerse de él y excluirlo de la comunidad (Lv 13:1-2,44-46).

El pecador es un leproso ante Dios, pero un leproso que Dios puede curar perdonándolo. Así nos colocamos ante Dios con un corazón sincero para que nos perdone (Salmo 32).

Jesús, que tiene autoridad divina, sana a un leproso y le manda que cumpla las normas establecidas para que pueda ser readmitido en la comunidad. Fue imposible hacer callar a esta persona sanada (Mc 1:40-45).

D) La Palabra Leída

Leprosos, los hay de muchas clases, en todas partes y en todos los tiempos. Leproso es aquella persona que evitamos, que no queremos que tenga parte en nuestra vida. El leproso puede ser una persona de otra raza, lengua o nación. Incluso el leproso puede ser un miembro de nuestra familia o una persona que vive con nosotros. Fabricamos leprosos cuando damos la espalda o decimos que *no nos tratamos*.

Jesús se mueve impulsado por la misericordia, incluso se *enoja* al ver una situación tan penosa como la de un leproso. Jesús *toca* al leproso y lo restablece en todo su ser, cuerpo y alma, individuo y comunidad. Lo mismo debemos hacer nosotros.

Mc 2:1-3:6 Los Líderes contra Jesús

Según aumenta la fama de Jesús y según la gente empieza a decir que Jesús es un enviado de Dios, dado que tiene autoridad para expulsar demonios y curar enfermos, crece la oposición de los líderes. Los discípulos están en medio: les gusta que la gente busque a Jesús, pero empiezan a tener dudas ya que los líderes se han colocado en contra: Si es enviado por Dios ¿por qué los representantes oficiales de Dios en Judea no lo aceptan e incluso lo combaten?

Marcos escribe en griego, pero piensa como judío. A veces se nota en su manera de escribir. Así ha organizado esta sección de una manera circular, como era corriente en la cultura judía:

A) Curación de un Paralítico
B) Comida con Pecadores
X) El Novio
B) Comida (granos de trigo) de sus Discípulos.
A) Curación de un hombre con la mano atrofiada.

Las dos curaciones se realizan en espacios interiores. Están los mismos personajes (Jesús, los líderes y la persona curada). Se levantan ciertas acusaciones graves contra Jesús. Jesús responde con preguntas.

En las dos escenas de la comida, se levanta una cuestión legal sobre la pureza. Están los mismos personajes (Jesús, los discípulos y los líderes). Jesús responde con refranes, declarando su autoridad. En contraste con la comida se habla de ayuno en el centro de la sección. Pero es ayuno en relación a la presencia del *Novio*; de ahí que aparezca una referencia a su muerte, que también había sido mencionada veladamente como consecuencia de las acusaciones que levantan los líderes en las historias de las curaciones.

1) Curación de un Paralítico (2:1-12)

A) El Texto

De nuevo vemos la mentalidad judía en la manera como Marcos organiza el relato:

Curación (2:3-5), Discusión (2:6-10), Curación (2:11-12).

Tras un periodo corto de tiempo, Jesús está de vuelta *otra vez* en Cafarnaún, *en casa* (¿la de Pedro?). Cuando la gente se entera, se amontonan delante de la puerta. Jesús *les hablaba la palabra* (empalmando con el texto anterior del leproso proclamador). Marcos no revela el contenido de lo que dice Jesús, por tanto, suponemos que habla del Reino de Dios.

A la palabra le sigue el hecho. Cuatro personas traen a un paralítico para ponerlo *delante de* Jesús. Pero es tanta la gente que se agolpa a la puerta de la casa, que deciden subirse al tejado y hacer un agujero para presentar al enfermo *delante de* Jesús. En aquellos tiempos los tejados eran planos y estaban hechos de ramas entrelazadas en las vigas principales y cubiertas de barro, por lo que era fácil hacer un agujero en el techo.

Jesús aprecia *la fe* de los que traen al paralítico, a quien Jesús llama *hijo pequeño* (también llamará *hijos pequeños* a los discípulos, 10:24). Pero sorprende que en lugar de decir una palabra de curación, Jesús le diga: *Tus pecados son perdonados.*

Hay que recordar que los judíos ponían juntos *enfermedad* y *pecado*; creían que, porque uno se alejaba de Dios, fuente de vida, el cuerpo se debilitaba.

En vez de narrar el resultado de la curación, Marcos introduce una discusión. Hasta ahora Jesús se ha movido entre amigos. De repente aparecen unos *maestros*, que levantan preguntas y acusaciones en sus *corazones*. Para los judíos, el corazón no es tanto el lugar de sentimientos, sino donde se hacen los planes y se toman las decisiones, es decir, una mezcla de lo que nosotros llamamos *mente* y *voluntad*. Los maestros se refieren a Jesús como *éste*, que es una palabra de desprecio dirigida a una persona ignorante, *este don nadie*. Después lo acusan de *blasfemo*. Era una acusación muy seria entre los judíos, pues un blasfemo podía ser condenado a muerte.

El Espíritu hace que Jesús lea sus pensamientos *inmediatamente*. Los maestros no tienen que hablar. Jesús sabe lo que piensan en secreto. Marcos nos dice lo que pensaban los maestros: *¿Quién puede perdonar pecados sino sólo Dios?*

Nadie lo ponía en duda: Sólo Dios puede perdonar. La cuestión era saber quién representaba a Dios - si los maestros o Jesús. Si para recibir el perdón había que acudir al Templo y ofrecer sacrificios, o si simplemente una palabra de Jesús bastaba, sin que el enfermo tuviera que hacer nada.

Naturalmente es fácil hablar. Por eso Jesús pasa de las palabras a los hechos. Sus palabras son tan poderosas que producen los hechos, como Dios al tiempo de la creación. Lo que dice, se hace.

Jesús se aplica a sí mismo el título de *Hijo de Hombre*. De momento sólo dice que está investido de autoridad. En la segunda parte del evangelio se explicará más detenidamente el contenido de este título. Ahora reconocemos que Jesús, no sólo tiene poder para expulsar demonios y curar enfermedades, sino también para perdonar pecados, algo, que, como los mismos maestros saben, le pertenece sólo a Dios.

Los judíos no esperaban del Mesías ni del Hijo del Hombre, que perdonara pecados. Por tanto, Jesús está introduciendo aquí algo nuevo. Es el mediador del perdón.

Una vez explicada la novedad, Jesús se olvida de los maestros, pues no proporciona señales ni pruebas a nadie, sino que se dirige directamente al paralítico para aliviar su situación: *Levántate, toma tu camilla y vete a tu casa.* No lo manda al templo, como en el caso del leproso, porque aquí no hay nada que justificar. Jesús lo devuelve a la vida normal. Es otra señal más de que el Reino de Dios se está imponiendo, aunque los líderes se resistan a reconocerlo.

La reacción del curado es *inmediata.* La respuesta de la gente es de *locura* y de *glorificación* de Dios. *¡Nunca habíamos visto cosa igual!*

Jesús ha vuelto a su base de Cafarnaún. Nos revela un título nuevo, Hijo de Hombre, pero de momento sólo nos habla de su autoridad, que abarca el poder de perdonar pecados, algo que lo coloca a la altura de Dios.

Los discípulos parecen estar en su gloria, pues la gente sigue acudiendo a Jesús. Es un éxito grande. Pero también se dan cuenta de que los líderes religiosos, los encargados de las cosas de Dios, no comparten el entusiasmo popular. Aunque acusan, de momento no dicen nada, sólo piensan. Pero Jesús ya los ha puesto al descubierto. El Reino de Dios está activo y los líderes le dan la espalda.

La primera comunidad cristiana ha sacado a relucir un tema de discusión: ¿Quién tiene poder para perdonar los pecados? *Sólo Dios,* es la respuesta tradicional. Pero los cristianos dicen, *también Jesús, pues es Hijo de Dios.* No hace falta esperar a que muera en la cruz, para que haya perdón de los pecados. Jesús lo puede ofrecer en cualquier momento.

B) La Palabra Recibida

Los Padres de la Iglesia se concentran en el tema del poder de perdonar pecados que tiene Jesús. Como dicen los maestros de la Ley, sólo Dios puede perdonar pecados, porque un pecado es una ofensa contra Dios y sólo el ofendido puede ofrecer el perdón. Por tanto, si Jesús perdona es porque es Dios. Lo hace por propia autoridad, sin ponerse a orar ni pedir ayuda al Padre. Los sacerdotes en la Iglesia perdonan, pero no por su propio poder, sino *en el nombre del Padre, del Hijo y del Espíritu Santo*. El servicio del perdón viene a través de hombres, pero el don del perdón viene de Dios.

Jesús es el médico perfecto, porque no sólo cura la enfermedad del cuerpo, sino también la del espíritu. El cuerpo del paralítico refleja la situación de su alma. Del paralítico no se dice que fuera una persona creyente, pero los que lo llevaron sí que lo eran. Jesús vio *la fe de ellos*. Los que lo portaron creyeron y el enfermo recibió la bendición de la curación.

Los Padres de la Iglesia se fijan también en la camilla, que pasa de ser signo de enfermedad a ser un testimonio de curación. Si nos miramos bien, observaremos que somos paralíticos por dentro. Todavía no hemos tomado la camilla, sino que la camilla nos lleva a nosotros

C) La Palabra Proclamada

Dios está dispuesto a hacer una obra maravillosa por su pueblo que vive en el exilio, pero va a ser tan grande que las maravillas que Dios hizo en el pasado se quedarán en el olvido. ¿Por qué lo hace Dios? No precisamente porque el pueblo se lo merezca; al contrario, Dios está *cansado* de su actitud. Pero Dios es Dios y obra de acuerdo a su naturaleza misericordiosa (Is 43:18-19, 21-22, 24-25).

Nosotros no queremos ser como los que no invocan al Señor ni se esfuerzan por servirle. Reconocemos nuestra enfermedad y pecado e imploramos su misericordia, conscientes de que *al que cuida de los pobres, Dios lo librará en los momentos difíciles* (Salmo 41).

Jesús ve la fe de los que cuidan al paralítico, una fe que supera todos los obstáculos. También lee los pensamientos de los líderes religiosos, cuya incredulidad levanta toda clase de barreras. Por ser Dios, Jesús perdona por dentro y cura por fuera. El grito de alegría de los deportados de Israel se oye de nuevo en el grito de entusiasmo de los que rodean a Jesús (Mc 2:1-12).

D) La Palabra Leída

Los lectores del evangelio hemos penetrado un poco más en la persona de Jesús. Es el Hijo del Hombre, que tiene autoridad para perdonar los pecados. Tendremos que esperar a ver lo que da de sí este título según se vaya repitiendo, especialmente en la segunda parte del evangelio. Admiramos *la fe* de esas cuatro personas que traen al paralítico y que no se echan atrás ante todos los obstáculos en el camino hasta presentarse delante de Jesús. De nuevo, vemos cómo la misericordia mueve a Jesús que llama al paralítico *hijo*, para indicarnos que de alguna manera es un discípulo. Tal vez tengamos sospechas sobre cómo van a reaccionar los discípulos en el futuro, puesto que han visto a sus *maestros* que no están de acuerdo con Jesús, aunque ellos no sepan por qué. Nosotros sí lo sabemos porque nos lo ha dicho Marcos: No quieren aceptar que el Reino de Dios esté presente en la persona de Jesús. Aparecen nubes oscuras en el horizonte. Pero el Reino continúa avanzando.

2) Comida con Pecadores (2:13-17)

A) El Texto

Jesús es el Hijo del Hombre que tiene poder para perdonar los pecados. Ahora Jesús da un paso más: no solo perdona pecadores, sino que llama a pecadores a ser sus compañeros y colaboradores. Los *perdidos* según el criterio de los líderes religiosos son *los llamados* de acuerdo a Jesús. Ya no los envía a *su casa* para que sigan con su vida normal, como el caso anterior (2:11); ahora los llama a que rompan con lo que están haciendo y se incorporen a *la escuela del caminante*.

Marcos ha unidos dos escenas: un llamado al discipulado (2:13-14) y una enseñanza (2:15-17). Jesús vuelve a orillas del lago de Genesaret. Es el lugar donde había llamado a los primeros discípulos. Como siempre la gente va y viene a donde está Jesús y él les *enseñaba* el mensaje con autoridad. Cafarnaún es un puerto muy activo. El comercio es intenso. Allí Jesús ve el intercambio entre vendedores y compradores. Se fija en un cobrador de tasas, llamado Leví, el hijo de Alfeo. Está *sentado*, no sólo físicamente, sino también bien acomodado en la sociedad; tiene un buen puesto de trabajo que deja bastante dinero.

Jesús lo *vio*. No es una mirada casual, sino profunda - la mirada que mueve a las personas. Y le dijo: *Sígueme*. No es una invitación, sino un mandato, porque quien lo dice es una persona con *autoridad*.

Leví responde positivamente. *Se levantó*, no sólo de la silla, sino de su posición en la sociedad. *Y lo siguió*, como habían hecho los primeros discípulos.

Cambio de escenario. Del puerto nos vamos a la casa de Leví. Allí ha preparado una fiesta para Jesús, para sus *muchos* discípulos y para sus compañeros de trabajo, *los pecadores*. Los cobradores de tasas tenían muy mala fama, tan mala que los judíos devotos no los consideraban miembros del pueblo de Dios, ni siquiera los dejaban entrar en las sinagogas en algunas partes. *Pecadores* eran todos aquellos que no ponían mucho cuidado o ignoraban las normas que distinguían entre lo puro y lo impuro. Así todos los gentiles (no judíos) eran también pecadores, aunque no hubieran hecho nada malo.

Al compartir la mesa, Jesús se arriesga a que lo consideren uno de los pecadores. Porque sentarse en la misma mesa era lo mismo que compartir sus mismas ideas, posturas sociales y, en definitiva, la vida. En la mente de todos estaba claro que el Mesías, una persona de la más alta santidad y pureza, nunca se acercaría a una mesa de pecadores.

Así es cómo lo ven *los maestros de los fariseos*. No se atreven a cuestionar directamente a Jesús, sino que dirigen sus críticas a los discípulos. Pero Jesús les sale al paso. Él es médico que cura, por tanto son los enfermos los que están a su alrededor. Más aún: *No he venido a llamar a los justos, sino a los pecadores.* Su misión va dirigida precisamente a los que la sociedad echa a un lado, por impuros o *pecadores.*

Al principio de su ministerio, Jesús nos sorprende al llamar a simples pescadores como discípulos suyos, pero ahora llama a uno, que, según el sentir de la mayoría, no cualifica ni siquiera como persona religiosa.

Los maestros también se van dando a conocer. Al principio, acusan a Jesús, pero sólo en su mente. Ahora lo hacen de palabra, pero no directamente con Jesús, sino dirigiéndose a sus discípulos. Están muy preocupados por las palabras y las acciones de Jesús.

Los discípulos son testigos de lo que Jesús hace y dice. Por un lado, ven que la gente responde con entusiasmo y se ponen del lado de Jesús. Por otro lado oyen las protestas de los líderes religiosos. Seguro que los primeros discípulos, los antiguos pescadores, se sentían incómodos en compañía del recaudador Leví - a quien probablemente habían tenido que pagar en más de una ocasión. Por el momento, se quedan al lado de Jesús y siguen en *la escuela del caminante* porque ahora tienen que aprender a vivir juntos *pescadores y pecadores.*

Los primeros cristianos ya habían aprendido a acoger a los pecadores en la comunidad. Pero no faltaban los criticismos de que habían rebajado las exigencias religiosas para conseguir más adeptos. Tal vez lo que dicen *los maestros de los fariseos* a *los discípulos* era lo que los fariseos de la época posterior decían a los primeros cristianos. Pues ¿cómo se explica que hubiera tantos fariseos en Galilea, cuando su base estaba en Judea? Y además ¿en casa de un pecador? Probablemente estos fariseos que se enfrentan a Jesús representan a los judíos tradicionalistas que se encaran a los primeros cristianos con la pregunta ¿por qué Jesús se pone del lado de los malos? ¿por qué ustedes reciben a los gentiles, que son *pecadores*?

Los primeros cristianos guardan con cariño esta historia de discipulado. Jesús llama a quien quiere, tanto a fieles pescadores como al pecador recaudador de impuestos. La pesca les hablaba del reino de Dios - hay que *sacar del* mar de esta *generación malvada* y hay que *meterlos en* el banquete, que representa la meta del reino de Dios, a donde hay que llegar y celebrar.

B) La Palabra Recibida

Los Padres de la Iglesia se fijan en Levi como amante del dinero, que vive buscando su propia *gloria* en lugar de *la gloria de Dios*. Entonces escucha el llamado de Jesús a seguirlo. Se pone en movimiento, pero no sólo físicamente, sino desde el corazón, es decir, cambiando su estilo de vida. Hay que dejar las cosas mundanas para centrarse en las celestiales, buscar el bien en lugar de aprovecharse de los demás, sufrir injurias y pedir por los opresores. Ese es el cambio que se opera en Leví, porque Jesús no sólo llama sino que también le da el *impulso* para dejar las cosas y decidirse a seguir a uno que es pobre.

Sobre todo, los Padres de la Iglesia comentan la frase de que Jesús vino como médico a sanar a los enfermos. Por eso aguanta el mal olor que despiden las maldades y se inclina a tocar las heridas y curar a los enfermos, para salvar así a los caídos.

Primero, el enfermo ha de darse cuenta de que está enfermo, pues hay muchos que se creen muy fuertes y no buscan al médico. Son como los locos que se creen cuerdos y que, incluso, atacan al médico. Así hicieron con Jesús *los orgullosos*. Por eso hay que empezar por sacar a la gente de su necedad y de su locura para que busquen al médico. La voluntad está libre, si la mente está clara, y la mente está clara si se somete a la misericordia divina. Hay que orar para que nos demos cuenta de nuestra propia enfermedad. Así pediremos la fuerza necesaria para acudir al médico.

¿Cómo se sana un enfermo? Ciertamente no siguiendo sus propios deseos, sino sometiéndose a las directrices que le marca el médico, que, a veces, ha de hacer de cirujano y cortar. Es doloroso, pero es lo que la persona necesita para que recobre la salud.

C) La Palabra Proclamada (solo se utiliza en la lectura continua del Evangelio).

D) La Palabra Leída

Los fariseos echaban en cara a los discípulos que Jesús se dedicaba a *los pecadores*. ¿No es verdad que nuestras comunidades se dedican principalmente a mantener contentos a *los buenos*? ¿que dedicamos poco tiempo a *curar a los enfermos* y a *buscar a los pecadores*? El banquete es signo de la celebración de la Eucaristía. Allí los pecadores se juntan alrededor de Jesús. Pero es por un momento. La Eucaristía termina en *envío*, pues es promesa - un *alto* en el camino para recobrar fuerzas, una invitación a mirar hacia adelante, al banquete celestial - pero de todo esto ya tendremos ocasión para tratarlo más despacio en *la escuela del caminante*.

3) El Novio (2:18-22)

A) El Texto

Marcos no dice cuándo ni dónde pasó esta escena. Se supone el mismo ambiente que el de la comida con los pecadores. Por tanto hay que leer esta sección en relación con la anterior. Jesús acaba de comer con personas poco recomendables y menciona la palabra *novio* que alude a matrimonio y a banquete.

El tema de discusión sigue centrado en *tus discípulos*. Parece que estos *discípulos* (tanto *pescadores* como *pecadores*) no dan la talla religiosa, si los comparamos con los discípulos de Juan o, incluso, con los seguidores de los fariseos. ¿Cuál debe ser el talante del acompañante de Jesús?

Un hecho llama la atención: *no ayunan*. En esta ocasión los que se ponen frente a Jesús son los discípulos de Juan Bautista, que se han unido a los fariseos, para declarar su sorpresa de que los discípulos de Jesús no cumplen con las prácticas que cualquier persona piadosa acostumbra a hacer. No se trata de los ayunos mandados por la Ley, sino de los ayunos voluntarios, que eran señal de piedad.

Jesús reacciona con una pregunta: *¿Pueden acaso los hijos del novio ayunar mientras el novio está con ellos?* La expresión *Hijos del novio* designa a sus amigos, los de su cortejo, los acompañantes. La presencia de Jesús es *buena noticia*. Es novedad; es fiesta (tal como la esperaba la tradición judía que hablaba de la relación de Dios con su pueblo mediante la imagen del matrimonio y del banquete).

Jesús responde su propia pregunta. Los discípulos han sido llamados a acompañar al Novio y se alegran de pertenecer a su comitiva. Lo contrario es impensable. Pero vendrá un día en que el novio *les será arrebatado*. Entonces ayunarán.

De la novedad que supone su presencia (2:18-20), Jesús pasa a la novedad que trae su misión (2:21-22). Una boda requiere vestidos elegantes y buen vino. En este caso, el vino es demasiado fuerte para unos contenedores tan frágiles. Un vestido viejo no se puede remendar con una tela nueva. Todo se echa a perder. Por tanto *vino nuevo en odres nuevos*.

Tal vez este tema del ayuno fue más importante para las primeras comunidades cristianas que para los discípulos directos de Jesús. Pues los cristianos eran criticados por no tener prácticas especiales. Entonces recurren a frases de Jesús para explicar la *novedad* que trae el cristianismo. Más tarde la comunidad cristiana explicará la relación entre Jesús y la Iglesia con una imagen matrimonial (Ef 5:22-23).

B) La Palabra Recibida

Los profetas pidieron la presencia del Mesías con lágrimas. Cuando llegue el Mesías, será tiempo de alegría. Jesús, el Verbo de Dios encarnado, es el Mesías; pues en la encarnación se produjo la primera boda, la de la naturaleza divina con la humana. Del seno de la Virgen, salió el novio dispuesto a unirse con su esposa, la Iglesia: *Alegrémonos y gocémonos y démosle gloria porque ha llegado la boda del Cordero y su esposa está bien preparada* (Apoc 19:7).

Mientras Jesús está presente es tiempo de alegría, no de tristeza - tanto se trate de su presencia corporal, como caminante en Palestina, como su presencia en la Palabra y los sacramentos. Por eso los amigos del novio no pueden ayunar, pues el novio es la Palabra de Dios que todos necesitamos para vivir, ya que *no sólo de pan vive el hombre sino de todo lo que sale de la boca del Señor* (Dt 8:3).

Los Padres de la Iglesia insisten en la novedad que ha traído Jesús. Lo antiguo ha quedado eliminado por innecesario, o ha sido reparado por deficiente, o ha sido cumplido por ser anuncio, o ha sido perfeccionado por la nueva fe. Con la llegada del evangelio lo carnal ha dejado paso a lo espiritual.

Pero hay personas que son todavía *vestido viejo* y *odre viejo*. Viven para este mundo y son amantes de una gloria pasajera. Necesitan el vino, que refresca por dentro, y el vestido, que cubre por fuera. El vestido son las buenas obras exteriores que brillan a la vista de todo el mundo. El vino es el fervor que producen la fe, la esperanza y la caridad. Los que no han aceptado a Cristo todavía llevan el vestido viejo y son odre viejo. Están pegados a lo terreno y a lo pasajero. Necesitan ser renovados por la fe y la gracia del Espíritu Santo.

C) La Palabra Proclamada: Octavo Domingo del Tiempo Ordinario

En el sentir del profeta Oseas, Dios se comporta como un marido celoso que quiere renovar su amor con la esposa infiel (el pueblo de Israel). Para eso se la lleva al desierto, al lugar donde empezó su primer amor, y allí volverán a casarse de nuevo, pero esta vez *para siempre*, pues el casamiento será en justicia y rectitud, en amor constante y ternura (Os 2:16-17, 21-22). Compasión y misericordia definen quién es Dios. Por eso perdona pecados, cura enfermedades, rescata del sepulcro y colma de amor y ternura (Salmo 103).

Jesús se presenta como *el novio*. Como el Reino de Dios se parece a un banquete de bodas, éste es un tiempo de alegría. Lo viejo (ayuno, vino y paño) ha de dejar paso a lo nuevo. Pero se hace una advertencia: vendrá el día en que el novio será *arrebatado*, entonces será tiempo de ayuno (Mc 2:18-22).

D) La Palabra Leída

Como Jesús se ha quedado con nosotros, vivimos en tiempos de fiesta permanente, celebrando el amor de Jesús, *el novio*, con la Iglesia. Pero con cierta tensión ya que ahora se celebra la fiesta por medio de los sacramentos, que remiten a los tiempos finales, cuando compartiremos con Jesús *el vino nuevo* (Mc 14:25). Además recordamos que Jesús trae una *novedad* que difícilmente encaja con la mentalidad presente que mueve a nuestra sociedad. No nos podemos quedar en *lo viejo*, que es lo que la sociedad propone.

4) Granos para Comer (2:23-28)

A) El Texto

De nuevo el centro de atención son los discípulos de Jesús. En la sección anterior el problema era que no ayunaban, ahora el asunto es que *trabajan* en sábado, el día de descanso. Antes acusaron a los discípulos de Jesús de no hacer prácticas extraordinarias que se esperaban de cualquier persona devota. Ahora los acusan de hacer algo prohibido. El tono va subiendo. Es una acusación típica de los fariseos; al parecer los discípulos de Juan no participan en esta acusación. Es sábado, el día de descanso, cuando está prohibido hacer cualquier clase de trabajo. Los discípulos *hacen camino* por medio de unos campos de trigo arrancando espigas. Las desgranan aplastando las cabezas de las espigas entre las manos y se comen el trigo. Los fariseos están al acecho y dicen que los discípulos *trabajan*. Esta vez se dirigen directamente a Jesús: *¿Por qué tus discípulos hacen en sábado lo que no está permitido?* El problema no es el arrancar espigas y comer los granos de trigo, porque lo permitía la Ley (Dt 23:25-26), sino en hacerlo en sábado.

Jesús responde con tres dichos:

1) Empieza comentando un caso de la Sagrada Escritura. Les recuerda a David (1 Sam 21:2-7), el modelo de autoridad y piedad en la Biblia Hebrea. Un buen día David y sus compañeros, que, andaban huyendo y estaban muertos de hambre, entraron en el templo y se comieron el pan que estaba dedicado a Dios y que sólo los sacerdotes podían comer. Al narrar el evento, Marcos apura el texto bíblico. Primero dice que sucedió cuando Abiatar era sumo sacerdote. El evangelista cita de memoria, porque en tiempos de David Abiatar no era el sumo sacerdote, sino su padre Ajimelec. Después el texto bíblico no menciona el sábado. La falta de David estaba en comer el pan reservado a los sacerdotes. Por tanto el punto no está en que Jesús hiciera lo mismo que David, sino en que David, un hombre de Dios, se sintió con libertad para actuar en tiempos de necesidad. Así también los discípulos: en caso de necesidad, no valen las normas.

2) *El sábado ha sido creado para el hombre y no el hombre para el sábado.* El sábado es un regalo de Dios para liberar al hombre de su esclavitud al trabajo

diario. Por tanto, no debe ser usado para hacer más difícil la vida de la gente. Había rabinos que decían algo parecido, pero aplicado sólo a circunstancias especiales, como en tiempos de guerra. Para Jesús, es una regla general.

3) *El Hijo del Hombre es señor incluso del sábado.* ¿Quién es el propietario del sábado? En la Biblia Hebrea el sábado es *un día consagrado* a Dios. Por tanto su *señor* es Dios (Lev 23:3). En los nuevos tiempos ese señorío es ejercido por Jesús, el Hijo del Hombre. En el libro del profeta Daniel, Hijo del Hombre representa a la comunidad israelita que se ha mantenido fiel en tiempos de persecución, que asciende hasta el trono de Dios y que Dios le otorga *poder, gloria y reino* (Dn 7:13-14). Jesús, al tomar este título, está diciendo que él es el fiel que ha recibido tal poder. Esta es la novedad que ha introducido Jesús.

Jesús vuelve a reafirmar su autoridad como enviado de Dios y fiel a su voluntad, devolviendo al sábado la fuerza que Dios le había dado al tiempo de su creación, ser día de liberación.

Los discípulos se sienten protegidos. Por segunda vez, Jesús sale en su defensa. Lo hace desde la perspectiva de que han comenzado *tiempos nuevos* que requieren actitudes nuevas.

Como en los casos anteriores, tal vez el texto esté reflejando criticismos que la primera comunidad cristiana recibía de parte de los judíos tradicionalistas, de que no eran muy cumplidores de la Ley. Pero ¿qué hacen los fariseos en medio de un campo el día del sábado? Marcos ha puesto los argumentos en contra: Si la Ley fue suspendida en el caso de David *y compañeros* porque había una gran necesidad, también puede ser suspendida en el caso de Jesús *y compañeros* por la misma razón. Más aún, hay que devolver al sábado la intención con que Dios lo creó para que fuera un día en beneficio del ser humano. Jesús, Hijo del Hombre, representante del Israel fiel, ha recibido la autoridad para hacerlo.

B) El Texto Recibido

Los Padres de la Iglesia recalcan cómo Jesús pasa hambre, lo que muestra que es verdadero hombre, y es Señor del sábado, lo que muestra que es verdadero Dios.

Dios nos ha dado seis días para trabajar y uno para descansar. Aprovechemos ese día para asistir a la celebración eucarística y a pedir perdón por los pecados.

C) El Texto Proclamado: Noveno Domingo del Tiempo Ordinario

El sábado es día de descanso *dedicado al Señor*. Todos quedan libres del trabajo, tanto personas como animales. El sábado recuerda el Éxodo, cuando el Señor sacó a su pueblo de la casa de la esclavitud, que era Egipto (Dt 5:12-15). Así lo canta el salmista tocando todos los instrumentos que encuentra a mano. Pero al mismo tiempo que festeja, el salmista recuerda al pueblo que tiene que ser obediente a su Dios (Salmo 81).

Con el paso del tiempo, el sábado se llenó de tantas reglas, que en lugar de ser un día de liberación se convirtió en un día de opresión, cuando la gente no podía hacer nada. Jesús le devuelve el sentido que Dios le había dado: el sábado es para el hombre; el sábado es para hacer el bien; el sábado es para dar vida (Mc 2:23-3:6).

D) El Texto Leído

El descanso es regalo de Dios para *re-crear* al ser humano, por eso mismo es un día *consagrado* a Dios, pues el ser humano recobra su ser al renovar los lazos con Dios, con la familia y con la comunidad.

Jesús no está interesado en desmontar las instituciones israelitas, sino en proclamar el Reino de Dios. Pero las instituciones se convierten en obstáculo, cuando pierden el sentido por las que Dios las estableció. Entonces Jesús las denuncia. Así nos puede pasar con nuestras tradiciones católicas. Nos pueden ayudar a renovar la esperanza en el Mesías o se pueden volver en obstáculos a la proclamación del Reino de Dios. Por tanto, hay que preguntarse si una tradición facilita o dificulta el vivir como Dios quiere que vivamos.

5) Curación de un Hombre con la Mano Atrofiada (3:1-6)

A) El Texto

Es sábado. Por tanto estamos en el mismo contexto que la escena anterior. Jesús acaba de declarar que el sábado ha sido instituido *para el hombre*. Ahora vamos a ver un ejemplo concreto.

Del campo pasamos a la sinagoga (¿la de Cafarnaún?). Hay un hombre con la mano *seca*. Están presentes los fariseos. Dada la historia que tiene Jesús con ellos ¿qué va a pasar ahora, en terreno propicio a los fariseos, en lugar del campo abierto, donde nadie los podía ver ni oír? Lo de siempre: un hecho y una discusión. Pero se da un paso adelante: el problema ya no es lo que hacen los discípulos, sino lo que hace el mismo Jesús.

Los fariseos ven y oyen como los demás, pero no de la misma manera, pues Marcos denuncia sus intenciones: Lo *vigilaban*, como se observa atentamente a un criminal, para tener algo de qué *acusarlo*. Antes se escandalizaron de las actitudes que Jesús y sus discípulos habían introducido para los tiempos nuevos, ahora buscan cómo controlar su influencia, presentando una acusación formal delante de un tribunal.

Jesús ordena al hombre de la mano *seca* que se ponga en medio donde todos lo puedan ver. Entonces se encara a los fariseos, puesto que Jesús ha leído sus pensamientos y ha descubierto sus intenciones: *¿Está permitido en sábado hacer el bien o hacer el mal, salvar una vida o destruirla?* Jesús continúa el tema de la escena anterior ¿cuál es la intención de Dios al crear el sábado? ¿qué se puede hacer con alguien que ha perdido la integridad física? Puestas así las cosas, los fariseos se quedan callados.

Jesús reacciona violentamente. Mira a su alrededor; se siente tan apenado por *la dureza de su corazón* que se *enoja.* Como persona con autoridad, Jesús da un mandato al hombre de la mano seca y se produce la curación.

La reacción de los fariseos no se deja esperar. *Inmediatamente* se ponen de acuerdo con los herodianos, que normalmente eran tenidos como enemigos declarados, para encontrar una manera cómo *destruir* a Jesús. Es sorprendente que los que no quieren que haya una curación en sábado, planeen ese mismo día cómo matar. Los dos grupos coinciden en un mismo objetivo. Los fariseos, por razones religiosas, y los herodianos, por razones políticas, no van a permitir a Jesús que cambie las cosas.

A la revelación progresiva de Jesús, como persona que tiene autoridad y que ha introducido una *novedad*, se contrapone la también progresiva revelación de los líderes: primero piensan, después acusan y, finalmente, planean un asesinato.

Por el momento el pueblo y los discípulos están con Jesús. Parece ser que el entusiasmo con que acogieron el llamado de Jesús todavía perdura, porque se han dado cuenta de que Jesús los ha defendido cuando han sido criticados por los oponentes. Sin embargo también se han dado cuenta de que los líderes religiosos no están con ellos; al revés, las relaciones son cada vez más tirantes. Tal vez las cosas no vayan a terminar bien.

Las primeras comunidades cristianas se reafirman en la línea marcada por Jesús. Dios ha creado las instituciones para beneficio del ser humano. Jesús ha introducido *nuevos tiempos*, que son tiempos de mayor fidelidad a lo que Dios ha querido desde el principio. La resolución de las necesidades humanas tiene prioridad sobre las normas rituales.

B) El Texto Recibido

Los Padres de la Iglesia piensan que si el individuo de este relato tenía la mano *seca*, los que estaban a su lado tenían la mente más *seca*. Jesús había puesto al tullido en medio de la asamblea para que, al verlo, se compadecieran de él. Sin embargo, prefirieron buscar el mal de Jesús que el bien del tullido. Al final el tullido recobra la mano, pero los que están a su alrededor no recobran la mente, porque empiezan a planear cómo dar muerte a Jesús.

Por eso Jesús se *enojó*. Hay enojos buenos y enojos malos. Los malos enojos nacen del deseo de imponerse a los demás; los buenos enojos proceden del amor, que se indigna ante una situación vergonzosa. El enojo de Jesús es una reacción apropiada al momento, porque no quieren *hacer el bien*, de restaurar a una persona a su integridad humana.

El enojo muestra que Jesús es un hombre completo, en cuerpo y alma. En el cuerpo padece hambre, se cansa y duerme. En el alma llora, se alegra, siente tristeza y admiración. Y se enoja ante la dureza de corazón de los fariseos.

C) El Texto Proclamado: Noveno Domingo del Tiempo Ordinario (ver la sección anterior).

D) El Texto Leído

Nosotros nos damos cuenta de que hay muchas personas que se creen muy religiosas y que no tienen reparos en sacrificar a seres humanos en nombre de instituciones religiosas. Jesús propone un punto de vista diferente: las instituciones religiosas están al servicio del ser humano. Así es como Dios lo quiso desde el principio. Así es como se honra a Dios.

Mc 3:7-12 La Gente con Jesús

A) El Texto

Los líderes se oponen a Jesús, pero la gente está con Jesús. Han oído sus palabras poderosas y han visto sus curaciones prodigiosas. Por tanto, saben a quien acudir.

Pero no son únicamente los judíos de Galilea los que se ponen del lado de Jesús, también muchos gentiles de las regiones circunvecinas acuden a Jesús. Se suponía que un judío no tenía nada que ver con un gentil. ¿Cómo va a reaccionar Jesús ante esta popularidad entre los gentiles? ¿los curará también? ¿podrá con sus demonios?

Jesús con sus discípulos. Marcos quiere dejar bien claro que Jesús no se aparta de sus discípulos más que para orar. Siempre se mueve en grupo.

Estamos en Cafarnaún. Jesús y sus discípulos dejan la ciudad y se marchan a orillas del lago, que es el lugar normal del encuentro con la gente. Pero en esta ocasión la gente viene no sólo de Galilea sino también de Judea e incluso de la misma capital, Jerusalén. Hay además gente que viene de Idumea, de las regiones del otro lado del Jordán, de Tiro y de Sidón. La fama de Jesús ha traspasado las fronteras judías alcanzando el territorio de los gentiles. La enfermedad se da en todas partes y las personas necesitadas se juntan a pesar de sus diferencias raciales, religiosas o lingüísticas. Los demonios son los mismos en todas partes.

Jesús camina por la orilla con sus discípulos. Pero es tanta la gente que se les une que Jesús tiene miedo de que lo *estrujen*, como a las uvas para sacar vino. Por eso les pide a los discípulos que tengan una barca pequeña preparada en caso de que la necesiten para protegerse de los apretujones, pues *los que tenían aflicciones se le echaban encima para tocarlo.* Normalmente Jesús toca a los enfermos para curarlos; aquí los enfermos se echan sobre Jesús, pues es tal su poder que con sólo tocarlo quedan sanados.

Las enfermedades son *aflicciones* con que los demonios controlan a las personas. Al ser curadas, los demonios, que siempre están vigilando, reaccionan, pero no les queda más remedio que *postrarse* delante de Jesús y, en un último intento de resistencia, gritan: *Tú eres el Hijo de Dios.* Pero Jesús, *enérgicamente* los hace callar para que no lo *descubran.* Los discípulos han de descubrir la identidad de Jesús poco a poco, para no dar lugar a malos entendidos.

Jesús es reconocido como gran médico que libera no sólo de enfermedades, sino de los mismos demonios que se ocultan detrás de las aflicciones. Su poder alcanza tanto a judíos como a gentiles. Los demonios siguen declarando su identidad como Hijo de Dios, pero Jesús los amordaza, pues los discípulos han de descubrir la identidad de Jesús viviendo con él, oyendo sus palabras y viendo sus obras.

La gente está con Jesús porque espera conseguir algo de él. Lo procuran, se apretujan a su alrededor, pero más que seguirlo lo acosan y se convierten en un estorbo en su camino. Su seguimiento no es el de los discípulos. Por eso Marcos pone una distancia entre los discípulos y la gente. Jesús se reúne con los discípulos privadamente, en una casa, en una barca, en un lugar deshabitado o caminando a solas con ellos. Una cosa es lo que la gente debe saber y otra lo que los discípulos deben entender. Por eso los instruye cuando están lejos de la gente.

Las primeras comunidades cristianas tienen que superar el problema de las relaciones entre cristianos judíos y cristianos gentiles. Miran a Jesús y ven que no hizo ninguna diferencia entre ellos. Tanto unos como otros buscan a Jesús y tanto unos como otros son atendidos por Jesús. Es una primera respuesta.

B) El Texto Recibido

Se puede tocar a Jesús de muchas maneras. Los que detuvieron a Jesús y lo crucificaron ciertamente *tocaron* a Jesús, pero no sacaron ningún beneficio. Hay otra manera de *tocar* a Jesús y es la de los que se acercan a él con fe, éstos son sanados; consiguen *la salvación*.

Tanto demonios como fieles confiesan que Jesús es el Hijo de Dios. A los demonios les empuja el temor, porque ellos no son *hijos*; a los fieles les mueve el amor, como corresponde a los hijos de Dios.

C) El Texto Proclamado (se utiliza sólo en la lectura continua del Evangelio).

D) El Texto Leído

Desde que empezamos a leer el Evangelio sabemos que Jesús es el Hijo de Dios. Se lo oímos decir a la voz celestial y a los demonios. Por eso entendemos muy bien que Jesús expulse demonios y cure enfermos. En este relato hemos aprendido algo más: Jesús atiende a todo el que lo busca *con fe*, sin importar si es judío o gentil. Los demonios a combatir son los mismos en todas partes; las enfermedades a curar son las mismas en Galilea que en tierras de gentiles; tan necesitados están los unos como los otros. Aprendamos de Jesús a atender a todo el que encontremos en nuestro camino, sin importar la raza ni la religión ni la lengua ni su situación legal.

JESÚS SE DEFINE (Mc 3:13-6:6a)

Jesús se ha dado a conocer como una persona con una *autoridad* muy poderosa, a la que los demonios se someten y por la que los enfermos son curados, incluso de la más espantosa enfermedad, que es la lepra. Todo esto confirma que su mensaje de que el Reino de Dios ya está activo es cierto. Por tanto, todo el mundo se tiene que ajustar a esta *novedad* que trae Jesús. Pero los líderes no lo aceptan; levantan objeciones e, incluso, amenazan. Ha llegado el momento de definirse frente a las instituciones oficiales, frente a la propia familia y frente a los propios paisanos, que hasta ahora lo han apoyado.

Jesús ha proclamado que el Reino de Dios ha entrado en una nueva fase. Ahora hay que identificar quién puede entrar en ese Reino. Esta era una de las grandes preocupaciones entre los judíos: Saber quién formaba parte del verdadero Israel. Las guerras de los Macabeos, unos ciento cincuenta años antes de Jesucristo, habían dejado en claro que los judíos estaban divididos. Unos habían adoptado las costumbres de los griegos hasta el punto de avergonzarse de su propia identidad judía y otros perdían la vida precisamente por fidelidad a la tradición. Entonces no todo el que había nacido judío pertenecía al pueblo de Dios. Había que identificar quién era *verdadero Israel*. Los fariseos, los saduceos, los esenios y otros grupos tenían sus propios criterios para determinar si uno estaba *dentro* o *fuera* del pueblo de Dios. Al final, todo dependía de ver qué clase de Mesías esperaban. Si el Mesías era un guerrero, entonces había que prepararse para la lucha armada. Si el Mesías era un sacerdote, entonces había que purificarse.

Si Jesús es Mesías, entonces tiene que convocar a los miembros del verdadero Israel y definir los rasgos que identifiquen a todo el que vaya a ser miembro de ese pueblo del Mesías.

Mc 3:13-19 Los Doce

A) El Texto

Los primeros discípulos fueron llamados a orillas del lago, en tierra llana. Parece ser que muchos han seguido a Jesús, pues se sintieron movidos por su proclamación del Reino de

Dios. Ahora Jesús sube *al monte* (¿cuál? Marcos supone que los lectores saben de qué monte está hablando), normalmente un sitio para hacer oración, lugar de encuentro con Dios. Jesús ejerce su autoridad y los *llama* para que se acerquen *a él*. Es el gesto de una persona con autoridad que ordena a uno a que se haga presente delante de su señor. ¿Quiénes son estos convocados? Los que él *quiso*. Los discípulos no son voluntarios que se ofrecen para hacer un trabajo. Jesús escoge y ordena. Los discípulos se sienten *elegidos* y *mandados*.

Los discípulos responden acercándose a Jesús. Han quedado separados de la masa de la gente e incluso de sus ocupaciones habituales, como se dijo en el primer momento del llamado. Ahora son seleccionados para recibir una responsabilidad especial.

Creó a Doce. Las palabras son griegas, pero la manera de pensar es judía. Los discípulos reciben un nombramiento oficial, como el de los profetas o reyes de los tiempos antiguos. El número *doce* tiene un significado simbólico: Doce eran las tribus que componían todo el pueblo de Israel considerado como una unidad nacional. En tiempos de Jesús sólo quedaban dos tribus y media, pero se esperaban que al final de los tiempos todos los judíos volverían a la Tierra Santa y se reconstruirían las doce tribus, es decir, Israel volvería a ser todo el pueblo de Dios unido. Por tanto, lo que Jesús está haciendo es poner los principios del verdadero Israel y, al mismo tiempo, darles esperanza de que es posible la salvación de este Israel reconstituido. Los Doce es el cuerpo concentrado de todos los discípulos de Jesús.

Los llamó apóstoles. En algunas Biblias aparece esta frase en paréntesis porque no se encuentra en muchos manuscritos del Evangelio de Marcos. Parece ser que un copista quiso poner una nota aclaratoria basada en el evangelio de Lucas (Lc 6:13). En el Evangelio de Marcos no hay apóstoles, sino sólo discípulos (la palabra *apóstol* vuelve a aparecer en Mc 6:30, pero en un sentido general).

¿Para qué los escoge Jesús? Para estar *con él* y para ser enviados. Primero hay que vivir con Jesús, entrar en su escuela compartiendo su estilo de vida, siendo testigos de lo que hace y oyendo sus enseñanzas. Una vez que se han apropiado del mensaje, entonces pueden ser enviados como representantes de Jesús a continuar su obra, que se resume en *proclamar* (palabras) y *expulsar demonios* (hechos). Para eso Jesús les hará partícipes de su misma *autoridad*.

Jesús es el enviado para proclamar el Reino de Dios y ejerce su autoridad re-configurando el pueblo del Mesías. Con este fin llama a Doce discípulos. Al principio del evangelio, Marcos nos mostró cómo la llamada lleva consigo una separación de la familia y del trabajo. En este segundo momento, nos dice cómo los llamados reciben *autoridad* para ser enviados y continuar la misión de Jesús.

Jesús llama a cada discípulo por su nombre y cada uno tiene que responder a este llamado, pero el seguimiento de Jesús lo han de hacer juntos, en grupo, pues han sido constituidos miembros de un *colegio* (el de los Doce).

La primera comunidad cristiana guardó los nombres de estos Doce discípulos, pues fueron el fundamento de la Iglesia, el punto de enlace entre Jesús y la comunidad posterior. Además guardó la lista en un cierto orden: al principio siempre se coloca al más importante, Pedro, y al final, al más ignominioso, Judas, reconociendo vergonzosamente de que entre los primeros escogidos hubo un *traidor*. Judas supone la ruptura del cuerpo de los Doce y la vuelta a hablar de discípulos en general.

B) La Palabra Recibida

A los Padres de la Iglesia les llama la atención la expresión *Hijos del Trueno* y lo aplican al evangelio que ha resonado por todo el mundo de una manera poderosa, como un gran trueno en medio de una fuerte tormenta. Además recalcan que este resonar del evangelio por todo el mundo no se debe a una planificación humana, ya que los apóstoles no tienen una gran capacidad operativa, sino a una decisión divina.

C) La Palabra Proclamada (se utiliza sólo en la lectura continua del Evangelio)

D) La Palabra Leída

Nos impresiona ver cómo la misión de los discípulos nace de la intimidad con Jesús. Primero hay que *estar con* para después ser enviado. La misión no es un quehacer, sino un testimonio de lo que se vive con Jesús. El llamado exige una separación para concentrarse en un asimilar el estilo de Jesús, para después poder ser enviado. Todo esto se aprende en *la escuela del caminante.*

Mc 3:20-35 Contraste con los Parientes y Maestros

A) El Texto

Jesús ha formado el grupo de los Doce con la esperanza de que un día los podrá enviar en misión. Mientras tanto tienen que aprender mucho. Sobre todo deben adquirir una identidad propia. ¿Qué tienen de especial los discípulos?

Jesús va a empezar a dibujar la personalidad de los discípulos por contraste con otros dos grupos muy estimados por los judíos: la familia y los maestros de la Ley.

Los parientes (3:20-21)
Los maestros de la ley (3:22)
Respuesta a los maestros (3:23-30)

A) Respuesta a los parientes (3:31-35)

Atención a la imagen de *casa*: Jesús *vuelve a casa*, donde se reúne con los discípulos que han dejado sus propias casas (sus familiares y lugares de trabajo). Además de la casa dónde Jesús se reúne con sus discípulos, está también la casa de Satanás, que es su reino, donde se colocan los que se oponen a Jesús. También está la casa de los familiares de Jesús, que quieren llevárselo de nuevo *a casa*; finalmente está la casa de Jesús que funda con sus nuevos familiares. Descendemos de la montaña. Entramos en una casa, que suponemos es la de Pedro en Cafarnaún. De nuevo la gente se entera y corre a buscar a Jesús, hasta el punto de que *no podían ni comer pan*. Una vez que Jesús ha constituido el grupo de los Doce a su alrededor, la gente se convierte en un estorbo.

En esto aparecen sus parientes de Nazaret, que habían viajado a Cafarnaún, con el propósito de llevarse a Jesús *a casa* porque *estaba fuera de sí*, es decir, creían que se había vuelto loco, que en la mentalidad judía era lo mismo que decir que estaba endemoniado. Tal vez pensaran que Jesús andaba en mala compañía, rodeado de leprosos y posesos, con unos colaboradores que, por lo menos algunos de ellos, aparecían como sospechosos ante la opinión pública.

Los maestros de la Ley dan la razón a los familiares. Estos maestros no son los líderes locales, sino unos maestros venidos de Jerusalén, personas de altura que tal vez habían sido enviadas a investigar un caso sospechoso. Hay que recordar que Marcos nos dijo que gente de Judea y de la misma capital de Jerusalén habían acudido a Cafarnaún para ser curada. Por tanto, los líderes religiosos de Jerusalén, que velan por la integridad del judaísmo, están preocupados y envían una comisión de investigación. Tal vez los familiares de Jesús se habían enterado de esta decisión y quisieron adelantarse al equipo investigador llevándose a Jesús, pero no pudieron evitar la confrontación.

Los maestros deciden que Jesús ciertamente es un caso sospechoso. Ven que está muy familiarizado con los demonios, que lo conocen dándole títulos gloriosos, que fácilmente le dejan su lugar. ¿No será, de verdad, uno de ellos? Los maestros de la ley dan su veredicto: Jesús está endemoniado y expulsa demonios por el poder *del jefe de los demonios*.

Jesús actúa con autoridad. Llama a los maestros de la ley a su presencia (la misma expresión que había usado a la hora de llamar a los discípulos en el monte). Jesús les propone una *parábola*. Según Marcos Jesús usa *parábolas* o comparaciones para la gente y para los adversarios; cuando se dirige a sus discípulos, Jesús les *enseña* directamente, sin parábolas. Por tanto Jesús no espera que los maestros entiendan. De todas las maneras les muestra la contradicción en la que han caído al hacer la acusación con esas palabras: un reino dividido se arruina y una familia peleada se disuelve. Satanás no puede ser tan estúpido como hacer un plan para destruir su propio imperio. Más aún, si uno quiere llevarse los bienes de la casa de un hombre fuerte, primero tendrá que atarlo y entonces podrá vaciar la casa.

Después de responder a las acusaciones, Jesús destapa lo que está pasando en realidad y lo hace poniendo por delante la palabra *Amén*, que, al parecer era una costumbre propia de Jesús para hacer una declaración definitiva, ya que los judíos acostumbraban a ponerla al final, en el sentido de aprobación de lo que se había dicho. Según Jesús, toda ofensa y toda blasfemia (que para los judíos exigía pena de muerte) pueden ser perdonadas, excepto el pecado contra el Espíritu Santo. Es decir, los maestros se están oponiendo al Espíritu Santo que es quien dirige a Jesús y que se manifiesta en sus obras poderosas expulsando demonios y curando enfermos. Los que se oponen a tal Espíritu no tienen remedio.

Resuelto el problema con los maestros, retoma el tema de la familia. Marcos especifica que los que han venido son *la madre y los hermanos* (más tarde se añade *hermanas* —es decir, todos los familiares), que se quedan *fuera*; no se juntan con los discípulos, que están *dentro*. Alguien le dice a Jesús: *Mira* quién te busca y le informan de la presencia de los parientes, pero no entra en contacto con ellos. Jesús reacciona con una pregunta: *¿Quiénes son mi madre y mis hermanos?* Jesús responde su propia pregunta, diciendo *Miren, mi madre y mis hermanos* – Jesús señala a los discípulos; los que hacen la voluntad de Dios son los parientes de Jesús. Los discípulos, no sólo los Doce sino todos los que están a su alrededor *dentro de la casa*, se han convertido en una nueva familia.

Jesús es movido por el Espíritu Santo que le otorga la autoridad para formar el auténtico Israel fiel a Dios. Los líderes religiosos se oponen al Espíritu Santo. No tienen remedio. Por tanto, Jesús marca la línea que diferencia el verdadero y el falso Israel.

Los discípulos han hecho otro descubrimiento. Son familia; son la familia de Jesús. Han dejado atrás una familia basada en lazos de sangre y han entrado en otra familia basada en lazos de fidelidad a Dios.

La primera comunidad cristiana se siente afianzada en su sentido de *familia*. No son simplemente un grupo de personas que sienten o piensan de manera parecida, como podría ser una asociación de amigos. Son la familia de Jesús. Jesús, en cierta manera, había *nacido* el día de su bautismo (1:9-11) cuando oyó la voz del Padre que lo llamaba *Hijo*. Los discípulos han nacido al aceptar el mensaje del Reino. Son, por tanto, una nueva familia. El judaísmo oficial se ha quedado *fuera*, tal vez ni siquiera pueda obtener perdón al colocarse en contra del Espíritu Santo.

B) La Palabra Recibida

¿Qué hace el demonio? Dividir. Rompe la unidad en la comunidad y dentro de la misma persona, haciendo que la mente vaya por un lado y la voluntad por otro. ¿Qué hace el Espíritu Santo? Unir. Una vez perdonados, nos devuelve a la comunidad y hace que la persona, reintegrada en la fe, tenga una voluntad que siga los dictados de la mente.

El demonio es *el fuerte* que domina la humanidad sometiéndola a una esclavitud injusta. Nadie está condenado al nacer; uno se condena por lo que decide hacer en su vida. La naturaleza no lleva a la condenación, sino las obras que se hacen libremente son las que condenan. Hizo falta que viniera uno que no se dejara encadenar y que fuera *el más fuerte* para arrebatarle al demonio sus posesiones. Así mostró Dios su compasión sobre su propia creación, enviando a su Hijo como redentor.

Sólo se reconoce a Jesús como *el más fuerte*, el Señor, bajo el impulso del Espíritu Santo, que es el que guía a la Iglesia, que da valor a los mártires para confesar la fe y que fortalece a los consagrados para guardar la castidad. Es el Espíritu Santo el que nos regenera en el bautismo y nos mueve a dónde quiere y cómo quiere. Este es el Espíritu que recibieron los Apóstoles para proclamar el evangelio por todo el mundo y hacerlo accesible a todo creyente.

Si, después de recibirlo, alguien renuncia de este Espíritu, volviéndose apóstata, no tiene remedio. Aunque Dios no negará su perdón si hay un verdadero arrepentimiento, incluso en este caso de *blasfemia*.

Finalmente, a los Padres de la Iglesia les preocupa el caso de María, la madre de Jesús, cuando Jesús dice: Mi madre es el que hace la voluntad de Dios. Incluso, desde este punto de vista, María pertenece también a la *familia espiritual* de Jesús porque hizo la voluntad de Dios desde el principio. María está más bendecida por recibir la fe de Cristo que por engendrarlo. Poco le hubiera servido a María dar a luz a Cristo en la carne, si primero no lo hubiera hecho en su corazón. El parentesco según la carne no tiene valor de cara al mundo espiritual. Lo que vale es hacer la voluntad del Padre, entonces es cuando Jesús nos acoge como miembros de su familia.

C) La Palabra Proclamada: Décimo Domingo del Tiempo Ordinario.

El libro del Génesis habla de *la serpiente*, pero los maestros de sabiduría enseguida vieron en ella la figura de Satanás. Siempre ha habido enemistad entre Satanás y el ser humano. Satanás engaña, no quiere lo mejor para ser humano, sino su perdición al romper con la fuente de vida, que es Dios. Satanás posee y esclaviza; quien cae en sus redes está fuera de sí. Por tanto es una enemistad *desde siempre*. Pero la historia no termina con la denuncia, sino con una promesa: *te aplastará la cabeza* (Gn 3:9-15).

El salmista es uno de esos que suspira por la liberación; está *en el abismo* y clama a Dios, de quien procede todo perdón. El salmista espera, confía y aguarda el momento de la redención (Salmo 130).

Jesús ha sido enviado como liberador, con el poder de expulsar demonios y reintegrar al hombre a su ser. Aquellos que se oponen a la acción liberadora de Dios lo acusan precisamente de endemoniado. No tienen remedio. Confunden al Espíritu Santo con Satanás. Los que tienen futuro son los que hacen la voluntad de Dios, porque éstos se convierten en la nueva familia de Jesús (Mc 3:20-35).

D) La Palabra Leída

Si Satanás es *fuerte*, Jesús es *el más fuerte*, que lo ata y le quita el imperio, mientras que Satanás no puede hacer nada contra Jesús. Estamos en buenas manos. Sentimos cómo el mal se extiende por todo el mundo y Satanás encuentra muchos servidores, que aparecen como los poderosos en nuestra sociedad. Pero Dios pone límite al mal; no prevalecerá, porque Jesús ya ha empezado a desmontar su imperio. Pero el imperio del mal sigue presente encubierto en actitudes muy concretas, que identificamos como racismo, nacionalismo, etc.

Mc 4:1-34 Los de *Dentro* y los de *Fuera.*

A) El Texto

El Reino de Dios se está imponiendo, pero tiene que abrirse camino dentro de una gran oposición. La familia de Jesús se está formando, pero hay todavía muchos que se quedan fuera. El entusiasmo popular es engañoso, aplauden y estorban a la vez. Jesús ha tenido que crear un grupo de Doce, separado de la muchedumbre. ¿Cómo es posible que la proclamación del Reino de Dios entusiasme a unos y endurezca a otros si todos oyen lo mismo?

Para explicar este fenómeno Jesús utiliza las parábolas, porque una parábola explica algo, pero lo hace por medio de una comparación, es decir, ocultando su sentido. Quien se abre al Reino de Dios, entiende; quien se cierra, se condena en su ignorancia.

Siguiendo la manera de pensar del profeta Isaías, se puede decir que las parábolas son juicios de Dios, porque los que no quieren ver la novedad de Dios se endurecen todavía más. Los de dentro de casa descubren el Reino de Dios que los convierte en familia de Jesús; los de fuera, quedan cegados en su propia miseria.

1) Parábola de la Semilla (4:1-9)

Estamos de vuelta a orillas del lago de Genesaret. De nuevo *una gran multitud* se agolpa tanto que Jesús tiene que subirse a una barca y enseñar desde allí. Por primera vez Marcos nos ofrece un discurso detallado de lo que Jesús enseña en público.

Jesús se sienta, como hacían los buenos maestros. *¡Escuchen!* Jesús espera una respuesta. Toda parábola interroga. Pide que el oyente se declare por un lado o por otro.

La primera parábola se enfoca en la semilla, que el sembrador esparce por el campo. Desde el principio llama la atención de que el sembrador no haya preparado el terreno antes de echar la semilla. Este es un sembrador muy curioso que esparce la semilla por todos los terrenos. La semilla tiene tal fuerza que puede crecer dondequiera que caiga. Una parte cae sobre el borde del camino, vienen los pájaros y se la comen; la pérdida es casi total. Otra parte de la siembra cae en terreno pedregoso; nace la planta, pero el sol la abrasa y se seca. En el tercer caso, la semilla cae entre la maleza, la espiga crece un poco, pero los arbustos la asfixian y no llega a dar fruto. Finalmente, la parte que cae en la tierra buena da fruto en cantidad, *treinta, sesenta y hasta el ciento por uno*. A pesar de la pérdida, la cosecha es muy buena. Así es el Reino de Dios. Habrá una cosecha abundante, porque la Palabra de Dios tiene fuerza para dar mucho fruto, a pesar de la resistencia que encuentre. Por eso, hay que escuchar bien.

2) El Sentido de las Parábolas (4:10-12)

Cuando Jesús se queda *a solas* con sus discípulos (los Doce y *los que están a su alrededor*), les explica el significado de las parábolas en privado. Esto le sirve a Jesús para marcar la línea que separa a los discípulos (los de dentro de la casa) de los demás (los que se quedan fuera).

A los discípulos se les revela *el misterio del Reino de Dios*. No se trata de un conocimiento de algo oculto que sólo unos iniciados conocen, sino del designio de Dios que revela Jesús.

A los de *fuera* se les habla en parábolas, en el sentido de una historia oscura, un enigma. Están en la misma situación que los israelitas en tiempos de Isaías: se les habla, pero la palabra cae en un corazón endurecido y el corazón se les endurece todavía más al escuchar la Palabra de Dios.

Tanto discípulos como maestros escuchan las enseñanzas de Jesús y ven sus curaciones. Los discípulos descubren el Reino de Dios porque se abren a Jesús, mientras que los maestros se endurecen en sus propias posturas. Para unos hay revelación, para otros enigma. Quienes no caminan con Jesús, no entienden. Tal vez, en el sentir de Marcos, pertenecen a los que ya no tienen remedio.

3) Explicación de la Parábola de la Semilla (4:13-20)

A pesar de que Jesús acaba de decir que a los discípulos se les revela *el misterio del Reino de Dios*, la realidad es que los discípulos tampoco entienden, porque la revelación definitiva no se dará hasta la crucifixión. De momento el entendimiento de los discípulos no es mucho mejor que el de los que están *afuera*. La diferencia está en que ellos permanecen *con* Jesús y Jesús pacientemente les va aclarando las cosas.

Jesús lanza un reproche a los discípulos. Si no han entendido la parábola de la simiente ¿cómo van a entender las demás parábolas?

Jesús explica cada detalle de la parábola. En vez de parábola centrada en un punto, la explicación se convierte en una alegoría, en la que cada detalle simboliza algo.

La semilla es la Palabra. ¿Por qué la Palabra no da fruto? Porque han escuchado la palabra como si no la hubieran escuchado. Satanás no deja que les llegue al corazón, haciendo a la gente impenetrable a la palabra.

Los que siembran sobre terreno pedregoso son aquellos que han acogido la palabra de Dios con alegría, pero no tienen raíces, entonces cuando llegan los sufrimientos y las persecuciones se caen, porque son inconstantes.

Los que siembran entre arbustos son los han escuchado la palabra, pero las preocupaciones de la vida, la seducción de la riqueza y los deseos por tener cosas, ahogan la palabra y no da fruto.

Los que siembran en buena tierra son los que *escuchan* (presente; los demás casos están en pasado, *han escuchado*) y producen fruto en abundancia, aunque en distinta proporción.

La explicación de la parábola de la semilla no corresponde a la primera declaración de Jesús. Son dos estilos distintos. Tienen preocupaciones diferentes. La parábola nos asegura que la proclamación del Reino de Dios dará mucho fruto a pesar de las dificultades que pueda encontrar, mientras que la explicación nos dice que la Palabra que proclama el mensajero dará fruto dependiendo de la tierra en que caiga, es decir, de las disposiciones del oyente. Por tanto, la parábola se ha convertido en una enseñanza sobre el discipulado. Muchos oyen la palabra de Jesús, pero no todos dan el fruto esperado. Hay que ver cómo se escucha y qué tierra le ofrecemos a la semilla para que pueda dar fruto.

4) Necesidad de Escuchar (4:21-25)

Así como separó la parábola de la semilla de su explicación mediante una reflexión sobre el sentido de las parábolas por medio de una cita del profeta Isaías, de la misma manera Marcos separa ahora la explicación de la parábola de la semilla de las otras parábolas con una enseñanza. Antes el evangelista dijo que las parábolas son luz para unos y oscuridad para otros. Ahora reúne varios dichos, que en otros evangelios aparecen en diferentes contextos, para unir los temas de iluminar y cegar, escuchar y hacerse el sordo.

En el primer dicho, Marcos habla de *la lámpara* que *viene*, es decir de Jesús. Ha venido Jesús, la luz que no se puede tapar y que se coloca donde ilumine todo.

El segundo dicho también tiene que ver con la luz. Pero no dice que todo lo oculto saldrá a la luz, sino que nada se ha escondido ni se ha mantenido en secreto que un día no se manifieste. El ministerio de Jesús estuvo escondido y secreto por un tiempo, pero la intención de Dios es que llegará el momento oportuno en que se manifestara abiertamente.

El tercer dicho repite lo que Jesús dijo al final de la parábola de la semilla (4:9). La semilla ha de crecer, la luz ha de iluminar y la palabra ha de ser acogida. Por tanto, el oyente ha de prestar atención para que la semilla dé su fruto y la lámpara dé luz.

El cuarto dicho es sobre escuchar y medir. La semilla, que es la Palabra de Dios, produce frutos dependiendo de la tierra donde caiga. Entonces hay que estar bien seguros de cómo se escucha, porque cada uno rendirá frutos según haya escuchado, aunque Dios siempre *añade* algo más.

El quinto dicho es sobre tener y quitar. El que acoge la Palabra, rinde fruto; al que no la acoge, se le quita incluso la Palabra que ha escuchado.

5) Parábola de la Semilla que Crece (Mc 4:26-29)

Una vez que Marcos ha establecido claramente la necesidad de escuchar bien y las consecuencias de no acoger la Palabra, prosigue con las parábolas. El tema central de las parábolas es el Reino de Dios.

Volvemos a la imagen del sembrador que esparce la semilla, pero ahora nos fijamos no en el fruto que da la semilla, sino en cómo crece la semilla. El sembrador no hace nada, ni siquiera sabe cómo crece la semilla. Simplemente la planta y recoge su fruto. Así es el Reino de Dios que proclama Jesús. Ahora es simplemente una semilla oculta en la tierra; en el futuro será una cosecha grande. ¿Cómo pasará de un estado al otro? No lo sabemos. Pero así será. Entonces Marcos se refiere al *día del Señor* cuando venga el juicio final según el profeta Joel 4:13. La misma imagen se encuentra en el libro del Apocalipsis que presenta al Hijo del Hombre con la hoz en la mano porque ha llegado el tiempo de la cosecha (Apoc 14:14-16). En Marcos no hay grito de terror, sino de alegría: Ha llegado el tiempo de la cosecha; la semilla ha dado un fruto abundante.

6) Parábola del Grano de Mostaza (4:30-32)

Estamos todavía en el caso de un sembrador. Ahora nos fijamos en la pequeñez de la semilla. De un granito muy pequeño va a salir una planta tan grande que los pájaros podrán construir allí sus nidos. Si antes la comparación era entre principio y final, ahora es entre pequeño y grande. La labor de Jesús puede parecer insignificante, tal cómo se ve ahora, pero está destinada a algo tan grande que todos van a poder acogerse al Reino de Dios.

7) Conclusión del Discurso de las Parábolas (4:33-34)

Jesús usa parábolas para hablar en público, según la capacidad de entendimiento que tienen los *de afuera*. Pero a sus discípulos, *a los de dentro*, Jesús les explica el mensaje en privado, pues ellos han sido invitados a conocer *el misterio del Reino de Dios*. Para los demás es motivo de endurecimiento, *para que oyendo, no entiendan*. El hecho de hablar en parábolas es en sí mismo muy significativo. Ha llegado la hora decisiva.

Jesús se presenta como maestro, utilizando los métodos de los rabinos. Pero su enseñanza es especial, porque conlleva un juicio. A unos les da luz y a otros ciega; depende a qué lado se coloquen, *con* Jesús o *frente a* Jesús. Jesús ha venido como luz para el mundo, una luz que no se puede ocultar; tal vez por un tiempo estuvo escondida, pero ha llegado el momento de que brille abiertamente.

Los discípulos se sienten privilegiados, porque ellos han sido escogidos para recibir la revelación del *misterio del Reino de Dios* y además han sido afirmados en el ministerio que hace Jesús. Los comienzos son humildes, pero el final será glorioso. Además, se reconocen distintos de los demás, que se han quedado *fuera*, pues a ellos Jesús les da explicaciones *en privado*.

La reflexión de la Iglesia es puesta en boca de Jesús, como si él les estuviera hablando a los discípulos. Jesús mismo sigue explicando la Escritura a los discípulos de la primera comunidad. Jesús sigue explicando las Escrituras en la Iglesia por toda su historia, a través de sus ministros.

Tal vez la primera comunidad cristiana quiso corregir esta actitud optimista de los discípulos. Pues, aunque todos escuchan la Palabra, no todos dan fruto. Depende de cómo se acoja esa Palabra. Por tanto tener una posición privilegiada no garantiza que uno sea buen discípulo. Hay que tener buen cuidado en cómo uno escucha y qué clase de tierra se ofrece a la semilla de la Palabra. Por otra parte, la comunidad cristiana se afirma; el judaísmo oficial se ha quedado *fuera*; los cristianos están *dentro*.

B) La Palabra Recibida

Jesús explicó las parábolas en privado a sus discípulos. Los evangelistas no nos han transmitido todas las explicaciones que Jesús dio, porque se necesitarían cientos de libros y porque las palabras no tienen la fuerza suficiente para desvelar su significado. Pero cualquier corazón, si tiene recta intención, puede vislumbrar algo de lo que las parábolas contienen.

La *semilla* nos recuerda la resurrección, pues ha de caer en tierra y descomponerse, para que nazca la planta. ¿Cómo sucede? Sólo la Providencia divina lo sabe. Es por su intervención que se multiplica la vida.

El sembrador *salió*. ¿De dónde? De donde no podemos entrar nosotros por nuestros muchos pecados. Por eso se encarnó Jesús para darnos la Palabra de compasión. La semilla es su enseñanza, el campo son las almas de los hombres.

El sembrador *esparce* la semilla. Así hace Dios con sus dones, que los riega por todo el mundo, para ricos y pobres, para inteligentes y necios. Mucha simiente se pierde, pero los apóstoles siguen animados, porque el sembrador no se cansa de sembrar, aunque sabe que muchos no van a responder. Pero llegará el día en que las piedras se disuelvan en polvo y los caminantes dejen de pisar las orillas del campo. Entonces se convertirán en tierra fértil. Por eso el sembrador persiste en su siembra. El sembrador siempre pone de su parte todo lo que hace falta. Más aún, Cristo, paloma que se desliza por el cielo, ahuyenta a los pajarracos, que se quieren comer la semilla.

No hay que echar la culpa al sol que calienta, ni al arbusto con espinas, sino a la propia voluntad que no echa raíces y que deja crecer la maleza. Pues hay muchas maneras de impedir que la semilla crezca. El crecimiento de la Palabra se ahoga con la indiferencia, con el afán por las riquezas o negocios, con las debilidades y vicios de los oyentes.

La *tierra* preparada da fruto, pero no todos los terrenos son de la misma condición. Así como hay tres opositores (pájaros, piedras y arbustos), también hay tres grados de producción (treinta, sesenta y ciento). Por tanto, prepara una buena tierra para la semilla. Quita las piedras, quiebra los terrones, ablanda el suelo. Así la simiente podrá echar buenas raíces y producir buenos frutos.

Jesús no quiere ocultar nada. Pero no todos están preparados para recibir la enseñanza de la misma manera. Unos necesitan pequeñas dosis de medicina, hasta que el cuerpo se acostumbre para recibir otras mayores. Así también a *los de fuera* se les enseña en parábolas porque no están listos para recibir más. A los *de casa* se les enseña misterios más profundos. Pero si ocultas tu luz, pronto te quedarás a oscuras. Para iluminar hay que dejar que la fe produzca buenas obras, reflejando así la luz de Dios.

Dios siempre procede por grados. Al principio de la humanidad Dios plantó su sabiduría y ésta va apareciendo poco a poco a lo largo de la historia. Así la filosofía griega preparó la venida del cristianismo. Pero todo procede del mismo sembrador, que es Dios.

La justicia de Dios también ha crecido. Primero fue plantada en la creación y escrita en la naturaleza. Después creció en la niñez con la Ley y los profetas. Más tarde alcanzó la juventud en el evangelio, cuando se manifestó personalmente en Jesús. Finalmente, alcanzó la madurez con el Espíritu Santo, que mueve a la Iglesia.

Cristo es el Reino de Dios, sembrado como un grano de mostaza, en el seno de la Virgen. Creció hasta el árbol de la cruz cuyas ramas abrazan el mundo entero. Aplastado en la pasión, da fruto que renueva a todo el mundo. Pues si el grano de mostaza permanece intacto, no tiene efecto; pero cuando se rompe, entonces saca toda su fuerza. Así fue el cuerpo de Cristo; cuando fue triturado, sacó todo el poder que traía encerrado.

Cristo recibió el grano de mostaza que es el Reino de Dios y lo plantó en el jardín, que es su esposa, la Iglesia. La Iglesia es el jardín que se extiende por todo el mundo, es arado por el evangelio, rodeado con las bardas de la doctrina y la disciplina; purificada de toda hierba maligna por el trabajo de los apóstoles, con las flores aromáticas de las vírgenes y los mártires, lirios y rosas entre los testigos de Cristo y las plantas tiernas de todos los que creen en él. Éste es el grano de mostaza que sembró Cristo en su jardín. Cuando prometió un reino a los patriarcas, la semilla echó raíces; con los profetas, la planta salió a la luz; con los apóstoles, creció; en la Iglesia se convirtió en un árbol grande cuyas ramas están llenas de dones. Ahí puedes volar tú y posarte en una de sus robustas ramas.

Depende de nosotros el que el grano de mostaza sea sembrado en nuestras mentes y que crezca en el árbol del entendimiento que se dirige hacia el cielo y eleva nuestras facultades. Entonces aparecen las ramas del conocimiento con los frutos que endulzan nuestra boca y que inflaman nuestro corazón.

Jesús dijo las parábolas en público para que todos las oyeran. Pero a los discípulos se las explicó en privado, pues el resplandor de la gloria del Evangelio está reservada a *los hijos*; es para aquellos que *han sido iluminados* (bautizados); los que no creen siguen ciegos.

C) La Palabra Proclamada: Undécimo Domingo del Tiempo Ordinario.
El profeta Ezequiel se dirige a los deportados de Israel. Están viviendo en el exilio, fuera de su lugar natural. Lo primero que el profeta les recuerda es que todo depende de Dios, que tiene el poder para agrandar los árboles pequeños y para encoger los árboles grandes. Lo segundo es que ya ha elegido un sitio, que es *el monte alto*, por el que todos entienden que se refiere a Jerusalén. Lo tercero es que Dios ha decidido plantar una semilla pequeña que se convertirá en un árbol tan grande que todos los pájaros encontrarán allí un refugio donde construir sus nidos. Naturalmente, los exiliados leían en la parábola la restauración del reino de David (Ez 17:22-24). El salmista busca refugio en ese cedro y se siente como una de sus ramas bien entroncadas, con tanta vitalidad que dará fruto hasta en su vejez (Salmo 92).
Jesús habla del Reino de Dios, de cómo Dios está actuando hoy día. Es como un grano pequeño que se convertirá en una planta tan grande que los pájaros podrán anidar a su sombra. Nadie sabe cómo va a pasar de semilla pequeña a planta grande, porque el Reino de Dios tiene vitalidad para desarrollarse por sí solo, sin que el sembrador se dé cuenta (Mc 4:26-34). Eso es lo que está haciendo Dios hoy día.

D) La Palabra Leída.
Somos muy conscientes de que vivimos en un mundo violento y tememos que el mal nos aplaste. Al leer el evangelio, renovamos nuestra esperanza. A pesar de todas las dificultades, el Reino de Dios se abre paso y terminará imponiéndose. Mientras tanto habrá que prestar más atención a la Palabra de Dios, porque no todo el que oye, entiende. La Palabra de Dios es también juicio para nosotros, los seguidores modernos de Jesús. A unos ilumina y a otros ciega.
Jesús mismo, su persona, es una parábola para nosotros. Es Palabra que hay que acoger, es semilla que hay que dejar

crecer. Ante Jesús tenemos que reaccionar, ofreciendo una buena tierra.

Mc 4:35-5:43 Palabras Respaldadas por Hechos

Los discípulos han sido llamados a comprender *el misterio del Reino de Dios*, pero parece ser que tienen muchas dificultades en entenderlo, a pesar de que Jesús les da explicaciones *en privado*. Jesús continúa enseñando, pero con hechos. Así le gusta a Marcos, que narra pocos sermones y muchos hechos. Además las obras muestran que la autoridad de Jesús no consiste simplemente en palabras, como los maestros de la Ley, sino que se da a conocer claramente en sus obras.

La gente ve los hechos poderosos de Jesús, pero se queda *fuera*, simplemente se asusta o se ríe. En cambio los discípulos ven las cosas desde *dentro*, son testigos. Por tanto, se mantiene la distancia entre los que observan las acciones de Jesús *a distancia* y los que están cerca, recibiendo una revelación *en privado*. Continúa la educación de los discípulos en la escuela del caminante.

1) La Tormenta (4:35-41)

A) El Texto
Estamos a la orilla del lago de Genesaret, donde la gente acaba de escuchar las parábolas con los discípulos. Es el mismo día del discurso, por la tarde, que para los judíos era el comienzo del día siguiente. Los que han escuchado el Mensaje del Reino están llamados a ser *sembradores*, a salir en misión. Vamos *al otro lado*.

El otro lado, la otra orilla del *mar*, es la Decápolis, territorio gentil, por tanto bajo el dominio del demonio en la mentalidad judía. Jesús y sus discípulos van a entrar en terreno peligroso.

Los discípulos *agarran* a Jesús y se lo llevan a una barca. De repente, se produce un gran vendaval. Era algo esperado por los judíos, porque para ellos *el mar* representa la fuerza incontrolable del mal, al que Dios le puso un límite el día de la creación, pero que continuamente está intentando salirse de su sitio. Esta vez el vendaval es *grande* y *furioso*, tanto que el barco se llena de agua y está a punto de hundirse. Las fuerzas del mal notan la presencia del *santo de Dios* y reaccionan con furia, como suelen hacer los demonios.

Parece que la situación no le molesta a Jesús; es tal su señorío que duerme tranquilamente. Sin embargo, los discípulos están asustados y le reprochan duramente a Jesús: *Maestro, ¿no te importa que vayamos a morir?*

Jesús trata el lago como si fuera un *espíritu impuro*. Le manda apaciguarse y cerrar la boca. El lago cesa en su agitación. El mal queda neutralizado. Ya no puede hacer nada. Lo que Dios realiza al principio de la creación, eso es lo que hace Jesús. Tal es su autoridad.

Entonces Jesús se encara con los discípulos reprochándoles: *¿Por qué son tan cobardes? ¿Todavía no tienen fe?*

Los discípulos, llenos de miedo, se preguntan: *¿Quién es éste que hasta el viento y el mar lo obedecen?*

Hay un juego de oposiciones. Por una parte, Jesús y *el mar* (así llaman los discípulos al lago de Genesaret), el Hijo de Dios y los demonios. Las fuerzas del mar asustan, pero tienen que acatar el mandato de Jesús. Por otra parte, Jesús y los discípulos aparecen en bandos opuestos. Los discípulos increpan a Jesús: *¿No te importa que vayamos a morir?* Jesús increpa a los discípulos: *¿Por qué son tan cobardes? ¿Todavía no tienen fe?* Queda mucho que aprender todavía en esta escuela del caminante.

Los discípulos han oído las palabras poderosas de Jesús, dichas recientemente en el discurso de las parábolas, bien largo y con explicaciones *en privado*, y han visto sus obras maravillosas, tanto exorcismos como curaciones, pero para ellos Jesús es todavía un *maestro*. Por eso se admiran de su poder y se preguntan: *¿Quién es éste que hasta el viento y el mar lo obedecen?* Además, los discípulos están llamados a ser misioneros, a ir *a la otra orilla*, un mundo que va a poner a prueba su valentía y su fe.

La primera comunidad cristiana se da cuenta de que ser discípulo no garantiza un entendimiento de la persona y de la misión de Jesús. Se puede acompañar a Jesús físicamente y no estar *con* Jesús, sino *frente a* Jesús.

B) El Texto Recibido

Jesús hacía que dormía para poner a prueba a los discípulos. Al despertar la Palabra, se convirtieron en testigos del milagro del Señor y proclamadores de la Palabra.

La pequeña barca es la Iglesia que se tambalea en las tormentas de la historia. Pero los que van en ella, viajan con Cristo. Parece que duerme, pero está pendiente de nosotros, esperando nuestro arrepentimiento. Aunque está cansado, Jesús es descanso para los apesadumbrados. Acerquémonos a él en oración.

Cuando llevamos a Cristo dormido en nuestros corazones, entonces vivimos en un mundo tormentoso donde nuestros instintos agitan nuestro ser. Los vientos son las tentaciones que nos llevan de un lado para otro. Hay que despertar a Cristo y prestarle atención, para poder decir después: ¿Quién es éste que hasta los vientos obedecen?

Vemos a Jesús, el Señor, ejerciendo su autoridad. Aquí encontramos también al Padre del Hijo, por quien creó todo. No se trata de que la creación del Padre fuera deficiente, ni de que la energía del Hijo fuera débil, sino de que las dos voluntades trabajan juntas.

C) El Texto Proclamado: Décimo Segundo Domingo del Tiempo Ordinario

Job deja hablar a Dios que le declara el gran poder que ha mostrado al *poner límites al mar* y *romper la arrogancia de las olas* (Job 58:1, 8-11). Es el poder que sienten los marineros que cruzan el mar e imploran a quien puede calmar las tempestades (Salmo 107). Eso mismo hace Jesús por sus discípulos, que se acobardan en la tormenta. Les muestra que están tratando con alguien a quien *el viento y el mar obedecen*. Jesús les reprocha que el miedo haya sido más fuerte que su confianza en él (Mc 4:35-41).

D) El Texto Leído

La Iglesia anda agitada como una pequeña barca, por los oleajes de las conmociones sociales y de los escándalos internos. Nos quedamos confundidos y acobardados, porque, aunque sabemos que Jesús es Mesías e Hijo de Dios, no acabamos de poner nuestra confianza en él. ¿No nos habremos colocado también *frente a* Jesús, como los discípulos? Tal vez haya que despertarlo para que juegue el papel de Señor en nuestras vidas.

2) El Endemoniado de Gerasa (5:1-20)

A) El Texto

Jesús y sus discípulos ya están en la *otra orilla*, en tierra de gentiles. También sabemos que Jesús es capaz de arrojar demonios en personas gentiles, pero eran personas que habían cruzado la frontera y se habían presentado ante Jesús en su propio territorio judío. ¿Podrá Jesús ejercer su autoridad en territorio gentil?

No hace Jesús mas que saltar de la barca a tierra firme cuando le sale al encuentro *un hombre con un espíritu impuro*. No es extraño que se encuentre con un endemoniado *inmediatamente*, porque se supone desde el punto de vista judío que toda la región gentil está bajo el dominio de los demonios.

Este es un endemoniado de calidad: está totalmente fuera de sí, tiene su morada entre las tumbas (los cadáveres se consideran *impuros*), ha destrozado cadenas y argollas con que intentaron sujetarlo, se pasa la vida dando gritos por los montes y se hace cortes con piedras. Es decir, es una persona que ha perdido toda su humanidad y que no puede vivir con los demás. Está *fuera de sí*, poseída por un *espíritu impuro*.

Nadie es lo suficientemente *fuerte* para sujetarlo. Pero los lectores del evangelio sabemos que Jesús es *el más fuerte* y que ya ha derrotado a *un fuerte* (3:27). ¿Qué pasará con un demonio tan poderoso, en una persona gentil y en territorio enemigo? ¿Podrá Jesús con él?

Sorprendentemente, es el poseso quien *ve de lejos* a Jesús; *corre* hacia él y *se postra* ante él. Tal es la autoridad de Jesús, que esa persona tan terrible se siente atraída por Jesús como si fuera un imán y se pone de rodillas ante él. No viene a adorar a Jesús, sino a neutralizar su poder, porque el *espíritu impuro* se siente amenazado por la sola presencia de Jesús, antes de que haga nada. Reacciona como todos los demonios, identificando al atacante como *el Hijo de Dios Altísimo* e incluso pidiendo *por Dios* que no lo arroje fuera de este hombre donde se siente tan bien, No es una oración, sino un conjuro, una fórmula para contrarrestar el poder de Jesús. El demonio quiere *exorcizar* a Jesús.

Pero Jesús es *el más fuerte* y ordena al *espíritu inmundo* que se identifique. *Legión es mi nombre, porque somos muchos.* El demonio sabe muy bien que no puede resistir la autoridad de Jesús. Entonces le pide insistentemente que al menos le deje seguir viviendo en la región, incluso le indica el lugar: los cerdos, que ya de por sí eran considerados animales impuros por los judíos.

Jesús les da permiso. Los demonios entran en los cerdos, que se despeñan ahogándose en el lago (el mar es la morada normal de los espíritus malos, en la cultura judía). Parece que se ha terminado el problema: el endemoniado ha sido liberado y los demonios han vuelto a su lugar natural. Pero estamos en territorio gentil y aquí la gente vive del cuidado de los cerdos. Los pastores dan la alarma tanto en la ciudad como en la zona rural. La gente corre a ver lo que ha pasado. Se quedan pasmados al ver que el endemoniado está tranquilo, sentado, vestido y en su sano juicio. El poseso ha sido restaurado y ya puede volver a su familia. Entonces les entra miedo a los gentiles. Los testigos cuentan cómo pasó la liberación del poseso y lo ocurrido con los cerdos. De inmediato la gente le pide a Jesús que se marche del territorio. Es malo para sus negocios.

Cuando Jesús está para subirse a la barca de regreso, el curado le pide a Jesús que le permita acompañarlo como un discípulo más. Pero Jesús no se lo permite, sino que le dice: *Márchate a tu casa con los tuyos y cuéntales todo lo que el Señor ha hecho contigo y cómo se ha compadecido de ti.* Normalmente Jesús manda callar a las personas que sana, porque no quiere que lo confundan con un Mesías glorioso ni que el curado se convierta en objeto de curiosidad. Tal peligro no existe en territorio gentil y el curado se vuelve *evangelizador* de los suyos.

La autoridad de Jesús se extiende más allá del territorio judío. Pero su actividad ha sido muy corta, pues la gente no quiere cambiar su vida ordinaria. Los demonios, sin embargo, han notado inmediatamente su presencia y han reaccionado, como siempre, identificando a Jesús, como el *Hijo de Dios Altísimo. Altísimo* es el título con que los gentiles se dirigen a Dios. Como la acción transcurre en territorio pagano, los demonios tienen más libertad de acción, son más numerosos y deshumanizan a la gente con más intensidad. De todas maneras no pueden resistir la presencia de *el más fuerte.*

Los discípulos no juegan ningún papel en este evento. Sólo Jesús actúa; pero ellos han sido testigos de todo lo que ha pasado. El liberado quiere unirse al grupo de discípulos, pero no es aceptado, sino que ha de volver a su casa, con los suyos.

La respuesta de Jesús al liberado resume la actitud misionera de la primera comunidad cristiana: *Márchate a tu casa con los tuyos y cuéntales todo lo que el Señor ha hecho contigo y cómo se ha compadecido de ti.* El cristiano ha sentido la misericordia de Dios al ser liberado de la esclavitud al pecado y a la idolatría. Entonces comunica a otros lo que el Señor ha hecho por él con la esperanza de que el Señor haga lo mismo con los demás. En este sentido el liberado de Gerasa se convierte en modelo de *evangelizador.*

B) El Texto Recibido

Lo que los hombres no ven claro, lo perciben inmediatamente los demonios: Jesús es Dios. Compasión define el ser de Dios. Jesús muestra su compasión, incluso con los demonios que les permite entrar en los cerdos. ¿No va a ser compasivo con nosotros por muy pecadores que seamos? El Señor puede sanar al pecador que tenga los vicios más arraigados.

Los demonios entran en los cerdos porque Dios les da permiso, no porque ellos tengan el poder de hacerlo. ¡Cuánto más cuidado tendrá de sus fieles! A veces Dios permite que los demonios aflijan a alguna persona por un periodo corto de tiempo como una prueba para que renueve su fe con más vigor. Otro motivo por el que Dios permite la acción de un demonio es para que el pecador se dé cuenta de su condición y se arrepienta.

Así deben orar los catecúmenos: Que Aquel que expulsó a la Legión de demonios, tenga también compasión de nosotros, que somos creaturas de Dios.

C) El Texto Proclamado (se utiliza sólo en la lectura continua del Evangelio)

D) El Texto Leído

El lector tal vez no aprecie el sentido de humor de esta historia. Desde un punto de vista judío, uno puede sonreír al ver a los cerdos, animales impuros, despeñarse y ahogarse en el *mar*, el lugar donde pertenecen las fuerzas del mal. Descubrimos también en esta historia que hay distintos tipos de seguimiento de Jesús, que quiere a unos cerca de él, pero que a otros los devuelve a sus casas y se convierten en evangelizadores allí donde viven, *con los suyos*.

3) Llamadas a la Vida (5:21-43).

A) El Texto

Marcos acostumbra a dividir una historia en dos partes e introducir en medio una escena independiente para indicar el paso del tiempo. En este caso el evangelista enlaza dos historias con algunas notas. Se trata de una niña moribunda de doce años y de una mujer que ha estado enferma por doce años. Ninguna de las dos podrá dar vida si no cambia su situación.

Después de que la gente de la Decápolis le dijera que se marchara, Jesús regresa al lado judío del lago. La orilla es el lugar de encuentro de Jesús con la gente. Jesús atrae a *una gran multitud* y se queda allí por un tiempo largo.

Entonces se acerca uno de los jefes de la sinagoga. Hasta ahora los líderes del judaísmo oficial han sido bastante hostiles a Jesús. Hay que esperar a ver lo que quiere.

Su postura es muy distinta a la de los otros líderes, pues se acerca a Jesús con una actitud muy reverente (el arrodillarse era una costumbre corriente entre los romanos, pero poco frecuente entre los judíos). Se comporta como una persona necesitada, en lugar de ser una persona que pasa juicios sobre los demás. Es simplemente un padre que suplica por su hija muy enferma, ya agonizante. Él cree que Jesús tiene poder para sanarla. Pero ¿es cierto? Hasta ahora Jesús ha curado enfermedades, incluso casos extremos como el leproso, pero no hemos visto a Jesús confrontar la muerte. Sin embargo, tenemos una nota de esperanza. El nombre de este jefe de la sinagoga es *Resurrección* (Jairo, del verbo *levantar*), aunque no aparece en muchos manuscritos (¿lo ha introducido un copista?).

Jesús y Jairo se ponen en camino. La gente también lo *seguía*, pero no como discípulos, sino *apretujándolo*. Este detalle le sirve a Marcos de enlace para contarnos otra historia con la que llena el tiempo que hace falta para ir de la orilla del lago a la casa de Jairo. Además, cosa rara en este evangelista, Marcos nos va a decir lo que pasa en el interior de las personas que participan en este evento.

Aparece una mujer que padecía hemorragias. No se trata de una enfermedad pasajera, sino de una condición permanente. Padecía hemorragias por doce años (la edad de la hija de Jairo). Desde el punto de vista judío esto era muy grave. Por una parte, no podía ser madre; por otra, era una persona impura, ya que todo contacto con la sangre volvía a uno impuro. Además es una persona desesperada; se ha gastado todo lo que tenía en médicos y no han podido curarla; al revés, había empeorado. Por tanto ha llegado *al final*, como la hija de Jairo.

Jesús es el último recurso que le queda a esta mujer. Ha oído que Jesús ha curado a muchas personas, tal vez pueda curarla también a ella. Hay un problema, la gente se amontona alrededor de Jesús y no hay manera de llegar hasta él. Pero es tal su confianza en los poderes de Jesús, que simplemente con tocarlo se curaría. Los judíos creían que los vestidos e incluso la misma sombra formaban parte de la persona y, por tanto, disfrutaban del mismo poder que tuviera la persona. Entonces, metiéndose en medio de la gente, logra tocar el manto de Jesús. ¿Quién va a tener más fuerza, la mujer que puede volver impuro a Jesús al tocarlo, o Jesús que la puede hacer *pura* al sanarla? La curación se produce *inmediatamente.* Ella lo siente en *su cuerpo.* Aquí no caben otros testigos presenciales; sólo su palabra.

Jesús, también *inmediatamente,* siente que *un poder curativo* ha salido de él. ¿Cómo va a reaccionar? Da media vuelta y pregunta: *¿Quién ha tocado mi ropa?* Jesús sabe que ha sido una mujer, *la que ha hecho esto.* Parece una pregunta absurda, cuando hay tanta gente apretujándolo. Es absurda para quien no sabe lo que está pasando, como los discípulos. Pero la mujer sabe muy bien lo que ha ocurrido y le *dice toda la verdad* a Jesús. ¿Qué hará ahora Jesús al ver que una mujer le ha *arrancado* poder de su persona?

Jesús la llama *hija* (igual que Jairo a su niña) y reconoce su fe. Ha sanado y ha de continuar viviendo como persona *en paz.* Es decir, esta mujer no sólo ha sido curada, sino que ya no es *fuente* de impureza para otros y puede regresar a vivir una vida normal en la comunidad.

Después de haber solucionado el caso de esta *hija,* volvemos al caso de la *hija* de Jairo. Todavía estamos de camino, pero cerca de la casa de Jairo. Llegan unos mensajeros diciendo: *Tu hija murió ¿por qué sigues todavía molestando al Maestro?* Ha llegado el final. La historia anterior había terminado con un dicho sobre la fe: *Tu fe te ha curado.* Ahora hemos alcanzado otro límite, no el de una enfermedad bien arraigada, sino el de la muerte misma. ¿Sirve la fe en este caso? ¿Tiene poder Jesús no sólo sobre enfermedades, sino sobre la misma muerte? Los mensajeros dan por cerrado el caso.

Jesús oye la noticia, pero la coloca en términos de fe: *No sigas teniendo miedo; sólo cree.* ¿Tendrá Jairo tal clase de fe? Jesús se distancia de la muchedumbre. Sólo permite que *sigan con él* a Pedro, Santiago y Juan.

Cuando llegan a la casa, ya están celebrando el funeral con lágrimas y grandes gritos. Jesús les dice: *¿Por qué están afligidos y llorando? La niña no murió, sino que duerme.* Naturalmente, los que no tienen fe se burlan de Jesús. Pero Jesús los *expulsa* (como a los demonios). Entonces, entra en el cuarto de la niña, acompañado de sus padres y de los discípulos escogidos, toma a la niña de la mano y le dice: *Niñita, a ti te digo: levántate.* Marcos ha guardado las palabras en arameo (*Talitha koum*, que literalmente se traducen *cordero, levántate*). *Inmediatamente* la pequeña se levantó y se puso a caminar. Ahora nos dice Marcos que la niña tenía doce años. Todos se quedan muy impresionados y fuera de sí.

Como estamos en territorio judío, Jesús les manda que no digan nada. Pero ¿cómo se puede guardar el secreto de que una niña muerta esté caminando? Jesús no quiere publicidad ni que lo confundan con un mago. Su programa es el Reino de Dios. Finalmente, manda que den de comer a la niña como señal de que está viva y necesita los cuidados normales de la vida ordinaria.

No hay barreras para el poder de Jesús. Ni la enfermedad persistente ni siquiera la muerte son límites para Jesús. Pero decisiones de vida y muerte pertenecen solamente a Dios. No pide la asistencia divina, sino que actúa por su propia autoridad. Jesús actúa como Dios. Por eso, ante Jesús, la gente se queda admirada, de la misma manera que se reacciona ante una manifestación de Dios. Por otra parte, los que no saben quién es Jesús, lo siguen llamando *maestro.*

A pesar de haber sido escogidos para entender *el misterio del Reino de Dios,* los discípulos todavía no están al tanto de lo que Jesús está tratando de hacer; todavía reaccionan como la gente. Tal vez por eso Jesús se distancia de la gente y también de algunos de los discípulos. Hay unos pocos (Pedro, Santiago y Juan) que van a *seguir con* Jesús en momentos cruciales, como son la transfiguración (9:2) y la agonía en el huerto de los olivos (14:33).

La primera comunidad cristiana ve en Jesús no sólo un enviado de Dios, sino a Dios mismo en persona, que se manifiesta como *Dios de vivos y no de muertos.* Para Marcos estos milagros son *teofanías,* muestras de la presencia de Dios en nuestro mundo. Jesús es de verdad *Dios con nosotros.*

B) La Palabra Recibida

Dos historias de fe. La primera es la fe de Jairo, la fe provocada por el amor de los padres, que se preocupan por sus hijos y se angustian cuando están en peligro. Jairo era jefe de la sinagoga y, por tanto, debía de conocer bien la Biblia. Sin duda alguna, Jairo sabía que Dios había creado todo por medio de su Palabra, pero que al ser humano lo hizo con su mano. Por tanto, confía en que Dios re-creará a su hija con la misma mano que la creó.

La mujer con el flujo de sangre vivía con mucho miedo. Miedo a provocar el enojo de los líderes religiosos, pues la Ley le ordenaba distanciarse de los demás como *cosa impura*. Miedo también a la gente, por lo que pudieran decir de ella. Trató de muchas maneras. Pero la sabiduría humana le falló. El dolor es tan grande que le hace sobreponerse al miedo. El tocar el manto de Jesús fue el grito de angustia de un corazón creyente. Lo que la ciencia no logró hacer, lo consigue la fe. Esta mujer se convierte en testigo de la divinidad de Jesús; él pasa a ser testigo de la fe de aquella mujer. Así esta mujer se convierte en figura de toda la asamblea cristiana.

C) La Palabra Proclamada: Décimo Tercer Domingo del Tiempo Ordinario

El mundo salió bueno de las manos de Dios, que es un Dios de inmortalidad, pero el diablo introdujo la muerte en él (Sab 1:13-15; 2:23-24). Sin embargo, Dios sigue estando del lado de la vida y salva de la muerte. Hay que acudir a él e implorar su ayuda (Salmo 30).

Jesús responde a peticiones de ayuda, pues él también está de parte de la vida ya que vino como médico. Pero hace falta acercarse a Jesús con fe, la fe que los discípulos no mostraron en el relato del domingo pasado y que Jesús encuentra en el padre de una niña moribunda y de una mujer enferma por doce años (Mc 5:21-43).

D) La Palabra Leída.

Jesús está del lado de la vida. Estas dos mujeres, a las que trata como *hijas*, estaban en peligro de perder lo más característico de su feminidad, la posibilidad de ser transmisoras de la vida, una por enfermedad y la otra por la muerte. Jesús les devuelve esa capacidad. Si queremos estar del lado de Jesús, hay que ponerse al lado de la vida.

Mc 6:1-6a La Oposición de sus Paisanos

A) El Texto

Jesús deja Cafarnaún, donde había sido acogido bastante bien, y se presenta en su pueblo de Nazaret como un maestro acompañado por sus discípulos. Es un gesto desafiante, porque vuelve a su *familia original*, ahora por su cuenta -ya que antes se lo quisieron llevar por *loco*- y viene acompañado de su *nueva familia*, que son los discípulos. Viene, además, precedido por su fama de *gran médico*, dado que todo el mundo hablaba de las muchas curaciones que había hecho en otras partes. ¿Lo recibirán bien sus paisanos, ahora que es tenido por personaje famoso? ¿podrá hacer entre *los suyos* lo que había hecho por *los extraños*?

Es sábado y va a la sinagoga. Como maestro, Jesús se pone a enseñar. La gente se queda asombrada y se pregunta: *¿De dónde le vienen estas cosas a éste? ¿Qué clase de sabiduría ha sido dada a éste? ¿Y las obras tan poderosas que salen de sus manos?* La gente reconoce que la sabiduría de Jesús es especial, que sus obras manifiestan un poder inesperado y que no saben la procedencia de tal sabiduría ni de tal poder. Jesús es una persona *con autoridad*.

El asombro no se traduce en fe. Al revés, se convierte en ocasión de *escándalo*, porque el que ostenta tal poder y tal sabiduría es *éste*, un simple obrero (normalmente traducido por *carpintero*, pero que podía ser cualquier trabajador dedicado a la construcción), cuyos parientes eran bien conocidos por todos. ¿Quién se cree *éste* que es? Se hace pasar por sabio y médico; pero no tiene títulos; no es mas que uno cualquiera del pueblo, no hay nada especial en él. El desprecio es mayor a los oídos judíos que a los nuestros, porque identifican a Jesús con el nombre de su madre, cuando lo normal era llamar a uno con el nombre de su padre. Los paisanos de Jesús se sienten ofendidos (*escandalizados*) con él. Sus paisanos, lo mismo que los maestros de la Ley y sus familiares, se colocan *en frente* a Jesús.

Jesús está al tanto de lo que piensan y dicen. *Un profeta no es despreciado mas que en su tierra y entre sus parientes y en su casa.* Jesús no encuentra entre los suyos a personas de fe como Jairo o la mujer con hemorragias. Jesús cura a unos cuantos enfermos, y poco más. Así como la gente se quedaba admirada de su sabiduría y del poder de sus obras, Jesús se queda admirado de su falta de fe.

Los discípulos acompañan a Jesús, pero no juegan ningún papel en este relato. Ha quedado claro que ser pariente o paisano o estar físicamente cerca de Jesús no ayuda a la hora de ser su seguidor.

La primera comunidad cristiana se da cuenta de que la misión de Jesús no es aceptada fácilmente. La oposición más fuerte viene de los que se podía esperar una actitud más favorable, de su propia familia. Los frutos son mínimos, porque la gente no quiere dar el paso que requiere la fe.

B) La Palabra Recibida

A los Padres de la Iglesia les impresiona la *impotencia* de Jesús. Para que haya una curación hace falta que el médico tenga poder y el enfermo confíe en él. Cuando falla una de las dos partes, difícilmente se produce la curación. No se trata de que Jesús *no pudo* hacer *ninguna* curación, pues hizo unas cuantas, sino de que no hizo *muchas* por el mal ambiente que encontró. La *incredulidad* también tiene poder. La bondad de Dios puede quedar frustrada si no tiene una buena acogida por nuestra parte.

C) La Palabra Proclamada: Décimo Cuarto Domingo del Tiempo Ordinario

Dios envía al profeta Ezequiel a un *pueblo rebelde* y traidor. No puede esperar que le hagan caso, pues además son gente de *cabeza dura*. De todas maneras quedará bien claro que Dios ha tratado de buscar una salida a su situación enviándoles un profeta (Ez 2:2-5). El salmista no quiere ser uno de esos rebeldes obstinados. Él habla en nombre de aquellos que están *hartos de injurias* y *saturados de burlas*, que acuden a Dios, como servidores suyos, esperando atentamente su respuesta (Salmo 123).

Jesús también es enviado por Dios a un pueblo duro de cabeza. Visita a sus propios familiares y amigos de Nazaret y se encuentra que se han pasado a la oposición. No lo aceptan, pero con su visita queda claro que hay un *profeta* entre ellos, pues curó *algunos enfermos*. Jesús se queda admirado de que en su propia familia no encuentre la fe que mostraron Jairo y la enferma en el relato del domingo pasado (Mc 6:1-6).

D) La Palabra Leída

La admiración y el éxito popular que producen la predicación y las curaciones, no se traducen en términos de fe. Hace falta más que admiración para creer. Cercanía física y familiaridad no ayudan a ser seguidores de Jesús. Asusta reconocer que la incredulidad tiene poder para debilitar los efectos de la bondad de Dios.

JESÚS ENVÍA (Mc 6:6b-8:26)

Jesús ha sido rechazado por los maestros de la Ley, por sus compatriotas y por su propia familia. Por tanto ha llegado la hora de abandonar la sinagoga y ponerse de camino, aunque no se nos dice todavía cual es la meta. Jesús está dispuesto incluso a dejar *la Tierra Santa* y adentrarse en territorio gentil. Ya ha tenido una pequeña experiencia con los gentiles, positiva en cierto modo, pero muy breve. Tal vez merezca la pena intentarlo otra vez. Lo importante es que Jesús se concentra en los Doce. La escuela del caminante entra en plena actividad.

Mc 6:6b-34 La Misión de los Doce

Una vez que ha dejado atrás su pueblo, Jesús organiza un *circuito* de enseñanza por las aldeas de Galilea (¿o por los alrededores de Nazaret?) y decide asociar a los discípulos a su misión. Los Doce ya han sido llamados y ya han recibido la *autoridad* que necesitan para hacer lo mismo que hace Jesús (3:14-15). Ha llegado el momento de *comenzar* a actuar.

Entre el envío y el regreso de los discípulos Marcos ha metido la historia de Juan Bautista. Este relato sirve no sólo para separar las acciones de los discípulos, sino como aviso y anticipo de la suerte que van a correr los que trabajan para Dios.

1) Envío de los Discípulos (6:6b-13)

A) El Texto

Los enviados gozan de la misma *autoridad* del que envía; por eso van a proclamar la buena noticia del Reino de Dios, a expulsar demonios y a curar.

Jesús los envía de dos en dos, para que se protejan y den un testimonio válido como lo pide la Ley (Dt 17:6; 19:5). El enviado no es un simple transmisor de doctrinas ni un curandero. Su misma persona es ya parte de la buena noticia, por eso han de ir ligeros, porque no hay tiempo que perder. Sólo llevan lo que necesita un caminante.

Los caminantes salen en misión con su confianza puesta en Dios, ya que Dios proveyó un lugar y dio de comer a Israel en su travesía del desierto por cuarenta años. Por eso aceptan el primer hospedaje que les ofrezcan, sin buscar otro sitio mejor. Si no los reciben bien, han de continuar el camino, sacudiéndose el polvo de sus pies. Un viajero judío, antes de entrar en la Tierra Santa, se sacudía el polvo de las sandalias para indicar que no metía nada impuro en Israel; así los enviados de Jesús se sacuden el polvo de sus sandalias en aquellos sitios que no quieren recibirlos, como si dijeran: "No pedimos nada, ni nos llevamos nada. Ustedes son israelitas, pero al no recibirnos se han vuelto gentiles". Tal vez, al ver el signo, los habitantes de estas ciudades recapaciten y sean capaces de leer el mensaje.

Jesús se presentó proclamando la Buena Noticia del Reino y pidiendo a la gente que cambiara su manera de pensar, concentrándose en lo que Dios les estaba ofreciendo. Los discípulos hacen lo mismo; no tienen otra cosa que ofrecer. El Reino de Dios se muestra con fuerza en la persona de Jesús expulsando demonios y curando enfermos. Lo mismo hacen los enviados por Jesús. Marcos añade una nota sobre el cómo lo hacían: *ungiéndolos con aceite.*

Jesús no es un héroe solitario que supere todos los obstáculos para sacar adelante la misión que se le ha encomendado. Lo primero que hace Jesús es asociar a otros, primero a su persona y después a su misión. Para eso les ha dado la *autoridad* que necesitan para que hagan lo mismo que él hace. Jesús, *el enviado,* manda a otros *enviados,* formando así una cadena de representación, que va de Dios Padre hasta el mundo necesitado.

Los discípulos son enviados. No se representan a sí mismos, sino que siguen instrucciones y llevan a cabo una misión, que no es la suya, sino una misión recibida. Sus propias personas son parte de la proclamación del Reino de Dios. Por eso han de ir un tanto desprotegidos, confiando sólo en Dios, que asiste a los enviados. Pero quedan avisados de que van a encontrar oposición, como la encontró Jesús.

Marcos es muy consciente de que está hablando a una comunidad que sufre por el maltrato en la sociedad y le anticipa que van a rechazar la proclamación de la buena noticia del Reino de Dios. Pero los cristianos tienen que seguir adelante fieles a la misión recibida, porque precisamente en la oposición brilla más la misión que han recibido.

B) El Texto Recibido

La misión apostólica ha de ser hecha de una manera sencilla, sin una gran cantidad de medios, sino sólo con lo necesario que exige nuestra condición humana, pues el mensajero es ya *mensaje* para los demás antes de abrir la boca.

C) El Texto Proclamado: Décimo Quinto Domingo del Tiempo Ordinario

Amós era *pastor y cultivador de higos* en un pueblo del Reino del Sur. Dios lo envía a *profetizar* al Reino del Norte. Allí se encuentra con la oposición de los líderes religiosos que no están dispuestos a que se altere la marcha normal de las instituciones respaldadas por el rey (Amós 7:12-15). Por contraste con los líderes religiosos, el salmista está dispuesto a escuchar *las palabras del Señor*, que son *palabras de paz para su pueblo santo* (Salmo 85).

Los discípulos son enviados por Jesús como mensajeros de paz que han de predicar el cambio de mente que exige la llegada del Reino y han de expulsar demonios y curar enfermos, como hacía Jesús, pues el Reino de Dios ya está activo entre ellos. También Jesús les advierte que mucha gente se negará a recibirlos. Pero el rechazo no ha de paralizar la misión (Mc 6:7-13).

D) El Texto Leído

El seguidor de Jesús es un discípulo misionero. Ha aprendido a vivir como Jesús y es enviado en misión *desprotegido*, porque el estilo de vida es parte del mensaje. Una evangelización basada en muchos medios no es buena noticia. El discípulo misionero anticipa que ha de encontrar oposición, para que se vea más claramente lo que ofrece, ya que la gente prefiere escuchar otras voces que invitan a una vida cómoda.

2) Juan Bautista, Mártir (6:14-29)

A) El Texto

La fama de Jesús llega a oídos del rey Herodes, hijo de Herodes el Grande. En realidad Roma no lo reconoció como rey sino sólo como *tetrarca*, gobernador. Herodes era un hombre astuto que había sobrevivido grandes cambios políticos. Por tanto, estaba muy atento a cualquier movimiento en la sociedad. Entonces oye diversas opiniones sobre Jesús: Unos dicen que es Juan Bautista resucitado, otros que el profeta Elías, que era esperado antes de la restauración final, otros que era un profeta parecido a los antiguos profetas, que ya no se daban en Israel. Herodes no sabe quién es Jesús, pero está cierto de una cosa: No es Juan Bautista, porque a éste le había cortado la cabeza.

Entonces Marcos introduce la escena de la ejecución de Juan Bautista, tal como la contaba la gente, que es un tanto distinta de cómo la narra el historiador Flavio Josefo, que la considera simplemente como una decisión política de Herodes para quitarse de en medio a un rival, que era muy popular, ya que tenía miedo de que hubiera un levantamiento de las masas.

Según Marcos, Juan Bautista había acusado a Herodes de haber tomado por esposa a Herodías, que había estada casada con su hermano Filipo, lo que era contrario a la ley judía. Herodes manda *guardar* a Juan en la cárcel (¿lo quería proteger de manos enemigas?); le impresionan tanto sus enseñanzas que Herodes lo escucha *con gusto*. Pero cambia de parecer, porque se deja seducir.

La ocasión propicia ocurrió, cuando Herodes celebraba un banquete el día de su cumpleaños, al que había invitado a los nobles, jefes militares y personas importantes de su reino. Entonces la hija de Herodías (Salomé en otros evangelios y *Herodías, hija de Herodes* en algunos manuscritos del Evangelio de Marcos) encantó tanto al rey y a sus invitados con sus bailes, que le ofreció darle lo que quisiera *hasta la mitad de mi reino*. El gran rey Herodes cede su poder a una jovencita. ¿Qué pedirá la niña?

La muchacha corre a su madre, para que le diga lo que ha de pedir y, después, acude al rey: *Quiero que me des ahora mismo en una bandeja la cabeza de Juan Bautista*. El rey se entristece, pero, por miedo a quedar mal delante de los invitados y a defraudar los deseos de la muchacha, cede y manda a un verdugo decapitar a Juan.

Después, dramáticamente, vemos como la cabeza de Juan pasa de las manos del verdugo a la muchacha y de la muchacha a su madre. *Al enterarse sus discípulos, fueron y se llevaron el cadáver y lo colocaron en una sepultura*.

Mientras tanto Jesús no ha hecho ni ha dicho nada porque los discípulos están ausentes, repartidos por los pueblos. Pero ha quedado una cosa clara. Hasta este momento la oposición venía del liderazgo religioso y de los que ponían de su parte. A partir de ahora Jesús se siente también vigilado por el poder civil, que no sabe bien qué hacer con él, pero que hay que seguir sus pasos.

Para las primeras comunidades cristianas la figura de Juan fue siempre problemática. Algunos discípulos de Juan se habían unido a los fariseos para criticar a los seguidores de Jesús. Por otra parte, Marcos introduce a Juan como precursor de Jesús tanto en el tiempo como en la muerte. Pronto Jesús mismo hará el primer anuncio de su propia pasión. Pero el evangelista quiere dejar bien claro que Jesús no es *Juan revivido*, porque la cabeza va por un lado y el cuerpo por otro.

B) La Palabra Recibida

Juan Bautista está encarcelado, pero sólo su cuerpo está prisionero, pues su espíritu continúa libre. Incluso, los enemigos se ven forzados a escucharlo. El tirano es débil, mientras que el encarcelado es fuerte.

Se acumulan los atropellos. Un banquete, mucha bebida, una joven baila, una madre desvaría y un rey jura atolondrado. Es un rey cautivo de sus propias pasiones. Tiene miedo, primero a las palabras de Juan Bautista y después a las de sus invitados. Un pecado engendra otro pecado mayor.

El rey se pone triste. Pero su tristeza no es arrepentimiento, sino declaración de culpabilidad. Los que hacen el mal se condenan por sus mismas palabras. No se deben hacer juramentos sin pensar bien lo que se dice, pero, si los juramentos llevan a malas acciones, mejor romperlos y seguir el consejo de los que son más sabios.

Juan Bautista, santo por su ministerio, adquirió mayor santidad al recibir la palma del martirio. A Juan le cortaron la cabeza, pero no lo pudieron silenciar. En cualquier iglesia donde se proclame este evangelio, se vuelve a escuchar la voz acusatoria de Juan Bautista. No hay que tener miedo a corregir ni a denunciar. Aunque no tengamos la valentía de Juan el Bautista y no levantamos la voz contra el comportamiento injusto de los poderosos, al menos corrijamos a los iguales, a los que llamamos *hermanos*, cuando los vemos que andan perdidos.

C) La Palabra Proclamada (sólo se utiliza en la lectura continua del Evangelio).

D) La Palabra Leída

Un profeta denuncia e intranquiliza. El poder civil no lo tolera, porque hace temblar el sistema. No tiene reparos en agredir *al justo*, como más tarde hará Poncio Pilato con Jesús. Pero los mártires tienen vida después de muertos.

3) Regreso de los Enviados (6:30-34)

A) El Texto

Después del inserto sobre el martirio de Juan Bautista, Marcos coloca a los discípulos *con Jesús*, una vez que han regresado de su misión. Los discípulos son llamados *apóstoles*. Tal vez tenga el significado general de *enviados*, en lugar del título específico de *miembro del colegio apostólico*, que no usa Marcos en todo su evangelio.

Cuentan todo a Jesús, pero no a nosotros los lectores. Suponemos que les ha ido bien, dada la reacción de la gente, que se ha enterado de que Jesús está otra vez con sus discípulos y, por tanto, listo para emprender su actividad de nuevo.

Jesús invita a los discípulos a retirarse *en privado* a un *lugar despoblado* ya que la gente los atosiga hasta el punto de que no pueden ni comer. Es el *descanso* que necesitan los soldados después de una batalla o el *descanso* que requiere la tierra que ha sido trabajada por mucho tiempo.

Jesús se aleja de la gente con sus discípulos usando una barca. Pero la gente se da cuenta y corre alrededor del lago y, según pasan, se les van uniendo personas de todos los pueblos, porque adivinan a dónde van. Cuando desembarca Jesús, una gran muchedumbre ya lo está esperando. ¿Cómo va a reaccionar Jesús?

Jesús siente compasión, porque los ve como *ovejas sin pastor*. Entonces, Jesús los alimenta extensamente con la palabra.

B) El Texto Recibido

Dos cosas a notar: la compasión es el atributo que define a Dios en la Biblia y es lo que mueve a Jesús. Lo segundo, la expresión *ovejas sin pastor* viene de los profetas para indicar el fracaso de los líderes de Israel. Entonces Jesús ve al pueblo sin un liderazgo de acuerdo a Dios. El sistema antiguo ha de dejar paso a la novedad que trae Jesús.

C) El Texto Proclamado: Décimo Sexto Domingo del Tiempo Ordinario

Los líderes de Israel se han comportado como malos pastores. Las ovejas se han dispersado. Dios no aguanta más y se levanta para castigar a los malos pastores y ponerse él mismo al frente del *resto de mis ovejas* (Jer 23:1-26). Así lo reconoce el salmista, cantando: *El Señor es mi pastor, nada me falta* (Salmo 23). Cuando Jesús mira a las multitudes que salen a su encuentro, las ve *como ovejas sin pastor*. Entonces se compadece y las alimenta con su enseñanza (Mc 6:30-34).

D) El Texto Leído

¿Cómo son los pastores hoy día? Tal vez se asemejan a los líderes de Israel, pues están más preocupados por su propia posición como profesionales de la religión que por la gente que anda perdida. Hay que recobrar la cualidad básica que mueve a Jesús, la compasión que lleva a la acción.

Mc 6:35-8:26 Educación para la Misión

Los discípulos ya han saboreado lo que significa ser enviados en misión. Han ido por los pueblos de Galilea y han vuelto entusiasmados, aunque cansados, de tal manera que Jesús quiere que se retiren a un lugar despoblado para que tengan tiempo *en privado*. Pero la gente no los deja. Por tanto, los discípulos tienen que seguir viendo y oyendo. Continúa su educación en la escuela del caminante. Han ido en misión. ¿Pero es esa *toda* la misión?

En la primera parte del relato Jesús da de comer a una multitud de más de cinco mil personas y sobran *doce canastos* de pan, una clara indicación de que la misión de Jesús se dirige a Israel, que se supone formada por doce tribus. Después viene una discusión sobre lo puro e impuro, que concluye con la declaración de Jesús de que todo es puro.

Lo demuestra con la curación de una mujer siro-fenicia (no judía). Termina la sección con la sanación de un sordo. La segunda parte del relato también comienza con una comida, esta vez para cuatro mil personas, entre ellos *algunos que han venido de lejos*, y sobran *siete canastos* de pan, una clara indicación de que la misión incluye a los gentiles (el libro de los Hechos de los Apóstoles cuenta la historia de los *siete varones* dedicados a atender a las personas que hablaban griego). Sigue una discusión sobre *una señal del cielo*. Termina la sección con la sanación de un ciego. En las dos partes Jesús comenta con los discípulos el significado del pan. Parece ser que los discípulos cada vez entienden menos. Pero Jesús sigue dándoles explicaciones *en privado*.

Primera Parte

1) Comida para Cinco Mil (6:35-44)

A) El Texto

Jesús ha alimentado al pueblo con su palabra. Como ya es muy tarde y están en un lugar muy apartado, los discípulos le piden a Jesús que despida a la gente para que tengan oportunidad de comprar algo de comer en las aldeas cercanas. No hace falta una obra prodigiosa. El alimento está al alcance de la gente – no hay mas que caminar un poco y comprarlo.

Sin embargo, Jesús les dice a los discípulos: *Denles ustedes de comer*. Los discípulos no tienen el dinero necesario para comprar alimento para tanta gente. ¿Con cuánta comida cuentan? Cinco panes y dos pescados. Muy poco para tantos. Marcos introduce ahora el vocabulario de las grandes fiestas. Jesús manda que se sienten y lo han de hacer a estilo romano, reclinándose alrededor de la mesa. Como aquí no hay mesas, se han de acostar sobre *la verde hierba*, en grupos bien ordenados de cien y cincuenta, como si se tratara de un banquete lujoso.

Jesús preside la celebración como un buen padre judío lo hace en su casa. Levanta la vista al cielo, dice la bendición, parte el pan y después divide el pescado. Se lo pasa a los discípulos, para que lo distribuyan a la gente. Lo asombroso es que no se dice cómo se multiplicó el pan ni el pescado. Simplemente dice *comieron todos y se hartaron*, tal como se decía que sucedería en el banquete del Mesías. Al final se llenaron doce canastas con el pan y el pescado que sobró. El total de *hombres* que comieron fueron cinco mil.

Jesús es el personaje central de toda la historia. Ha llevado a los discípulos hasta este lugar. Ha indicado a los discípulos cómo preparar el banquete y lo ha presidido.

Los discípulos se sienten amenazados. Jesús les pide que ellos den de comer. Pero se reconocen incapaces, a pesar de que acaban de regresar de una misión donde han ejercido *la autoridad* de Jesús, al parecer, con éxito. Esto que les pide ahora Jesús es demasiado. Se fían de Jesús y lo poco que tienen lo ponen a su disposición. Jesús se encarga de lo demás y ellos se convierten en distribuidores de lo que Jesús ha multiplicado. Así los servidores de la Palabra se convierten en servidores del Pan.

Al final no hay un reconocimiento entusiasta por parte de la gente. A pesar de lo grandioso del evento no se habla de que la gente se quedara admirada. Tal como lo describe Marcos, el evento es una lección para los discípulos, no tanto para hacerles sentir su impotencia, sino para que se den cuenta de que tienen delante al Mesías que invita a todo el pueblo al banquete del Reino de Dios. ¿Lo habrán entendido? Más tarde se lo preguntará Jesús.

Los primeros cristianos sentían la presencia de Jesús presidiendo la Eucaristía. Jesús sigue multiplicándose para alimentar al pueblo caminante, como Dios hizo en otro tiempo con Israel, cuando marchaba por el desierto, donde *todos comieron hasta saciarse* (Salmos 78:29; 105:40).

B) El Texto Recibido

La multitud está tan entusiasmada con las enseñanzas de Jesús, que se habían olvidado de sus casas y de sus trabajos, e incluso de la comida. Es admirable que Cristo, hambriento, provea comida para miles y, sediento, sea fuente de agua viva. Lo que cuesta mucho trabajo a mucha gente, Jesús lo hace en un instante. Es un acto *creativo*, puesto que *de la nada* saca alimento para miles.

Jesús dio gracias para enseñarnos a ser agradecidos y para manifestarnos su alegría al alimentarnos.

Jesús dio pan y pescado a los discípulos para que los distribuyeran a la gente. Así pasó con el mensaje de Jesús que fue distribuido por todas las naciones por medio de los apóstoles.

C) El Texto Proclamado (sólo se utiliza en la lectura continua del Evangelio).

D) El Texto Leído

La multiplicación de los panes es, ante todo, un compartir lo que se tiene para satisfacer las necesidades reales de la gente. Eso lo vemos simbolizado en la celebración de la Eucaristía, que Jesús preside, bendice y reparte. Después se explica con las parábolas que hablan de fiestas y banquetes para anunciar el Reino de Dios. Pero esta *multiplicación* contrasta con la realidad que vivimos, pues nos hace ver, con cierta tristeza, que mientras una parte de nuestra humanidad desperdicia la comida, otra gran parte pasa hambre. No ponemos a disposición panes y pescados, aunque sean pocos, para que el Señor los multiplique.

2) Travesía del Lago (6:45-52)

A) El Texto

La comida de los cinco mil sirvió de lección práctica a los discípulos, para que se dieran cuenta de que tenían allí al Mesías que los invitaba a su banquete. Pero tal vez no lo entendieron. Ahora Jesús se lo va a mostrar de una manera más directa y dirigida a ellos; no hay gente alrededor, sino solamente discípulos.

La comida de los cinco mil se había celebrado en un lugar deshabitado cerca del lago. Jesús *fuerza* a los discípulos a embarcarse en dirección de Betsaida, frente a Cafarnaún, pero al otro lado. Los discípulos temen separarse de Jesús y cruzar *el mar* solos. Pero Jesús quiere que vayan por delante, mientras él se queda un poco más en aquel lugar para despedir a la gente. Una vez que se ha marchado la gente, Jesús sube a un monte a orar.

La oscuridad de la tarde sorprende al barco en medio del lago y a Jesús, que ha descendido del monte y está solo en la orilla. Se levanta un viento contrario. Los discípulos batallan para mantener la dirección de la barca. Están en medio del lago, remando contra el viento y sin Jesús, que desde la orilla ve cómo se *están torturando* y se pone en camino hacia el barco. Amanece. Según los salmos, es el tiempo apropiado cuando Dios sale en ayuda del afligido.

Cuando Jesús llega a su altura, *quiere pasar de largo.* Es decir, no es una situación de peligro, sino sólo una oportunidad para que Jesús manifieste su personalidad, como sucedió en la comida de los cinco mil. Entonces tampoco había necesidad; podían haber solucionado el problema de otra manera, pero fue una buena ocasión para que Jesús mostrara su carácter de Mesías, invitándolos a un banquete donde él proveería los alimentos.

Los discípulos creen ver un fantasma. No es el mar el que mete miedo, sino la ansiedad de sentirse solos y, espantados, se ponen a gritar. Pero este terror que sienten, no es miedo ante lo desconocido, sino que es el respeto que se siente cuando uno está delante de Dios. Cuando Dios se acerca, habla. Así también Jesús. *Yo Soy* - Jesús se apropia el nombre de Dios. *No teman.* Jesús los reafirma, están ante un Dios salvador. Se produce la calma, pues Jesús tiene autoridad sobre el viento y el mar. Los discípulos se quedan *grandemente fuera de sí*.

Marcos termina con una nota explicativa, uniendo las escenas del pan y del lago. Las dos juntas declaran que Jesús es el Mesías que organiza el banquete de los últimos tiempos y es Dios que sale al encuentro de su pueblo. Por otra parte dice el evangelista, que los discípulos no sólo no entienden, sino que cada vez se les cierra más su mente (*se había endurecido su corazón*).

Jesús va mostrando progresivamente su identidad. En esta ocasión se pone en el lugar mismo de Dios, que se acerca a su pueblo, identificándose como *Yo soy* y ejerciendo su *autoridad* al calmar el viento.

Los discípulos se quedan admirados ante la presencia de Dios. Pero esa admiración no se traduce en fe. Al revés, cada vez entienden menos. Progresan, pero en la dirección contraria. Jesús se revela más y más, ellos se cierran más y más.

La primera comunidad cristiana se siente como los discípulos en la barca: enviados por Jesús, pero sin la presencia física de Jesús. Sabe que Jesús no sólo es Mesías en términos de la cultura judía, sino que es Dios mismo. Hay reconocimiento de la divinidad, pero ese reconocimiento no siempre es aceptado en fe, en ponerse en las manos de Dios. Tal vez se trate de un fantasma.

B) La Palabra Recibida

Jesús quiere entrenar a sus discípulos. Por eso les obliga a subir a *la barca de la prueba* para que aprendan a valerse en medio de las dificultades. Pero cuando las tormentas de las tentaciones y de los vientos contrarios se les echan encima, al verse solos sin Jesús, se asustan. Jesús sale al encuentro, pero hace un gesto cómo quien pasa de largo, precisamente para que los discípulos griten pidiendo ayuda. Cuando uno hace lo que puede, Jesús sale a calmar los vientos y los oleajes.

C) La Palabra Proclamada (se utiliza sólo en la lectura continua del Evangelio).

D) La Palabra Leída

Nos llama la atención el miedo que les entra a los discípulos cuando se adentran al mar solos y por la noche. Tienen que remar contra corriente, pero ahí está Jesús que sale a su encuentro con el suficiente poder para calmar los vientos. Llenos de miedo, tal vez vemos demasiados fantasmas a nuestro alrededor y pocas veces reconocemos a Cristo que sale a nuestro encuentro.

3) La Gente con Jesús (6:53-56)

En vez de ir a Betsaida, han terminado en la orilla sur, en Genesaret. A pesar del desvío, la gente ya los está esperando y le traen enfermos a Jesús, tantos que ya no puede entrar en ciudad o pueblo, zona urbana o rural, donde no saquen enfermos a las plazas y le pidan que les deje tocar siquiera el borde de su manto, pues es tanta la fuerza curativa que proviene de Jesús, que todos sanan.

4) Fariseos y Maestros contra Jesús (7:1-23)

A) El Texto

Al entusiasmo de la gente, que acude a Jesús porque está necesitada, se contrapone el grupo de maestros de la Ley, que también sale al encuentro de Jesús, pero no como personas necesitadas, sino como personas que enjuician a los demás; vienen a espiar y acusar. Hasta entonces los maestros habían discutido sobre algunos aspectos de cómo aplicar algunas normas religiosas; ahora dan un paso más y discuten sobre las mismas Sagradas Escrituras. Como siempre Jesús va más lejos: ¿Qué es lo que Dios quiere cuando nos habla en la Sagrada Escritura?

Se trata de una comisión de investigación mandada por los líderes de Jerusalén. Está compuesta por fariseos y maestros de la ley. El objetivo es Jesús mismo. Le piden explicaciones sobre el comportamiento de sus discípulos, que no guardan las normas que exigen respetar una línea roja bien marcada entre lo puro y lo impuro en la vida diaria.

Se presupone que los lectores del evangelio no conocen las tradiciones judías. Marcos las explica. El lavado no se refiere a normas de higiene, sino a ritos de purificación. No todos los judíos lo observaban, sino sólo algunos grupos de fariseos. No se discute cuanta gente cumple con estos preceptos, sino el hecho de que no se respete la tradición.

Primero Jesús les quita el disfraz, llamándolos *hipócritas*, los que se esconden detrás de una máscara. Por fuera, dicen guardar un mandato de Dios, cuando saben muy bien que es una costumbre humana. Nada nuevo en Israel. Ya lo había dicho *muy bien* el profeta Isaías 29:13 (Marcos cita la versión griega de la Biblia). De la misma manera, *muy bien* los fariseos *echan a un lado* el mandamiento de Dios y *ponen en pie* la tradición *de ustedes*.

Jesús les pone un ejemplo. El cuarto mandamiento: Honrar padre y madre. Manipulan la ley de tal modo que lo que debían reservar para el sostenimiento de los mayores, lo declaran dedicado al templo. Así los hijos se quitan la obligación de ayudar a los padres. Usan una norma que ellos se han inventado, para anular un mandamiento de Dios.

Jesús amplía su respuesta tanto en audiencia (se dirige a *todos*, no sólo a la comisión investigadora) como en contenido (define *lo puro* y *lo impuro* en general): Las cosas no son impuras, sino las personas. Las personas se vuelven impuras no por contagio de las cosas, sino por la propia conducta.

En privado, Jesús explica el significado de su enseñanza a los discípulos. ¿Qué sale de dentro? Una lista de doce *malas iniciativas*: fornicaciones, robos, homicidios, adulterios, codicias, perversidades, fraude, libertinaje, envidia (*mal de ojo*), blasfemia, orgullo y necedad. Todo esto mancha, no las cosas de fuera. Marcos saca una conclusión: *Así declara todos los alimentos puros.* Jesús no sólo explica la Ley, sino que con su autoridad declara el contenido de la Ley. Lo que sale de dentro del corazón crea impureza, no las cosas exteriores. A los fariseos y maestros de la Ley los llama *hipócritas*, porque quieren vender como mandato de Dios lo que es simplemente una costumbre y porque anulan la fuerza del mandato divino con excepciones que ellos se han inventado. Jesús denuncia la actitud de los líderes religiosos, pero a la gente le enseña el principio general: la impureza viene de adentro, no de afuera; de la propia conducta, no de las cosas. De nuevo los discípulos aparecen como *los que no entienden*. Pero Jesús es paciente con ellos y se los explica con detalle *en privado*.

Sin duda alguna tenemos aquí un tema de discusión de la naciente comunidad cristiana con los rabinos judíos. Para los cristianos, Jesús ha declarado que *todos los alimentos son puros*. Para el judaísmo tradicional se trata de una señal de identidad para saber quién pertenece al pueblo judío y quién no. Los cristianos insisten más en las actitudes internas que en las regulaciones de costumbres sobre rituales externos.

B) La Palabra Recibida

Jesús pone al descubierto el apego que ciertas personas tienen a la letra de la ley para encontrar excusas que les permita evitar la práctica de los mandamientos de Dios y pasar juicio sobre otras personas clasificándolas en puras e impuras.

Los malos pensamientos no proceden del demonio sino de nuestra propia voluntad. Sin duda alguna, el demonio los fortalece e incluso los inflama, pero el punto de partida está en nosotros mismos.

La expresión *manos sucias* se convirtió en una frase popular para señalar a los que querían ser ordenados al sacerdocio sin estar preparados para ello, pensando que estaban entrando en una carrera para ganarse la vida.

C) La Palabra Proclamada: Vigésimo Segundo Domingo del Tiempo Ordinario

El pueblo de Dios se dispone a entrar en la Tierra Prometida. ¿Cómo podrá habitar en ella? Si guarda los mandatos y preceptos que Moisés les enseña, sin añadir ni quitar nada (Dt 4:1-2, 6-8).

¿Quién podrá habitar en la tienda de Dios? ¿Quién es aceptable a los ojos de Dios? El salmista responde con un *decálogo* donde todo se mide por la actitud que uno tiene de cara al prójimo. Eso es lo que espera Dios de todo aquel que quiera presentarse ante él (Salmo 15).

Los fariseos y maestros de la Ley habían reducido los *grandes mandamientos* de Dios a numerosas colecciones de pequeñas normas que se habían impuesto como *la tradición de nuestros mayores*. El resultado fue que los *grandes mandamientos* pasaron a segundo plano mientras que las *pequeñas normas* se convirtieron en costumbres a observar. Jesús quiere devolver a los mandamientos la fuerza que les dio Moisés porque representaban la intención de Dios. Para Jesús lo importante es lo que hay dentro de la persona y no lo que se le pega por fuera (Mc 7:1-8, 14-15, 21-23).

D) La Palabra Leída.

Los líderes religiosos son acusados frecuentemente de manipular los mandatos divinos para justificar intereses humanos mediante un sistema de racionalizaciones y excepciones, anulando así lo que Dios manda. De esta manera se disuelve la radicalidad de Jesús. Hay que fijarse en el mismo Jesús, que nos pone al descubierto *los malos pensamientos* que producen actitudes discriminatorias y crean estructuras opresivas.

5) Los Gentiles con Jesús (7:24-30)

A) El Texto

Las palabras se respaldan con hechos. Después de declarar que todos los alimentos son puros y que las cosas no crean impurezas, sino que la impureza viene de dentro, Jesús entra en territorio *impuro* y se relaciona con personas *impuras*, desde el punto de vista tradicional judío. Jesús ha roto las barreras y, por tanto, se siente libre de cruzar las fronteras y entrar en territorio gentil. Pero Jesús no expande su misión a los gentiles. No predica en territorio gentil. ¿Pueden los gentiles ser entonces objeto del cuidado de Jesús?

La fama de Jesús ha llegado hasta los territorios gentiles. Jesús se marcha al distrito de Tiro, una de las ciudades comerciales más importantes del área. Quiere pasar desapercibido, retirándose a una casa. Pero la gente se entera y va en su busca.

Entre los que se enteran de la presencia de Jesús, hay una mujer. Pero tiene varias barreras que romper; primero la barrera judío/gentil, pues ella es siro-fenicia de origen y griega de habla; después la barrera hombre/mujer, pues no está bien que los vean hablando en público. La mujer ciertamente está dispuesta a romper estas barreras porque tiene una necesidad grande: una hija pequeña con un *espíritu impuro*. ¿Estará Jesús dispuesto a romper estas barreras?

Al parecer Jesús quiere guardar la distancia: *No está bien tomar el pan de los hijos y echárselo a los perritos.* Es la respuesta normal que uno espera en boca de un judío: Los judíos son los hijos y los gentiles son los perros. Seguro que los discípulos están pensando lo mismo, aunque deberían recordar que *los hijos* ya han sido alimentados en la comida de los cinco mil (6:32-44). Y quedó *pan de sobra.*

Según esta mujer, los perros no le quitan nada a los niños, sino que comen de las sobras. Hay pan para todos, para los niños y para los perritos. Si Jesús le hace el favor de curar a su niña, que es gentil, no le está quitando nada a los judíos.

Jesús reconoce que esta mujer se ha acercado con una actitud muy respetuosa y que su contestación está llena de sentido de común; es la respuesta de una persona de fe, que no tiene miedo a romper las barreras que haga falta cuando está en juego la salud de su hija. Jesús cura a la niña *a distancia* y lo hace *por esta palabra tuya*.

Jesús es llamado *Señor*. No estamos seguros si la mujer lo dice como saludo o con toda la fuerza que va a tener esta palabra entre los cristianos, pero lo cierto es que se acerca a él y se pone de rodillas delante de él, para hacerle una petición que rebasa los poderes humanos: la expulsión de un demonio. Jesús se comporta como verdadero *Señor*, sobre todo después de que hemos asistido a la demostración de su divinidad en el caminar por el agua.

La mujer tiene rasgos de un buen discípulo. Lo llama *Señor*, se postra ante él y le hace una petición. Ella es una persona necesitada, que no puede resolver el problema por su propia cuenta y acude al que es fuente de vida. Además parece que ha entendido bien el significado del *pan*, cosa que los discípulos no supieron captar.

Para las primeras comunidades cristianas la incorporación de los gentiles fue siempre un problema. Desde el punto de vista teórico no había muchas dificultades: *Primero* los judíos, *después* los gentiles. Pero desde el punto de vista práctico parece ser que surgieron problemas muy graves: ¿Podían sentarse a la misma mesa judíos y gentiles, compartiendo la misma vida?

B) La Palabra Recibida

Jesús se marcha a tierra de gentiles porque no quiere agrandar su enfrentamiento con los fariseos al declarar que la impureza no viene de las cosas, sino de dentro de las personas. Todavía no había llegado el momento de asumir la pasión.

No se pudo ocultar. Aunque Jesús es Dios, sin embargo, como hombre, se somete a todas las vicisitudes humanas. La mujer obtiene la compasión de Jesús porque persiste en la petición.

Lo santo a los perros. Hay cristianos que se agarran a las normas disciplinares de la Iglesia y quieren que se denuncie a los que no las cumplen, que se trate a ciertos ofensores como si fueran paganos y que se excomulgue a todo aquel que escandalice. Quieren separar antes de tiempo el trigo de la cizaña y se ciegan tanto que terminan rompiendo la comunión con la Iglesia.

C) La Palabra Proclamada (sólo se utiliza en la lectura continua del Evangelio).

D) La Palabra Leída

Nos impresiona ver cómo Jesús rompe barreras, cruza fronteras, elimina lo *impuro*, se relaciona en público con una mujer, que era algo muy mal visto en aquella cultura, y responde a la petición de una persona que no pertenece oficialmente al pueblo de Dios. Reconocemos también la valentía de la mujer al atreverse a romper esas mismas barreras y hacerlo con respeto y entendimiento, lo que no hemos encontrado en los discípulos que rodean a Jesús. Hay que aprender de Jesús que escucha a una persona necesitada, sin importarle mucho su condición social.

6) Un Sordo Oye (7:31-37)

A) El Texto

Jesús ha sanado a la hija de la mujer siro-fenicia *por esta palabra tuya.* Era la palabra de una mujer que había entendido el significado del *pan*. Los discípulos no se habían enterado de nada. Se comportaban como personas que no oyen bien.

De región pagana a región pagana. Jesús deja el territorio de Tiro y Sidón, atraviesa el lago y se encuentra otra vez en la región de la Decápolis, donde había hecho una visita rápida porque la gente le pidió que se marchara (5:1-20). Ahora acuden con una súplica, que cure a un sordo mudo.

Jesús lo toma aparte y sigue el ritual de los que hacían curaciones: le pone los dedos en los oídos, le toca la lengua con saliva, mira al cielo, da un suspiro y le dice al sordomudo: Ábrete. Es un mandato para que los demonios lo dejen libre. La curación se produce *inmediatamente*.

Jesús les manda que no publiquen la curación, pues no busca la popularidad, pero es imposible detener su fama. *Cuanto más lo ordenaba, más lo proclamaban.* Ya no es sólo el curado, quien *evangeliza*, como en el caso anterior del poseso, sino todos sus acompañantes se vuelven *evangelizadores*. La gente se queda *inmensamente atónita, diciendo: Todo lo hace bien. Hace oír a los sordos y hablar a los mudos.*

La palabra es fundamental en todas culturas, pero especialmente en la judía, que dependía más del oír que del ver. Los judíos no son pintores ni escultores, sino narradores de historias. Uno de los signos de que ha llegado la época del Mesías es que los sordos oigan y los mudos hablen.

Los discípulos han estado pasivos en este relato, porque tal vez ellos sean también *sordos* y *mudos*; necesitan escuchar de tal manera que puedan entender. A ellos también se les dirige el mandato: *Ábrete*.

La comunidad cristiana está familiarizada con las narraciones de liberación que aparecen en la Biblia Hebrea. Sabe que los tiempos del Mesías habían sido anunciados como tiempos en los que los sordos oyen, los mudos hablan y los ciegos ven. Entonces, ya han llegado los tiempos del Mesías. También se queda admirada con la gente de que Jesús hace todo *bien*, como Dios en la creación, que todo lo hizo bien y bueno. Jesús re-integra a esta persona a su ser, mandando fuera a los demonios que lo tenían controlado. Por tanto, la comunidad cristiana puede mirar hacia adelante con esperanza en medio de las muchas aflicciones que sufre.

B) La Palabra Recibida

La divinidad de Jesús se cubrió de su humanidad, para alcanzar al sordo mudo y devolverlo a su condición de creatura completa.

A veces se llama al Espíritu Santo *dedo de Dios*. Jesús, al poner sus dedos sobre los oídos del sordo, no sólo le abre el sentido de la escucha física, sino también le abre su alma a la fe, por medio de los dones del Espíritu Santo. Por eso no pudo callarse ni hablar defectuosamente quien había recibido tal liberación.

El sordo es imagen de todos aquellos que no han tenido la oportunidad de escuchar la Palabra de Dios. Pero una vez que han sido instruidos en la enseñanza de la sabiduría divina, ellos mismos la llevan a otros, abriéndoles así los oídos a las cosas de Dios. En la asamblea cristiana, el ministro toca los oídos de los catecúmenos para que se abran y puedan escuchar la enseñanza del Evangelio.

Jesús hizo todo bien. Oscureció la fama de todos los hombres ilustres del mundo e incluso de los van a venir en el futuro.

C) La Palabra Celebrada: Vigésimo Tercer Domingo del Tiempo Ordinario

Isaías anuncia tiempos nuevos en que Dios vendrá con toda su fuerza salvadora. Entonces toda la creación rebosará de vitalidad y el ser humano volverá a la integridad personal: ciegos ven, sordos oyen, cojos saltan y mudos cantan (Is 35:4-7). El salmista repite que Dios hace justicia al oprimido, da pan al hambriento, libera al cautivo, abre los ojos al ciego, alivia al agobiado, cuida del forastero, sustenta al huérfano y a la viuda (Salmo 146). Jesús se sitúa en la línea de Dios haciendo oír a los sordos y hablar a los mudos. La Buena Noticia es liberadora para todos, tanto judíos como gentiles (Mc 7:31-37).

D) La Palabra Leída

Los lectores, hemos seguido una trayectoria, identificándonos con los discípulos. Hemos sido testigos de que Jesús se ha manifestado como Mesías al dar de comer a más de cinco mil personas y lo hemos visto como Dios, caminando por las aguas del lago. Hemos escuchado sus enseñanzas declarando todas las cosas puras. Después lo vimos romper barreras, para poner en claro que su *pan* es para todos, judíos y gentiles, aunque de momento sólo les toquen migajas a los gentiles. ¿Estaremos dispuestos a dar el paso siguiente, de sentarnos a la misma mesa con los gentiles? Tal vez tengamos que escuchar bien, pues andamos un tanto sordos.

Segunda Parte

Marcos repite la misma estructura de la primera parte, pero simplificando los hechos y las enseñanzas.

1) Comida para Cuatro Mil (8:1-9)

A) El Texto

El primer relato de la comida para cinco mil (6:34-44) está dirigido al pueblo judío, por eso al final sobran *doce* canastas de comida, una por cada tribu de Israel. Ahora junto a los judíos, aparecen personas que *han venido de lejos*; al final sobrarán *siete* canastas de comida, como más tarde *siete* serán los discípulos que atenderán a las personas de habla griega (Hechos 6). Jesús ya había dado *migajas* a los gentiles (7:24-30), pero ahora se trata de la totalidad (el número 7 indica plenitud, como los siete días de la semana) ¿Podrán los discípulos entender lo que Jesús está haciendo?

Marcos no da referencias de tiempo (*en aquellos días*) ni de lugar. Solamente dice que Jesús está con sus discípulos y que había mucha gente alrededor de ellos. Jesús está preocupado por su situación, *ya han permanecido tres días conmigo y no tienen nada que comer*. Le mueve *la compasión*. Además, *algunos han llegado de lejos*. Hay peligro de que se desmayen por el camino si no comen antes.

De nuevo los discípulos se quedan paralizados ante la inmensidad de la situación. Pero Jesús empieza, como siempre, con lo que tienen. Sólo pueden conseguir *siete* panes. Jesús vuelve a comportarse como un padre de familia judío: toma el pan, da gracias, lo parte y lo da a los discípulos para que lo repartan entre la gente. Además del pan encuentran también unos *pescados pequeños*. Jesús los bendice y los manda repartir. Entre los judíos, la bendición es una acción de gracias dirigida a Dios, mientras que entre los gentiles, es una acción sobre las cosas.

En la otra *multiplicación del pan*, los discípulos habían llamado la atención de Jesús, porque oscurecía y aun tenían tiempo de ir a las tiendas a comprar comida. Esta vez es Jesús mismo el que inicia el proceso.

Jesús, como Dios a lo largo de toda la Biblia, se mueve por compasión. Antes vio al pueblo como *ovejas sin pastor*, una referencia clara al fracaso del liderazgo de Israel. Ahora se mueve porque hay un peligro serio. En el primer evento, no había necesidad de darles de comer, pues todavía les quedaba tiempo para comprar comida en las aldeas cercanas. En esta ocasión hay una urgencia, porque corren el peligro de desfallecer por el camino.

Los discípulos se consideran otra vez incapaces de hacer nada. La realidad supera todas sus posibilidades. Pero ¿no habían visto ya la primera multiplicación? ¿no se acordaban de que Dios alimentó a su pueblo cuando andaba por lugares desolados durante cuarenta años de camino a la tierra prometida?

La primera comunidad cristiana lee mucho más. *Algunos han venido de lejos* y están aquí con nosotros. Jesús no sólo atiende a los gentiles, sino que los sienta a la misma mesa. A los primeros cristianos les costó mucho sentar juntos a judíos y gentiles alrededor de una misma mesa. Pero tenían el ejemplo de Jesús, que fue rompiendo barreras una tras otra.

B) La Palabra Recibida

Al explicar la Sagrada Escritura, el sacerdote *rompe el pan* con la comunidad. Quien se alimenta de este pan, salta de gozo con cantos de alabanza. Lo que el sacerdote da, no es suyo, pues él mismo se alimenta del pan que comparte con la comunidad. Si uno se harta en este banquete de la Palabra ¿por qué escatimar las buenas obras de misericordia? Si tienes hambre, hay pan de sobra. El que tiene más fe, come más. ¡Ojalá nos alimentemos más con el pan de la Sagrada Escritura!

La gente se queda tres días con el Señor después de convertirse de obra, de palabra y de pensamiento. El Señor no quiso enviarlos a sus casas en ayunas para que no desfallecieran por el camino, pues los pecadores convertidos van débiles en el camino de la vida presente. Por tanto, den alimento a los que vienen de lejos, pues a los pecadores convertidos se les ha de ofrecer el alimento de la sana doctrina para que reparen las fuerzas que perdieron con sus malas obras. Y es tanto más necesario que los doctores los sacien con frecuencia del alimento de la doctrina cuanto más manchados vinieron de los mayores vicios. Y cuando ya hayan comenzando a confesar los pecados y los hayan dejado con lágrimas, es necesario que los doctores santos oren solícitos por ellos…

C) La Palabra Proclamada (se utiliza sólo en la lectura continua del Evangelio)

D) La Palabra Leída

A nosotros, como a los primeros cristianos, también nos cuesta sentarnos con *los extraños*. Vivimos en un mundo multicultural y estamos unos al lado de los otros, viviendo en la misma calle o, incluso, en el mismo edificio. Pero compartir la misma mesa ya cuesta más. Mientras sean como nosotros y se adapten a nuestras costumbres, no hay problema. Pero que vivan de otra manera, levanta muchas sospechas.

2) y 3) Cruce del Lago y Desembarco (8:10)

Marcos simplemente nota que hubo un cruce del lago y un desembarco, pero no elabora una historia asociada con esos hechos. No hay tormentas ni fantasmas. Ahora el problema está en lo que los discípulos llevan adentro.

4) Fariseos contra Jesús (8:11-13)

De pronto aparecen los fariseos y se encaran a Jesús en una discusión. Vienen a pedir cuentas. No les bastan las palabras dichas con autoridad ni las obras maravillosas. Quieren una señal que venga *del cielo*, que una vez por todas muestre que Dios respalda su labor. En realidad son *tentadores*.

Jesús reacciona ante ellos como si estuviera delante de un demonio, como lo hizo en la sinagoga de Cafarnaún (3:5). Los fariseos pertenecen a *esta generación* que se opone a Dios, como la del diluvio en tiempos de Noé. Jesús no puede acceder a lo que le piden, que mande una señal del cielo, porque se ha pasado la vida diciendo cómo la semilla crece con dificultad una vez sembrada en la tierra y cómo los enfermos han de ser curados y los hambrientos alimentados. Jesús da un *suspiro* de dolor ante tanta incomprensión y sella su negativa con un *amén*, es decir, es una certeza inquebrantable. Jesús *sale* de allí, dejándolos a su propia suerte.

Jesús acaba de invitar a judíos y gentiles a sentarse a la misma mesa. Pero la oposición es fuerte. Se le exige que dé una prueba contundente en la que se vea que Dios lo ha enviado. Jesús no solamente se niega a hacerlo, sino que ahora ve a los líderes judíos como representantes de *esta generación* de desobedientes y rebeldes a los designios de Dios. Jesús acaba de trazar una línea divisoria. El, por un lado, y *esta generación* por otro. ¿De qué lado se pondrán los discípulos?

5) Los Discípulos (8:14-21)

A) El Texto

La mujer siro-fenicia supo leer el signo del *pan*. Los fariseos no lo quieren leer, sino que piden otra señal más fuerte. Ahora les toca el turno a los discípulos. Estos no saben leer el signo del *pan*.

Jesús había dejado a *esta generación* a su suerte, volviéndose a embarcar. Los discípulos están con Jesús. Ahora son ellos los que tienen hambre, pues se les *había olvidado* la comida.

Jesús les habla con dureza: *Abran los ojos, vean la levadura de los fariseos y la levadura de Herodes*. El tema del pan trae a cuento la metáfora de la levadura, algo pequeño que hace fermentar toda una masa. Los discípulos están expuestos a dejarse influenciar por la actitud de los fariseos y herodianos, que ya han aparecido juntos (3:6), precisamente cuando Jesús había llamado la atención sobre la *dureza de sus corazones*.

Los discípulos ni siquiera oyen la advertencia de Jesús. Siguen preocupados por la falta de alimento. Jesús, de nuevo, usa palabras duras con los discípulos: ¿Es que cada vez se les endurece más su mente? Como había dicho Jeremías a los israelitas, *Tienen ojos y no ven; tienen oídos y no oyen* (Jr 5:21). Tal vez los discípulos pertenezcan ya *al pueblo rebelde* (Ez 12:2), como Jesús ya lo había dicho de la gente (Mc 4:12).

Los discípulos tienen que recordar lo que habían visto: el primer banquete para los cinco mil y el segundo banquete para los cuatro mil. En el primer caso sobraron *doce* canastas de pan, en el segundo *siete*. Nunca les faltó nada mientras han caminado con Jesús. ¿A qué viene ahora tanta preocupación con el pan? Jesús ha proclamado la entrada en una nueva fase del Reino de Dios. Los discípulos han aceptado con entusiasmo esa llamada. Más aún están dispuestos a ser enviados para proclamar el impacto del Reino de Dios a otros. Pero Jesús acaba de decirles con palabras y, sobre todo con hechos, que esa misión está también abierta a los gentiles.

Declararse discípulos de Jesús no es lo mismo que pensar como Jesús ni entender el alcance de su misión. A veces los discípulos no ven las cosas de la misma manera. Parece que a los discípulos los números no les dicen nada, pero quien lee en clave divina lo que pasa (las multiplicaciones de los panes y la secuencia de los eventos que las acompañan) deberían haber descubierto de que se trata de una invitación al banquete del Mesías, no sólo para los judíos, sino también para los gentiles. Lo positivo es que los discípulos siguen *con* Jesús y que Jesús sigue dándoles explicaciones, aunque a veces con avisos fuertes.

B) La Palabra recibida

Los fariseos no querían aprender más sobre la fe, sino que se acercan a Jesús para ponerle una trampa. Los enemigos piden signos. Los amigos no los necesitan. ¿Qué signo mayor querían, después de haber alimentado a cuatro mil personas?

C) La Palabra Proclamada (se utiliza sólo en la lectura continua del Evangelio)

D) La Palabra Leída

Al ver la falta de inteligencia de los discípulos, nos damos cuenta de que hace falta mucho tiempo para desarrollar actitudes cristianas. Pensamos y actuamos de acuerdo a la sociedad, que tiene sus propios valores y métodos. Sin quererlo el medio ambiente nos absorbe, nos materializa, nos endurece. Hay que estar muy atentos a Jesús para ser sus seguidores de palabra, de pensamiento y de obra.

6) Un Ciego Ve (8:22-26)

A) El Texto

Al parecer los discípulos se acercan peligrosamente a *esta generación* que acaba de condenar Jesús. La *levadura* de fariseos y herodianos se les está metiendo dentro y se están endureciendo como ellos. Tal vez pertenezcan ya al pueblo rebelde *que tiene ojos y no ve; tiene oídos y no oye.* Marcos terminó la primera parte con la curación de un sordo. Ahora acaba esta segunda parte con la curación de un ciego.

Estamos en Betsaida, una ciudad junto al lago de Genesaret, enfrente a Cafarnaún. Le traen a un ciego. Jesús se lo lleva a un lugar apartado y sigue los mismos pasos que usó con el sordomudo. El ciego abre los ojos y dice: *Veo hombres como árboles que andan.* Jesús le impone las manos una segunda vez y el ciego ya puede ver *de lejos.* El sanado está en disposición de volver a su casa por su propia cuenta. Pero Jesús le advierte que vaya derecho a su casa, sin entrar en la ciudad.

Jesús, Mesías, abre los ojos de los ciegos, como se esperaba que sucedería en los tiempos nuevos. Pero esta vez Jesús lo hace en privado y por etapas. No hay una reacción de la gente, que normalmente viene después de cada curación, sino que Marcos se concentra en las reacciones del ciego; recobra la vista, pero poco a poco. Después es enviado, pero no en misión a la ciudad, sino a *su casa.* En Marcos, *la casa* es el lugar de encuentro de Jesús con sus discípulos, por tanto se le está llamando al ciego a ser seguidor de Jesús. Pero todavía no está listo para ser enviado en misión a la ciudad.

Los discípulos escuchan esta historia con esperanza. La escena anterior había levantado la pregunta: ¿Todavía no entienden? Si a un sordo se le pueden abrir los oídos y a un ciego se le pueden abrir los ojos, también a los discípulos se les puede abrir la mente, aunque sea poco a poco. Así Marcos prepara la escena siguiente.

B) La Palabra Recibida

Los relatos de la apertura de los oídos del sordo y de los ojos del ciego eran no sólo leídos, sino ritualmente *actuados*, en la celebración del bautismo. Según los Padres de la Iglesia, el demonio tenía cegados a los paganos. Les había echado barro a los ojos con su mal vivir llevados por las pasiones. En el bautismo, el Señor los limpia, les quita el lodo y les abre los ojos. La ceguedad del corazón deja paso a la luz de la fe.

Al abrirnos los ojos Jesús hace que pasemos de ver lo visible a contemplar lo invisible. Nos quita la venda de los ojos para que nos veamos a nosotros mismos con los ojos de un corazón puro.

El ciego es sacado de la ciudad donde prevalece la Ley y las costumbres impuestas por los líderes religiosos y es enviado *a su casa*, que es la casa de los creyentes, la casa de Abraham, que es el padre de la fe.

C) La Palabra Proclamada (se utiliza sólo en la lectura continua del Evangelio)

D) La Palabra Leída

Terminamos la primera parte del evangelio con una nota de esperanza. Los lectores ya sabemos que Jesús es Mesías e Hijo de Dios. Lo hemos visto confirmado con sus palabras, pero sobre todo con sus hechos. El Reino de Dios se va imponiendo con fuerza: los demonios son expulsados y los enfermos son curados. Vemos a los discípulos entusiasmados y comprometidos con el Reino de Dios. Pero también hemos observado que tienen muchas dificultades en darse cuenta del alcance de la misión de Jesús. Encuentran más obstáculos con el paso del tiempo, tal vez influenciados por la actitud de los líderes religiosos que se han colocado *frente a* Jesús, que pertenecen al pueblo que ni ve ni oye. Es posible que los discípulos hayan llegado a tal nivel de endurecimiento que se estén volviendo ciegos y sordos. Pero tienen remedio, porque siguen *con* Jesús y Jesús continúa explicándoles lo que Dios está haciendo.

Hasta ahora los lectores hemos tenido ventaja sobre los discípulos. Desde que abrimos el libro sabemos, porque Marcos nos lo ha dicho desde la primera página, quién es Jesús. Los discípulos lo tienen que descubrir escuchando sus palabras y viendo sus obras. Por fin se dan cuenta, Jesús es de verdad el Mesías esperado. Ahora comienza la segunda parte. Los lectores vamos a estar a la par con los discípulos. Los discípulos ya saben tanto como nosotros. Tendremos que descubrir juntos qué clase de Mesías es Jesús y qué clase de Hijo de Dios es Jesús. La escuela del caminante entra en una etapa definitiva.

SEGUNDA PARTE

EL DOLOROSO DESAFIO DE LA CRUZ (MC 8:27-10:52)

Hasta este momento nos hemos fijado en Cristo que proclama la presencia del Reino con palabras poderosas y hechos maravillosos. Ahora se abre una nueva etapa en la que los discípulos han de reconsiderar su vocación porque Jesús introduce una sorpresa: la cruz. Para eso habrá que preguntar primero: ¿qué papel juega Jesús en nuestras vidas?

La segunda parte comienza con una declaración por parte de los discípulos: Jesús es el Mesías. Jesús ha dado muestras con sus palabras y sus obras que tiene la *autoridad* del Mesías. Pero ¿qué clase de Mesías esperamos? La gente se imaginaba distintos tipos de Mesías: un guerrero como el rey David, un santo como el sumo sacerdote, un sabio como los maestros de la Ley, un profeta a estilo de Elías, uno con las cualidades de Moisés. ¿Qué clase de Mesías es Jesús?

Es Jesús mismo quien tiene que declarar su *vocación*, pues apareció pidiendo conversión, exigiendo que mirásemos la vida desde el punto de vista de Dios. Ahora Jesús nos tiene que decir qué clase de Mesías nos está enviando Dios, para poder ajustar nuestra conducta a los designios de Dios. ¿Qué posturas van con Jesús y cuales no son compatibles con él? Todo esto ha de ser tratado en la escuela del caminante. Lo que Dios quiere no es lo que la gente espera. Toda la Biblia está escrita bajo esta dinámica: Dios propone, el pueblo se resiste y Dios reafirma su propuesta. Los discípulos están con Jesús, pero no acaban de entenderlo. La oposición contra Jesús va en aumento. El ambiente pesa mucho sobre los discípulos. Piensan más como los maestros de la Ley que como Jesús. ¿Serán los discípulos capaces de mantenerse *con* Jesús hasta el final?

Hasta ahora Marcos ha descrito los eventos con rapidez. Unas pequeñas pinceladas y pasa a la escena siguiente. Jesús va y viene no sólo por Galilea, sino también por territorio gentil. Cruza el lago de Genesaret varias veces. En esta segunda parte, Jesús va de camino, pero con una dirección bien clara: la meta es Jerusalén y allí les espera pasión y cruz. Empezamos en la parte norte más alejada de Jerusalén, en Cesárea de Filipo, subimos al Monte de la Transfiguración, bajamos a Galilea, damos una vuelta por el territorio al otro lado del Jordán, para aparecer en Jericó, que está a un paso de Jerusalén.

Por el camino Jesús presta más atención a los discípulos que a la gente. El tiempo de las controversias deja paso al de la enseñanza sobre el seguimiento. Es un tiempo de aprendizaje hacia dentro, un tiempo para clarificar y profundizar actitudes. La escuela del caminante entra en su apogeo.

¿QUÉ CLASE DE DISCÍPULO BUSCA JESÚS? (Mc 8:27-9:29)

La gente se queda atrás. Jesús se concentra en los discípulos. La llamada al Reino se vuelve muy personal: ahora se trata de jugarse la vida.

Mc 8:27-33 Un Mesías Sufriente

A) El Texto

1) La Declaración de Pedro (8:27-30)

Los discípulos habían escuchado la proclamación del Reino de Dios y habían respondido siguiendo a Jesús. Después vieron las obras de Jesús y se preguntaron: *¿Quién es éste que hasta el viento y el mar le obedecen?* (4:41). Jesús los ha ido educando, más con hechos que con palabras. Ha llegado el momento de poner las cosas en claro: ¿Quién soy yo para ustedes?

Vamos de camino hacia la ciudad de Cesárea de Filipo, en la parte norte, al pie del Monte Hermón, donde nace el río Jordán. Pero Jesús y sus discípulos no entran en la ciudad, sino que se quedan en lugares vecinos.

Jesús les pregunta insistentemente: ¿Quién dice la gente que soy yo? Los lectores ya lo sabemos, pues Marcos nos lo dijo en la escena del rey Herodes (6:14-16), aunque otros decían que Jesús era *un demonio*. Pero esa pregunta no es mas que preparación para otra pregunta más importante. *Pero ustedes ¿quién dicen que soy yo?*

Pedro, hablando en nombre de todos los discípulos, responde: *Tú eres el Mesías*. Jesús les ordena que no lo hagan público (ni siquiera que hablen *de él*), para no confundirlo con los muchos *mesías* que aparecían y desaparecían con frecuencia por todo el país. Por el momento han de callar (como los demonios que Jesús expulsaba).

2) Primer Anuncio de la Pasión (8:31-33)

Los discípulos, a pesar de todas las dificultades en entender, han superado la sordera y la ceguera. Pueden declarar con firmeza: *Tú eres el Mesías*. Ahora hace falta precisar qué clase de Mesías.

La declaración de Jesús, *el Hijo Amado* (1:11), fue seguida por la escena de las tentaciones en el desierto. Esta declaración de Jesús *el Mesías* es seguida por otra tentación, la que le pone Pedro, que hace las veces de Satanás.

Jesús tiene una *enseñanza* especial para los discípulos: los que se oponen a él (los líderes del judaísmo oficial) se van a imponer, le van hacer *sufrir mucho y ser rechazado*, e incluso lo mandarán a la muerte. *Es necesario* que sea así, pues es parte del designio de Dios, que hará terminar la historia en resurrección.

Jesús se da a sí mismo el título de Hijo de Hombre, que ya había aparecido antes en relación con el perdón de los pecados (2:10) y el sábado (2:28). Ahora queda ligado al tema de la pasión (8:31; 9:9,12,31; 10:33,45; 14:21,41), pero también a su victoria futura (8:38; 13:26; 14:62).

Jesús repite el anuncio de su pasión varias veces con claridad y valentía. Cuando Jesús enseña con parábolas, entonces el significado real queda escondido. Ahora Jesús no habla en parábolas, sino que lo dice explícitamente, sin comparaciones: el Mesías va a sufrir, morir y resucitar.

Pedro reacciona con violencia. Se lleva a Jesús aparte y lo *reprende*, como Jesús solía hacer con los demonios, con el *mar* o con los propios discípulos para que guarden el secreto de su mesianidad. El alumno quiere decirle al maestro cómo se ha de comportar.

Jesús se da media vuelta y se pone de frente a Pedro, cara a cara. Lo hace a la vista de los demás discípulos. Lo *reprende* diciendo: *¡Colócate detrás de mí, Satanás! Porque tú no piensas las cosas de Dios, sino las cosas de los hombres.* Jesús no le está diciendo que se vaya, sino que ponga *detrás* como corresponde a un discípulo. Jesús procede según el designio de Dios, no de acuerdo a los planes humanos. Por tanto, Pedro se ha de poner detrás de Jesús en el camino del sufrimiento, porque éstas son *las cosas de Dios*.

B) El Texto Recibido

La divinidad y la humanidad de Jesús han sido proclamadas tanto por Dios como por los hombres. Jesús es reconocido como Mesías, Cristo o ungido de Dios. Nos llama compañeros suyos porque también hemos sido ungidos con la gracia del Espíritu Santo en el bautismo. De ahí que nos llamemos con toda propiedad *cristianos*.

No hay que confundir el *¡Colócate detrás de mí, Satanás!* de Marcos con *¡Vete de aquí, Satanás!* de Mateo (4:10) porque ir detrás de Jesús es algo bueno. Eso es lo que se le pide a Pedro, que se había encarado con Jesús. De ser obstáculo ha de pasar a ser seguidor.

C) El Texto Proclamado: Vigésimo Cuarto Domingo del Tiempo Ordinario

Isaías presenta una figura misteriosa, a la que llamamos el siervo sufriente. Alguien que se acomoda de tal manera a la voluntad de Dios que no se echa atrás ni ofrece resistencia a los que le hacen sufrir, pero siempre con la confianza puesta en Dios que le dará la victoria al final. Ante la gente puede aparecer como un fracasado, pero Dios se encargará de cambiar las cosas (Is 50:5-9). El salmista le presta su voz al siervo sufriente que es un justo, que no se aparta de los caminos de Dios y que se siente *cazado* y a punto de ahogarse, entonces invoca al Señor y Dios sale a su rescate (Salmo 115). Jesús es un Mesías sufriente - algo muy difícil de aceptar por sus discípulos, que sueñan con un Mesías glorioso y triunfador (Mc 8:27-35).

D) El Texto Leído

Hoy día Jesús también nos pregunta: ¿Quién soy yo para ustedes? ¿Qué papel juego en sus vidas? Para unos Jesús es una figura del pasado, muy admirable pero que tiene poco que decir al mundo moderno. Otros lo ven como maestro de moralidad, en la línea de los grandes filósofos y líderes religiosos. Así cada época ha fabricado un retrato de Jesús a su manera: sacerdote regio del otro mundo, revolucionario al lado de los obreros, consejero de almas, etc. Es una pregunta que todos tenemos que responder: ¿Quién soy yo para ti? ¿qué papel juego en tu vida?

Todos aplauden al héroe ganador y todos se asocian a él en el día de la victoria. ¿Quién va querer ponerse al lado del perdedor? Pero ganador ¿de acuerdo a quién? y perdedor ¿de acuerdo a quién? Primero hay que empezar por establecer el punto de vista: Ver las cosas desde Dios o verlas desde la gente. Entonces pueden definirse las frases ganador y perdedor, ponerse delante o ponerse detrás.

Mc 8:34-9:1 Enseñanza sobre el Discípulo

A) El Texto

Después del anuncio de la pasión, Jesús no explica en qué va a terminar todo ni qué valor tiene su muerte, sino que educa a sus discípulos en el seguimiento. Ya no se trata de prepararlos para un envío misional, sino para que acepten el hecho de que son seguidores de un Mesías sufriente. Jesús lo dice abiertamente cuando *la gente* está presente. Su enseñanza vale para todos.

Marcos ha unido una serie de seis dichos, que en los otros evangelios aparecen por separado y en otros contextos.

Jesús inicia una nueva etapa en su caminar y repite su llamado, pero ahora poniendo bien claro lo que significa ponerse *detrás* de él y hacer *las cosas de Dios*. Antes Jesús les pidió que dejaran familia y trabajo en razón de la proclamación gozosa del reino y los discípulos lo hicieron. Ahora Jesús renueva el llamado en razón de la dolorosa pasión y pide *renunciar a sí mismo*. El discípulo ha de decir *no* a sus propios deseos, intereses y planes, para estar dispuesto a aceptar un destino que la sociedad ve como vergonzoso. Por eso el segundo paso es *cargar con la cruz*, con la infamia de ser considerado criminal; la cruz estaba destinada para aquellos que habían apostado duro en la vida y habían perdido. El paso final es ponerse *detrás* de Jesús, andando por su mismo camino.

Jesús se explica: El evangelio coloca a uno en una situación en que tiene que tomar decisiones de vida o muerte. El que quiera vivir de acuerdo a sus propios planes, se perderá; mientras que el que viva de acuerdo a *la buena noticia*, que es Jesús mismo, se salvará. Jesús no está hablando de la vida física sino de la vida humana en cuanto que uno ha de tomar decisiones para vivirla de una manera o de otra.

Todo el mundo sabe que cuando uno se muere, no se lleva nada. Pero Jesús va más lejos: la riqueza será un estorbo el día del juicio.

Jesús es el Hijo del Hombre que vendrá en gloria y traerá un juicio. Entonces habrá reconocimiento y rechazo. Jesús pondrá *con sus ángeles* a todos aquellos que hayan aceptado su mensaje. Los que se *avergüencen*, es decir los que den marcha atrás, se colocan dentro de *esta generación adúltera y pecadora* y serán rechazados.

Aunque Jesús se resiste a poner fecha cuando el Hijo del Hombre haya de venir en toda su gloria, la primera comunidad cristiana se imagina que será *pronto*. El dicho, que se repite en 13:30, no es una predicción de cuando van a pasar las cosas, sino un acto de fe en que el designio divino se cumplirá. En cierta manera, con la muerte de Jesús el mundo llega a su fin, porque su resurrección abre una nueva época.

Bajo el título Hijo del Hombre, Jesús incluye dos facetas: persona sufriente y juez de final de los tiempos. Más aún vendrá *en la gloria de su Padre*; es decir, Jesús se declara a la vez Hijo del Hombre e Hijo de Dios.

Los discípulos aprenden que seguir a Jesús no es lo mismo que tener un maestro de la ley. Con Jesús uno se juega la vida. Hay que estar dispuesto a soportar las infamias de la gente, tomando la cruz, y a orientar toda la vida desde Dios, porque el que quiera seguir sus propios deseos se perderá. Los discípulos tienen que hacer la decisión de ponerse del lado *de la generación adúltera* o del lado de *los ángeles*, que es adonde lleva el seguimiento de Jesús.

La comunidad cristiana se da cuenta de que actúa en nombre de Jesús. Al proclamar *la buena noticia* coloca a la gente en la misma posición que Jesús ponía a los que lo rodeaban. Tienen que hacer una decisión de vida y muerte, que se pondrá de manifiesto cuando Jesús aparezca como juez.

B) El Texto Recibido

Negarse a sí mismo. Parece muy duro de aceptar. Pero lo que parece muy pesado, el amor lo hace suave y llevadero. Se trata de un amor ordenado, porque el amor a sí mismo arruinó al primer hombre, por no sujetarse al amor de Dios.

Tomar la cruz. Nuestro propio cuerpo tiene forma de cruz cuando extendemos los brazos. Por tanto cargamos con nuestras ansiedades y sufrimientos. Porque somos seguidores de Jesús, muchos se van a poner en nuestra contra y se colocarán en el camino humillándonos e incluso persiguiéndonos. Lo harán no solo los paganos sino los mismos miembros de la Iglesia, que visiblemente parecen estar dentro, pero que en realidad están fuera, dada la maldad de sus obras. Por tanto, para seguir a Cristo hay que tomar la cruz cuanto antes, ser tolerante con los pecadores sin acomodarse a su manera de vivir, resistir la falsa felicidad que ofrecen los malvados y despreciar todas las cosas. Así Jesús nos considerará buena compañía.

Hay personas que en lugar de llevar la cruz, la cruz los va arrastrando a ellos, pues tantas son sus preocupaciones con las cosas materiales. Para seguir a Jesús hay que ser humilde como él fue humilde; hay que atender a los pobres como él los atendió. Humildad y caridad son los dos pies para andar por el camino de Jesús. Se empieza con humildad y después, paso a paso, uno va subiendo la cuesta. El pecado pone piedras en el camino, pero al pasar Jesús por él lo allana. *Odiar la propia vida* no quiere decir despreciar la vida que Dios nos ha dado, sino vivirla desordenadamente, sin tener en cuenta la vida eterna a la que Dios nos llama. Consiste en amar más las creaturas que al Creador.

¿Adónde seguimos a Jesús? Jesús va siempre por delante no sólo a la muerte, sino a la resurrección y a la ascensión. Allí también vamos nosotros.

C) El Texto Proclamado (se utiliza sólo en la lectura continua del Evangelio)

D) El Texto Leído

Al leer el evangelio nos estamos colocando ante una decisión fundamental. Nos damos cuenta de que Jesús es un Mesías sufriente, despreciado y maltratado por los líderes religiosos. No es fácil seguir a tal Mesías, porque preferimos los héroes que matan enemigos y desbaratan los planes de los malvados. Queremos ver salvadores, pero salvadores gloriosos, que al final no sólo triunfen sobre los enemigos, sino también que reciban el aplauso agradecido de los salvados. Jesús es un mesías distinto. ¿Estaremos dispuestos a seguir a un Mesías sufriente, jugándonos la vida en ello?

Mc 9:2-8 Subida al Monte de la Gloria

A) El Texto

Jesús ha anunciado su pasión y muerte. ¿Es eso todo lo que hay? El plan de Dios no termina en fracaso, sino en la implantación del Reino de Dios. De hecho ese Reino ya está presente y activo. Los discípulos lo entenderán más tarde, cuando Jesús resucite. Por ahora ni siquiera la resurrección entra en sus pensamientos.

Jesús sabe quien es: el *Hijo Amado* de Dios; se lo declaró una voz celestial a la hora del bautismo (1:10-11). Nosotros también lo sabemos porque Marcos nos lo ha dicho. Pero los discípulos no lo saben. Han llegado a descubrir que Jesús es *el Mesías*. Ahora sabrán también que es *el Hijo de Dios*.

Han pasado seis días después de la declaración de Jesús como Mesías sufriente. Tal vez indique el tiempo requerido para purificarse antes de acudir a un acto sagrado.

Subimos *a una montaña muy alta*, que es el lugar del encuentro con Dios. Jesús es acompañado por un grupo selecto de discípulos; son los mismos que aparecen en momentos claves como la curación de la hija de Jairo y la agonía en el huerto de los olivos.

Jesús *fue transformado*. Sus vestiduras se vuelven de un blanco resplandeciente que nadie en este mundo puede fabricar. Es un Jesús en toda su gloria. A su lado aparecen dos figuras celestiales, Elías y Moisés, que según la tradición no habían muerto sino que habían ascendido al cielo. Las dos figuras tuvieron encuentros con Dios en *montañas*. Las dos figuras juegan el papel de testigos, como al principio del evangelio lo fueron Isaías y Juan Bautista.

Ante tal experiencia los discípulos se sienten también en la gloria. Quieren quedarse allí. Pedro propone hacer tres tiendas, para alojar a Jesús, Moisés y Elías. *No sabía lo que decía, pues estaban asustados.*

Aparece una nube que los cubre, como sucedía cuando Dios se hacía presente en la peregrinación de Israel por el desierto. Desde el interior de la nube sale una voz que dice: *Este es mi Hijo, el Amado. Escúchenlo.*

De pronto, desaparecen las figuras celestiales y los discípulos no ven mas que a Jesús a su lado.

Jesús aparece en su gloria acompañado de dos figuras importantes: Elías y Moisés. Primero, Elías, pues era la persona que Dios había reservado para preparar bien a su pueblo antes de su venida (Mal 3:23). Lo acompaña Moisés, pues él había anunciado que Dios enviaría a un profeta de su misma categoría que declararía la voluntad definitiva de Dios y que, por tanto, había de ser escuchado con mucha atención (Dt 18:15,19). Jesús es ese *profeta de los últimos tiempos* que hay que escuchar.

Los discípulos han oído la voz que ha salido desde el interior de la nube. Esta voz no se dirige a Jesús como en el relato del bautismo (1:11), sino que se dirige a los discípulos. La voz no sólo identifica a Jesús como *Hijo Amado*, sino que lleva un mandato. Han de escucharlo. Entonces, Dios está confirmando el anuncio que Jesús acaba de hacer de que iba a ser un Mesías sufriente.

La comunidad cristiana ve en la transfiguración un anticipo de la resurrección. Al anuncio de la pasión sigue el momento glorioso de la transfiguración; a la cruz seguirá el momento glorioso de la resurrección. Sufrimiento termina en gloria. Los líderes de Israel condenarán a Jesús en nombre de Dios, pero Dios certifica que Jesús es su *Hijo amado* que lleva a cabo la misión que le ha encomendado.

B) La Palabra Recibida

Seis días recuerdan la creación completa, antes de que Dios descanse. Dios está más allá de la creación, de todo lo que pertenece al mundo temporal. El territorio de Dios es la eternidad. Allí es donde se da la transfiguración.

Delante de ellos. Jesús se manifiesta de varias maneras. A unos los sube a lo alto del monte para que contemplen su divinidad. A otros, los deja abajo, para manifestarles su humanidad. En la contemplación podemos tener acceso al Jesús glorioso de la transfiguración.

Moisés y Elías. Representan a la ley y a los profetas. Los dos habían sido personas pobres y los dos tuvieron que enfrentarse a tiranos. Pero Moisés y Elías no son mas que servidores; Jesús es el Hijo único. Por eso hay que escucharlo. Jesús es el Señor; Moisés y Elías son meros acompañantes.

Los santos son peregrinos y forasteros en este mundo; de ahí que fuera reprendido Pedro porque pensó levantar la tienda en el monte, ya que en este mundo no hay morada para los santos, cuya patria y mansión está en los cielos.

C) La Palabra Proclamada

1) Segundo Domingo de Cuaresma

Es la historia de un padre y de un hijo, de una entrega y de un sacrificio, de una muerte y de una vida.

La primera historia es la de Abraham y su hijo Isaac. Dios le pide que lo sacrifique. Pero es sólo una prueba, que Abraham supera. Al final hay sacrificio, pero no de su hijo, sino de un carnero. Abraham es bendecido y se convierte en bendición para todos los pueblos (Gn 22:1-2, 9-13, 15-18). El salmista canta, por un lado, la confianza del que se siente abrumado y recurre a Dios y, por otro, la fidelidad de Dios que siente que *sus amigos* mueran y, por eso, sale en su defensa (Salmo 116).

La segunda historia es la de Dios Padre que declara abiertamente: *Este es mi Hijo amado, escúchenlo* (Mc 2:2-10). Pero oímos estas palabras después de que Jesús hubiera anunciado su pasión. Jesús es *el Hijo amado*, pero un Hijo que va a ser entregado *en manos de pecadores.*

Pablo nos explica el misterio: Abraham no tuvo que sacrificar a su hijo Isaac, pero Dios Padre nos ama tanto que *no nos escatimó a su Hijo, sino que lo entregó por todos nosotros.* Al entregarnos a su Hijo, somos tan bendecidos que no tenemos que temer a nada ni a nadie (Rm 8:31-34).

Al final suena la palabra *resurrección*. Pues así como Isaac fue rescatado, también Jesús lo será, porque estamos ante el Dios de la vida que siente mucho la muerte de *sus amigos*.

2) Fiesta de la Transfiguración (6 de agosto)

Daniel tiene una visión del trono celestial donde el Anciano aparece vestido de *blanco como la nieve* y un *Hijo de Hombre* recibe *la soberanía, la gloria y el reino* (Dn 7:9-10, 13-14). El salmista aclama al Rey del universo e invita al mundo entero a unirse a su canto de alabanza (Salmo 97).

Jesús pertenece al mundo glorioso del Anciano, pues resplandece como él (Mc 9:2-10). Pedro da testimonio de que oyó la voz celestial que le dijo a Jesús: *Tú eres mi Hijo Amado*. Este es el Jesús que Pedro proclama a la primera comunidad cristiana: el que ha de venir con toda la gloria y lleno de poder (1 Pedro 1:16-19).

D) La Palabra Leída

Los lectores también descubrimos la dinámica pascual. Después del anuncio de la pasión, viene el anuncio de la resurrección. A la gloria se llega por la cruz. Para resucitar hay que morir primero. La muerte no es un punto final de llegada, sino un paso. Toda la vida no es mas que un continuo morir y resucitar, para prepararnos a la muerte definitiva y a la resurrección definitiva.

Mc 9:9-13 Bajada del Monte de la Gloria

A) El Texto

De bajada, Jesús manda severamente a los discípulos que no digan nada de lo ocurrido hasta después de su resurrección, cuando tengan una verdadera idea de quién es Jesús y cual ha sido su misión. En cierta manera Jesús corrige el mandato que les había dado de no hablar, ni siquiera de él, cuando hizo el primer anuncio de su pasión. Después de la experiencia de la transfiguración, pueden hablar, pero limitadamente, porque no tendrán la imagen completa hasta que suceda la muerte y resurrección de Jesús. Los discípulos obedecen, pero discuten entre ellos: ¿Qué podría significar eso de que el Hijo del Hombre iba a resucitar de entre los muertos? Si no entendieron el anuncio de la muerte, mucho menos pueden entender el de la resurrección.

Seguramente los discípulos compartían la manera de pensar de los fariseos de que habría una resurrección general de los muertos al final de los tiempos. Pero Jesús hablaba de la resurrección de un individuo, nada menos que del Hijo del Hombre, antes del tiempo asignado. Entonces ¿qué pasaba con Elías, que se suponía que iba a venir a preparar al pueblo antes de la venida del Señor a inaugurar los últimos tiempos? Más aún, si Elías ya había aparecido en la montaña de la transfiguración ¿para qué guardar el secreto hasta después de la resurrección del Hijo del Hombre?

Jesús responde: La Sagrada Escritura se tiene que cumplir. *El Hijo del Hombre tiene que padecer mucho y ser despreciado.* Por otra parte, Elías ya ha llegado en la persona de Juan Bautista, porque él, como Elías, *preparó* al pueblo, que acudió al desierto confesando los pecados. Recordando el martirio de Juan Bautista, Jesús añade: *hicieron con él lo que quisieron como estaba escrito.* Pero Elías no murió mártir. Tal vez Marcos quiere decir que Herodías, la mujer de Herodes, consiguió hacer lo que la reina Jezebel quiso hacer con Elías, pero no pudo (1 Reyes 19:2-3).

La transfiguración mira hacia atrás al bautismo cuando Jesús es declarado *Hijo Amado* y mira hacia adelante a la resurrección. El título Hijo del Hombre tiene dos caras, una sufriente y otra gloriosa. Jesús ha dicho que ya ha empezado la etapa del sufrimiento y desprecio, pero después vendrá la etapa de la gloria. Por eso no ha llegado todavía el momento de desvelar su identidad. Hay que esperar a la cruz y a la resurrección, para entender a Jesús.

Los discípulos no parecen estar abiertos a una resurrección del Hijo del Hombre antes de la resurrección general al final de los tiempos. Más aún, se colocan de parte de los maestros de la ley repitiendo las objeciones que levantaban contra Jesús. Siguen con Jesús, pero como voceros de los maestros de la ley.

Al recordar las palabras de Jesús, Marcos tal vez esté resolviendo una discusión de los rabinos con los primeros cristianos. Es muy posible que los judíos tradicionales dijeran que Jesús no podía ser el Mesías porque Elías, el que iba a preparar al pueblo, no había llegado todavía. En la Sagrada Escritura, Elías prepara *la venida del Señor*, no la venida del Mesías; pero en tiempos de Jesús se suponía que Elías prepararía la venida del Mesías. La respuesta de Marcos es que Elías ya ha venido en la persona de Juan Bautista y ha aparecido en el monte de la transfiguración.

B) La Palabra Recibida

Marcos da el nombre de Elías a Juan Bautista porque desarrolla un ministerio parecido, que consiste en *restaurar todas las cosas*. Es decir, poner todo en el orden querido por Dios desde el principio. El corazón del Padre se vuelve hacia el Hijo y en el Hijo acoge a los pecadores.

C) La Palabra Proclamada: Segundo Domingo de Cuaresma (ver la sección anterior).

D) La Palabra Leída

No perdamos de vista que a Jesús sólo se le entiende desde la cruz y desde la resurrección. Si se quita la cruz, entonces se pierde el reconocimiento de Jesús como Hijo de Dios y si se quita la resurrección Jesús no sería mas que un héroe fracasado. El designio de Dios (la Sagrada Escritura en general) exige los dos momentos: sufrimiento y gloria. Ni derrotados ni triunfalistas, simplemente seguidores. Eso es lo que aprendemos en la escuela del caminante.

Mc 9:14-29 La Curación de un Paralítico

A) El Texto

¿Qué han hecho los discípulos que se quedaron abajo mientras Jesús y el grupo de los escogidos estaban en el monte de la transfiguración? ¿han sido capaces de hacer algo sin Jesús?

Jesús con Pedro, Santiago y Juan se reúnen de nuevo con los otros discípulos y la gente. Los encuentran enzarzados en una discusión con los maestros de la ley. Sin Jesús, los discípulos se colocan al mismo nivel de los escribas y fariseos. Cuando ven a Jesús se entusiasman y salen a su encuentro.

¿De qué discutían? No se dice, pero Marcos repite cuatro veces la frase *poder hacer obras grandes*. El caso que le presentan a Jesús es el de una curación que los discípulos no han podido hacer cuando Jesús estaba ausente. Es posible que los maestros de la ley estén cuestionando su *autoridad*, ya que se supone que Jesús les había dado *autoridad* para expulsar demonios y hacer curaciones.

Un padre le presenta a Jesús el caso de su hijo. El muchacho tiene *un espíritu mudo* que no le deja hablar. El padre describe los síntomas: *lo tira y le sale espuma por la boca y le rechinan los dientes y se queda tieso*. El padre trajo al muchacho a los discípulos y no fueron lo suficientemente *fuertes* para expulsar al demonio.

Jesús no regaña a los discípulos, sino que arremete contra *esta generación incrédula*. Se lamenta diciendo: *¿Hasta cuando tendré que estar con ustedes? ¿Hasta cuándo los tendré que aguantar?*

Le traen al muchacho. *Inmediatamente* el demonio reacciona sacudiendo al muchacho y tirándolo por tierra, mientras echaba espuma por la boca. El caso es más grave de lo que parece, pues, como dice el padre, muchas veces el demonio lo ha tirado al fuego para que se quemara y al agua para que ahogara. Todo esto le ha pasado desde niño. Por tanto, el padre desesperado, se pone a gritar y le ruega a Jesús: *Si puedes, ayúdanos*, ten compasión de nosotros. *Jesús le dijo: ¿Que es eso de 'si puedes'? Todo es posible para el que cree.* Cuando todavía estaba hablando Jesús con el padre del joven, se le echa encima la multitud. Entonces Jesús le dice al *espíritu sordo y mudo*: *Yo te mando que salgas de él y nunca más vuelvas a entrar en él.* El demonio da gritos y provoca revolcones, pero no puede resistir la autoridad del *más fuerte*. El joven se queda como muerto. Jesús lo levanta y el muchacho se pone en pie.

Entonces, *en casa* y *en privado* los discípulos le piden explicaciones a Jesús: *¿Por qué nosotros no pudimos expulsarlo?* Jesús responde: *Esta clase de demonios nada puede expulsarlos mas que la oración.*

Jesús ha sido declarado *Hijo Amado*, a quien hay que *escuchar*. Jesús habla con palabras y con obras. De nuevo se muestra como el *más fuerte* al que no se le pueden resistir los demonios, incluso en este caso en el que el demonio está bien asentado en un joven desde la niñez y que lo empuja con violencia a cometer actos que lo ponen cerca de la muerte.

Jesús hace, lo que los discípulos no pueden hacer, a pesar de haber recibido *autoridad*. Hay casos que requieren algo más que *autoridad*: oración.

La comunidad cristiana sabe que sin Jesús se vuelve impotente. Pero para que la actividad de Jesús se haga patente, hace falta fe. El tema de la fe une la historia de la madre y la hija en territorio pagano con el del padre e hijo en territorio israelita. La comunidad se siente rodeada por esta *generación incrédula*, por eso, como el padre del joven, pide que Jesús muestre su misericordia y aumente su fe. Ya que *todo es posible para el que cree.*

B) La Palabra Recibida

Cuando el diablo se siente amenazado, entonces se ensaña con más furor con aquel a quien posee. De ahí que el espíritu inmundo sacudiera con más violencia al joven en que habitaba. Las convulsiones ponen de manifiesto que Jesús, como juez supremo, ha sentenciado el castigo del demonio y la liberación del joven cautivo.

Por tanto hay que esperar mayores tentaciones cuando el demonio siente que va a ser expulsado, pues antes poseía tranquilamente a la persona, mientras que, al verse amenazado, reacciona con violencia. Es decir, hay que esperar tentaciones más fuertes, cuando uno deja que Jesús entre en su vida.

El padre del joven muestra poca fe. Pero es una fe emergente, en sus comienzos, por eso le pide al Señor: Aumenta mi fe. Para orar hace falta tener fe, pero para que la fe crezca, hay que orar.

C) La Palabra Proclamada (se utiliza sólo en la lectura continua del Evangelio)

D) La Palabra Leída

Nosotros también le pedimos a Jesús que nos ayude a eliminar la incredulidad. El padre del joven empezó llamando a Jesús *maestro*. Pero no es suficiente. Hay que dar el paso de fe y ver a Jesús como *el Señor*.

¿QUÉ ACTITUDES DEBE DESARROLLAR EL DISCÍPULO? (Mc 9:30-50)

Jesús había empezado su peregrinación muy arriba, en Cesárea de Filipo, después había subido al monte de la Transfiguración y ahora se encuentra en Galilea, pero de paso hacia Jerusalén. Lo hace *sin que nadie lo supiera* porque quiere dedicarse exclusivamente a los discípulos. Un segundo anuncio de la pasión es seguido de una larga enseñanza a los discípulos.

Mc 9:30-32 Segundo Anuncio de la Pasión

A) El Texto

De camino, Jesús les vuelve al tema de la pasión. *El Hijo del Hombre es entregado en manos de los hombres.* En la Biblia Hebrea aparece frecuentemente cómo Dios entrega en manos de enemigos. Dios entregará a su elegido al poder brutal de los hombres. Jesús acepta ser *el entregado.* Los discípulos ni entienden ni se atreven a preguntar.

B) El Texto Recibido

Los Padres de la Iglesia se preguntan: ¿Por qué los discípulos se entristecen? Ya habían oído el primer anuncio de la pasión y la explicación de Jesús; habían visto a Jesús glorioso con Moisés y Elías; después habían presenciado la curación del endemoniado. Todo esto no es suficiente para aumentar su fe, porque todavía perdura en sus corazones y en sus mentes una imagen del Mesías guerrero. No pueden entender que la muerte de Jesús sería fuente de bendiciones ni entra en su manera de pensar la posibilidad de *un resucitado.*

C) El Texto Proclamado: Vigésimo Quinto Domingo del Tiempo Ordinario

El maestro de sabiduría nos hace escuchar lo que planean los malvados en su consejo, pues se sienten descubiertos y les molesta el justo, ya que su sola presencia es una denuncia de su manera de pensar y de actuar. Primero, le van a tender una trampa y después lo van a someter a una prueba para ver hasta donde llega su fe en Dios y hasta qué punto Dios va a aguantar el verlo sufrir. Por tanto va a ser una prueba hasta la muerte y una muerte ignominiosa (Sab 2:12,17-20). Al justo no le queda más recurso que acudir a Dios (Salmo 54). Así se siente Jesús, porque sabe que va a ser entregado *en manos de hombres* que le darán muerte. Los discípulos no se atreven a pedirle explicaciones. Sus pensamientos giran alrededor de grandezas (Mc 9:30-37).

D) El Texto Leído

Vemos las cosas desde abajo, por eso se nos hace difícil entender que Dios *entregue*; sobre todo, que Dios entrega en manos de los enemigos. Es duro de aceptar que todo lo que pasa, sucede con permiso de Dios y de que alguna manera está al servicio del designio de Dios, que de *lo malo* saca *algo bueno*. Pero, así es cómo Dios mueve la historia.

Mc 9:33-50 Enseñanza sobre el Discipulado

A) El Texto

El primer anuncio de la pasión fue seguido de un mal entendido por parte de los discípulos, que Jesús aclara con una enseñanza sobre el discipulado. De la misma manera el segundo anuncio es seguido de un mal entendido y de una enseñanza.

Marcos ha juntado una serie de escenas y de dichos apoyado en la repetición de palabras que se enlazan una con otra como si fuera una cadena.

Por el camino hacia Cafarnaún los discípulos habían ido discutiendo. Una vez que llegan a *la casa* (¿la de Pedro?) Jesús les pregunta cuál era el tema de su discusión. Se quedan callados, porque habían discutido *acerca de quién era más importante*. Jesús se sienta como un maestro y les enseña: *Si alguien quiere ser primero, será el último y servidor de todos*. Entonces pone a un niño en medio, para que se fijen bien en él, lo abraza en señal de aceptación y les dice: *El que recibe a uno de tales niños en mi nombre, a mí me recibe; y el que me recibe a mí, no sólo me recibe a mí, sino al que me ha enviado*. Un niño en la cultura judía era un sujeto irrelevante, una persona que no se había desarrollado y, por tanto, un individuo a merced de los demás. Jesús lo coloca en el centro de atención de aquellos que se habían pasado la tarde discutiendo sobre quién era el más importante. Para Jesús el rango no define a la persona, tampoco ha de ser para los discípulos. Y la única razón por la que deben acoger a las personas que significan poco en la sociedad es *por mi nombre*, es decir, porque los discípulos han de seguir las enseñanzas y el ejemplo de Jesús.

De acuerdo a la cultura judía, el enviado está en lugar del que envía. Entonces, se establece una cadena: el niño pasa a ser un enviado de Jesús, como Jesús es enviado del Padre. Es como subir una escalera: lo que se hace con el niño, se está haciendo a Jesús, se está haciendo al Padre.

La frase *en mi nombre* introduce otra escena. Habla el discípulo Juan, la única vez que lo hace en el Evangelio de Marcos. Llama a Jesús *Maestro*, es decir, habla como uno de los de *afuera*. Juan presenta el caso de alguien que expulsa demonios *en nombre* de Jesús - invocando la autoridad y el poder de Jesús, como hacen los apóstoles en el libro de los Hechos (3:6; 9:34; 16:18) y también otras personas extrañas (19:13-17). *Nosotros se lo impedimos*. La razón es que no son de los *nuestros* (no pertenecen al grupo de los discípulos). Juan presupone que los discípulos forman un grupo cerrado: *no nos seguía a nosotros*. (¿seguir a quién? ¿no son ellos seguidores de Jesús?). Jesús le cita un refrán: *El que no está contra nosotros, está con nosotros*. Más aún quien les haga un favor *porque son ustedes del Mesías* no se quedará sin recompensa.

A la mención de recompensa, sigue una fuerte amenaza contra los que escandalicen *a los pequeños que creen*. Merecen que les pongan al cuello una piedra de molino, la piedra grande que mueven los burros, y los tiren al mar, para que ni siquiera reciban la sepultura que merece cualquier persona. Job confiesa que no ha puesto sus ojos en ninguna joven (31:1), ni sus pies en busca de fraudes (31:5), ni sus manos en cosa sucia (31:7). De una manera más dramática Jesús habla de cortar manos y pies y sacar ojos cuando se convierten en instrumentos de *escándalo*, es decir en obstáculo para vivir de acuerdo al Reino de Dios. Entonces cita Is 66:24, que dice que la condena es para siempre.

Jesús concluye diciendo *todo será salado con fuego* que tal vez quiera decir que los discípulos han de pasar por muchas pruebas y sufrimientos, ya que el fuego purifica a los buenos y destruye a los malos.

La mención de la sal da paso a otro dicho: toda la vida del cristiano ha de estar sazonada con la sal de la Palabra de Dios, para que así vivan en paz unos con otros, porque todo lo que ha querido corregir Jesús amenaza esa vida en paz: el afán de grandeza, el desprecio de los débiles, los escándalos a los pequeños y el uso de los sentidos para conseguir los propios intereses.

Jesús vuelve a insistir que él es un Mesías sufriente, de acuerdo al designio divino. Los que quieran ponerse *detrás* de él han de tener una serie de actitudes que va en contra de lo que desea la gente. Hay que aprender a ser servidores, a apreciar a los débiles, a evitar ser un obstáculo para otros y a vivir rectamente de acuerdo al Reino de Dios.

Pero el apóstol Juan, tal vez reflejando el sentir de los demás discípulos, llama a Jesús *Maestro* como aquellos que ven a Jesús sólo *por fuera*, a pesar que Jesús les ha revelado *el misterio del Reino de Dios*. Están con Jesús y quieren tener *la exclusiva* de la autoridad de Jesús; quieren comportarse como un grupo privilegiado que ostenta un poder superior a los demás. No han entendido que seguir a Jesús significa servir, prestando atención a los más pequeños.

En la primera comunidad cristiana también se da el fenómeno de los que se creen *fuertes* y desprecian a *los débiles*. Es difícil entender la dinámica de la cruz, que significa el *desnudarse* de toda prerrogativa, como lo hizo Jesús, para ver la vida desde el punto de vista de los débiles.

B) La Palabra Recibida

Los discípulos discutían sobre quién era el más importante. Los árboles comienzan por echar buenas raíces, hundiéndose en la tierra, es decir, por humildad. Después crecen desarrollando las ramas y las hojas. Quien no empieza por las raíces, no puede esperar mas que el derrumbe, cuando el árbol entero caiga a la tierra. Así también el que no empieza por la humildad, espere pronto la caída. En la comunidad cristiana, todos hemos de practicar la humildad, pues estamos subordinados, primero, al Señor y, después, unos a otros.

Cuando alguien entre en tu casa, recíbelo con oración, especialmente si es una persona extraña, porque tal vez sea un enviado de Dios.

Esa persona a la que quieren hacer callar los discípulos se parece a los catecúmenos que acogen a los cristianos, por el hecho de ser cristianos. Pero su bondad no es suficiente para que crean que ya pueden hablar en nombre de Jesús. Primero tienen que recibir el sacramento del bautismo. Aunque hay que reconocer que estos catecúmenos sirven mejor que muchos bautizados, que reciben frecuentemente los sacramentos.

Hay *algo católico* fuera de la Iglesia Católica. Pues así como algunos católicos solo *pretenden* ser católicos, porque lo son de palabra y no de obra, de la misma manera hay personas, que no se reconocen como católicos, pero viven como tales.

Jesús no nos pide que cortemos nuestros miembros, sino los incentivos que provocan esas acciones. Lo que nos causa pecar, eso es lo que hay que cortar.

Las amenazas de Jesús son tremendas. No son simples imágenes para asustar. Son Palabra de Dios. El predicador no puede encogerse a la hora de su sermón, sino que las debe proclamar con la misma valentía que lo hizo Jesús. Así también el predicador que se empeña en hablar a lo sabio, tema mucho, no sea que perturbe con su palabra la unión de sus oyentes, pues la sal representa la sabiduría.

Quien más sabe ha de tener cuidado de no faltar más gravemente, despreciando a los demás. Los virtuosos han de tener cuidado de no volverse *desabridos* rompiendo la concordia con los demás. Sal sin paz no es don de virtud, sino argumento de condenación.

C) La Palabra Proclamada: Vigésimo Sexto Domingo del Tiempo Ordinario

El Espíritu de Dios no está limitado por las instituciones humanas. Así lo reconoce Moisés, cuando dos líderes del pueblo no están presentes en la reunión de *ancianos* y reciben también *el espíritu de Dios* cuyo signo es *profetizar*. Moisés no quiere controlar al Espíritu de Dios. Al revés, el Espíritu de Dios lo controla a él y, por eso, sueña en un día en que no sólo los líderes sino todo el pueblo tenga *el espíritu de Dios* (Nm 11:25-29). El salmista quiere ser uno de ésos que viven de acuerdo al *espíritu de Dios* y se goza en vivir de acuerdo a los mandamientos de Dios, aunque reconoce que se queda corto, por eso pide ayuda a Dios (Salmo 19).

Los discípulos de Jesús estaban tentados de querer controlar *el espíritu de Dios*. Jesús los corrige. El Espíritu mueve a quien quiere. Hay que estar abierto a todo el que actúa de acuerdo al Reino de Dios, aunque no sea de *los nuestros* (Mc 9:38-43, 45, 47-48).

D) La Palabra Leída

Oímos con frecuencia el llamado a tomar una *opción por los pobres*, en lugar de apoyar a sistemas que favorecen a los más poderosos. También tenemos que estar atentos a no convertirnos en *obstáculos* para que otros puedan creer en Jesús. Las amenazas de Jesús son terribles.

¿CÓMO HA DE SER LA COMUNIDAD DE LOS DISCÍPULOS? (Mc 10:1-31)

Jesús va a Jerusalén, pero no sigue el camino más recto, sino que entra en Judea y pasa al territorio que está al otro lado del río Jordán. Es una vuelta larga, que Jesús aprovecha para seguir explicando a los discípulos (y a nosotros) el comportamiento que espera en su comunidad. Son temas de mucho interés para las primeras comunidades cristianas (y para nosotros).

Mc 10:1-12 Hombres y Mujeres

A) El Texto

Estamos en campo abierto, donde la gente acude de todas partes al enterarse que Jesús ha llegado a su territorio. Aparecen los fariseos haciendo preguntas, pero no con la intención de aprender, sino de *tentarlo*, de ponerle una trampa. En concreto preguntan *si es lícito al marido divorciarse de su mujer*.

El divorcio era una práctica aceptada tanto en la cultura judía como en la romana. En la cultura judía sólo el hombre podía iniciar el proceso de divorcio, pero en la cultura romana, que es la que se refleja en el Evangelio de Marcos, tanto el hombre como la mujer podían iniciar el proceso de divorcio.

La práctica del divorcio ya había sido cuestionada por los profetas (Mal 2:14-16). Los fariseos, que eran fieles observantes tanto de las leyes de Moisés como de las enseñanzas de los profetas, estaban al tanto de todo ello. Pero, como su intención era la de poner una trampa, siguen con la discusión.

La institución del divorcio estaba regulada por Dt 24:1-4. Lo que no quedaba claro era determinar qué razón era suficiente para pedir el divorcio. Jesús no está interesado en tratar el alcance de la ley dada por Moisés, sino en el motivo que le impulsó a dar tal ley: *la dureza de sus corazones*. Jesús no entra en una discusión sobre las razones válidas para un divorcio, sino que quiere establecer claramente la intención de Dios al crear el mundo, cuando todo había salido *bueno* de sus manos. Una cosa es lo que los hombres *conceden* y otra la disposición divina. Por eso Jesús cita el libro del Génesis: *Desde el principio de la creación, Dios los hizo hombre y mujer* (Gn 1:27) y *Por eso dejará el hombre a su padre y a su madre y se apegará a su mujer y serán los dos una sola carne. Por eso ya no son dos, sino una sola carne* (Gn 2:24). Una cosa es lo que Dios manda y otra lo que los hombres disponen, aunque lo hagan en nombre de Dios como Moisés. *Por tanto lo que Dios conyugó, que no lo separe el hombre.*

La enseñanza sobre el matrimonio es para todos. *En privado* Jesús responde a las preguntas de los discípulos, reafirmando el principio central que ha enseñado a todos. No hay excepciones. Más aún, Jesús aplica el principio no sólo al divorcio, sino también al casarse de nuevo, porque Jesús juzga el matrimonio desde el sexto mandamiento: No cometerás adulterio.

Jesús se contrapone a Moisés. No porque no acepte lo que hizo Moisés, sino porque Jesús quiere poner las cosas como Dios las quiso *desde el principio* y, por tanto, válido para siempre. Más aún, Jesús no se enzarza en discusiones legales con los fariseos, que no vuelven a ser mencionados después de hacer la pregunta, sino que ve las relaciones entre hombre y mujer desde el sexto mandamiento.

Los discípulos oyen lo que Jesús enseña para todos en público, pero después reciben instrucciones más específicas *en casa*, es decir, en privado. Su conducta tiene que ser mejor que la de los fariseos, que traicionan la voluntad de Dios creando normas humanas (ya se lo había dicho Jesús antes, cuando los llamó *hipócritas*, 7:6).

Parece que Marcos tiene en mente a cristianos que se mueven en el mundo de la cultura romana, donde tanto el hombre como la mujer podían iniciar un proceso de divorcio. Pero ya se comporten como judíos o como romanos, hay que recobrar la voluntad de Dios establecida al *principio de la creación*, es decir, cuando Dios dijo cómo debían de ser las relaciones entre hombres y mujeres.

B) La Palabra Recibida

Dos creyentes comparten una esperanza, un deseo, una disciplina y un servicio, unidos bajo un mismo yugo. Son familia en carne y en espíritu. Se hacen servidores mutuos sin discrepancias de intereses. Juntos oran, juntos adoran, juntos ayunan. Se enseñan mutuamente, se apoyan mutuamente, se atienden mutuamente. Se presentan iguales ante el Señor; iguales son perseguidos; iguales son consolados.

Si la unión del hombre con la mujer en matrimonio es profunda, mucho más es la Palabra de Dios en el alma del creyente, la persona de fe con Dios y la Iglesia con Cristo. La muerte separa a marido y mujer, pero en el caso de Cristo es al revés, la muerte une más íntimamente a Cristo con su Iglesia. Si la unión viene de Dios, el divorcio viene del demonio.

C) La Palabra Proclamada: Vigésimo Séptimo Domingo del Tiempo Ordinario

El matrimonio fue instituido por Dios desde el principio de la creación, por tanto es básico y fundacional; pertenece al designio divino válido para toda la historia de la humanidad (Gn 2:18-24). El salmista canta la felicidad de un hogar bien fundado por personas que *temen al Señor*, es decir, que respetan su designio. Allí hay plenitud de vida (Salmo 128).

Jesús defiende la intención de Dios al crear el matrimonio de un hombre con una mujer en una unión que nadie puede romper. Lo hace frente a las muchas excepciones y manipulaciones humanas, que Moisés permitió *por la dureza de su corazón*. Los fariseos no son capaces de entender la voluntad de Dios ni, por tanto, la dinámica del Reino de Dios, pues no tienen un corazón bien dispuesto, como lo tiene un niño (Mc 10:2-12).

D) La Palabra Leída

Los lectores también nos tendremos que preguntar si nuestros corazones andan *endurecidos* porque ponemos normas a nuestro gusto, para no hacer caso de las disposiciones de Dios, que ha establecido el matrimonio de un solo hombre con una sola mujer. Jesús no pretende establecer una legislación nueva, sino recobrar la intención de Dios, por eso mira al matrimonio desde el sexto mandamiento. Los mandamientos explican la alianza.

Mc 10:13-16 Mayores y Pequeños

A) Texto

Los fariseos se acercan a Jesús con malas intenciones, para *tentarlo*. Los niños, al contrario, no pueden ni siquiera acercarse. Los tienen que llevar. No tienen títulos ni nada que ofrecer. En la cultura judía, eran personas por hacer, ignorantes de la Ley y, por tanto, no podían hacer nada que tuviera mérito. Eran simplemente un estorbo entre los mayores.

Los discípulos se quieren deshacer de los pequeños, pues molestan en el mundo de los adultos. Por eso los *regañan* (como Pedro a Jesús, 8:32). Los discípulos están *con* Jesús, son instruidos pacientemente por Jesús, pero piensan como la gente. Jesús se *enoja* con los discípulos, porque para Jesús los niños son auténticos modelos de lo que significa ser discípulo y de los que entran en el Reino de Dios.

Es posible que las primeras comunidades cristianas discutieran sobre la conveniencia de bautizar a los niños. Si es así, entonces el recuerdo de Jesús abrazando a los niños les daba una clave.

B) La Palabra Recibida

La cuestión del bautismo de niños se siguió discutiendo en los primeros siglos de la Iglesia. Los Padres de la Iglesia se inclinan a su favor, ya que si a todo pecador hay que darle la oportunidad del perdón, mucho más a los niños que sólo tienen el *pecado de Adán* (pecado original).

C) La Palabra Celebrada: Vigésimo Séptimo Domingo del Tiempo Ordinario (ver la sección anterior)

D) La Palabra Leída

Los lectores nos preguntamos también si no estaremos pensando, como los discípulos, en términos culturales y no desde el punto de vista de fe. Tal vez prestamos más atención a las personas relevantes, que a la gente sencilla. Tal vez las personas que no figuran entre los principales sean precisamente el mejor modelo de un discípulo de Jesús.

Mc 10:17-31 Ricos y Pobres

A) El Texto

Marcos ha construido, como acostumbra, una escena donde una enseñanza se intercala en medio de dos narraciones:

- un rico desea entrar en el reino, pero no está dispuesto a desprenderse de las riquezas;
- una enseñanza de Jesús sobre las riquezas;
- los discípulos que *lo han dejado todo* por ingresar en la escuela del caminante, preguntan acerca de su futuro.

Jesús y sus discípulos van de camino, cuando de pronto viene uno corriendo, se postra ante Jesús y le pregunta: *Maestro bueno ¿Qué haré para que herede la vida eterna?* Los peregrinos antes de entrar en el Templo preguntaban: ¿Qué tengo que hacer para presentarme ante el Señor? (Salmos 15 y 24). Esta persona pregunta qué tiene que hacer para entrar en el Reino de Dios.

Este individuo se ha acercado a Jesús con un título glorioso: *Maestro bueno.* Pero Jesús no quiere nada para sí mismo; depende totalmente de Dios. Aquí se nos da ya una pista de lo que va a ser la actitud de Jesús: todo es posible con la ayuda de Dios.

Jesús responde a este individuo, como lo haría cualquier maestro de la Ley: Cumple los Diez Mandamientos. El hombre se siente orgulloso de su actitud: Los ha guardado desde su niñez. Entonces Jesús lo mira con cariño y le dice: Te has quedado corto. *Vete* (sal de la vida en que estás situado), vende lo que tienes, dáselo a los pobres, entonces tendrás un tesoro en los cielos (toda limosna, de acuerdo a la religiosidad judía, tiene recompensa divina). Luego, *ven* y sígueme (incorpórate a la escuela del caminante). Entre el cumplimiento de la Ley y el seguimiento del Reino hay una brecha (*algo te falta*). Ser discípulo de Jesús es compartir la vida de Jesús, el pobre. Pero esta persona *tenía muchos bienes*. Las palabras de Jesús lo entristecen y se aleja lamentándose.

Una vez que Jesús está solo con sus discípulos, explica su respuesta: Difícilmente entrará en el Reino de Dios una persona rica. Los discípulos se quedan sorprendidos, porque los judíos pensaban que las riquezas eran bendiciones divinas como recompensa por guardar la Ley. Para Jesús la riqueza es un obstáculo para entrar en el Reino de Dios, tan grande que es más fácil al animal mayor, un camello, entrar por el agujero más pequeño, el de una aguja, que al rico entrar en el Reino de Dios.

Los discípulos se asombran todavía más: Entonces, si los ricos, que lo tienen todo, no lo consiguen, *¿quién puede salvarse?* La pregunta se puede leer en dos sentidos: De cara al presente ¿quién puede salir adelante en este mundo sin dinero? Entonces la respuesta es que nada hay imposible para Dios, que se las arregla para proteger a los que han renunciado a las riquezas. También se puede entender la pregunta de cara al futuro ¿quién podrá entrar en el Reino de Dios cuando andamos tan apegados a las cosas de este mundo? De nuevo, con la ayuda de Dios todo es posible. Por tanto, el secreto está en apoyarse en Dios.

Pedro, entonces, le dice a Jesús: *Nosotros lo hemos dejado todo y te hemos seguido*. Los discípulos ya *dejaron atrás* familias y posesiones. Familia y riqueza son los dos puntos de apoyo que hacen que una persona se sienta segura. El que sigue a Jesús pasa del *uno* del que se desprende al *ciento* que adquiere al incorporarse a una nueva familia en esta vida y, después, la vida eterna en los nuevos tiempos.

Marcos añade un par de notas peculiares: Entre las cosas a que el discípulo estará expuesto en este mundo, se encuentran las persecuciones. El sufrimiento es parte del programa del seguimiento de Jesús. La segunda nota es que todo se deja por

Jesús y el evangelio, para estar en posición de proclamar la buena noticia.

Los que la gente considera *primeros* en esta época, serán *últimos* en la nueva época que inaugura Jesús. Y, al revés, los que ahora aparecen como *últimos* serán *primeros* en los nuevos tiempos.

Jesús acepta ser llamado *maestro* por un extraño que se le acerca por el camino. Pero no quiere ser llamado *bueno* ya que ése es un atributo propio de Dios. Jesús no quiere nada para sí mismo. Precisamente, porque proclama el Reino de Dios, Jesús es pobre, ya que confía plenamente en Dios. Esto le lleva a exigir confianza total en Dios para entrar en su Reino. Por esto el discípulo ha de estar dispuesto a distribuir sus riquezas entre los pobres para tener la actitud apropiada para entrar en el Reino de Dios.

Los discípulos todavía no piensan como Jesús, sino como la gente. De ahí que se asombren ante la enseñanza de Jesús. Cuando Jesús se lo explica con más detalle todavía se asombran más. De todas maneras, desde el primer llamado, los discípulos adoptaron la actitud apropiada: dejaron familia y oficio. Jesús lo reconoce y los afirma: ya pertenecen a una familia más numerosa, gozan de bienes más seguros y en el futuro tendrán vida eterna.

Éste es el único texto en que Marcos habla como apocalíptico, es decir, defiende que hay dos épocas, la presente y la futura. A la época presente corresponde la proclamación del evangelio y las persecuciones. A la época futura pertenece la vida eterna.

B) La Palabra Recibida

Jesús no acepta el título de *maestro bueno* para desafiar la fe del que le había hecho la pregunta, que había tratado a Jesús como si fuera otro *buen* maestro de la Ley. El Hijo no tiene una *bondad* separada del Padre. Dios no puede tener mayor o menor bondad, sino todo él es bueno por esencia; la bondad no es un aspecto particular de Dios, sino que pertenece a su ser. Por el contrario, los demás seres tienen más o menos bondad en cuento que la reciben de Dios. Para ser bueno hay que apropiarse de lo que Dios da. El que se declara cumplidor de todos los mandamientos se había sometido al poder de las riquezas. El orgullo de cumplidor ya había sido derrotado por su apego a las riquezas. Jesús es pobre y el que quiera seguirlo ha de hacerlo en pobreza. Por tanto tiene que estar dispuesto a darlo *todo* a los pobres. Pero el rico prefiere seguir su propio camino, de acuerdo a su propia sabiduría, en lugar de seguir al *maestro bueno*. El rico seguirá siendo esclavo de sus propios deseos, cargando las riquezas sobre sus propios hombros.

Las riquezas se ganan con mucho sudor y se guardan con mucho temor. Se disfrutan con mucha ansiedad y se pierden con gran dolor. Es difícil salvarse si uno las tiene e imposible si uno las ama. Que el Señor nos enseñe a administrar bien lo que tenemos. Que nadie se enorgullezca de lo que tiene, ya sea rico o pobre.

Jesús no pide que se abandonen todas las posesiones, sino de que uno no se apegue a las riquezas ni deje que el corazón siga tras el dinero. Pues el cristiano ha de tener lo suficiente para ser responsable de su propia vida y además ha de tener de sobra para ayudar a los pobres. Lo importante no es tener o no tener, sino la actitud de estar apegado o no. El pecado, no las riquezas, es lo que hace que uno no pueda entrar en el reino de los cielos.

El Salvador no excluye a los ricos de entrar en el Reino de Dios, ni declara que la posesión de propiedades sea un impedimento para la vida eterna. Pero tiene que estar dispuesto no solamente a cumplir los mandamientos de Dios, sino a mirar a Cristo que le va marcando el paso, para verse libre de las ataduras de la riqueza. No se puede tomar la cruz hasta que uno no se haya despojado de las cosas. Las riquezas que Dios quiere son fe, temor de Dios, modestia, santidad y disciplina. Deja a tus hijos no una herencia que perece y puede ser robada, sino una herencia de tesoros celestiales. Jesús no pide abandonar a la familia, pues él enseñó que había que amar incluso a los enemigos. Con mayor razón hay que amar a los que están cerca. Pero, a veces, los familiares se vuelven obstáculos para la fe o para vivir según Dios, entonces hay que dar el paso firme de preferir la familia espiritual a la carnal. Pues Dios provee de muchos padres, hermanos y hermanas.

C) La Palabra Proclamada: Vigésimo Octavo Domingo del Tiempo Ordinario

El maestro de sabiduría ha descubierto el valor de lo que lleva entre manos. Fue fruto de la oración, regalo de Dios. Todas las riquezas palidecen a su lado. Los bienes llegarán, pero como consecuencia de la sabiduría (Sab 7:7-11). El salmista también le pide al Señor que le enseñe *a ver lo que es la vida* y así adquirir *sensatez*. Si el Señor se lo concede recobrará la alegría tras *años de males* y sus obras alcanzarán a dar los frutos debidos (Salmo 90).

Se acerca a Jesús una persona devota que ha acumulado muchos méritos cumpliendo los mandamientos desde la niñez. También ha acumulado muchas riquezas. Ahora quiere saber qué tiene que hacer para *heredar la vida eterna*, es decir, para entrar en el Reino de Dios, pero no está dispuesta a deshacerse de sus riquezas. Así uno no puede seguir a Jesús, que marca el ritmo del Reino, por el que uno ha de estar dispuesto a despojarse de todo (Mc 10:17-30).

D) La Palabra Leída

Vivimos en sociedades capitalistas, donde el dinero es dios. Compramos y vendemos. Nos gustaría también *comprar* la vida eterna. A los lectores nos cuesta tener una actitud crítica sobre las riquezas. Todavía pensamos que las riquezas son *bendiciones*, mientras que Jesús nos dice que son *obstáculos*. Queremos que Dios y Mamón (dinero) hagan las paces. Tal vez no confiamos lo suficiente en Dios. Merece la pena dejarlo todo por el Reino de Dios.

¿QUÉ DEFINE AL DISCÍPULO? (Mc 10:32-52)

Estamos en la última etapa del camino hacia Jerusalén. Ha llegado el momento de penetrar en el corazón de lo que significa ser discípulo de Jesús. Es la pieza final en la educación de los discípulos en la escuela del caminante, antes de enfrentarse a los hechos.

Marcos procede como nos tiene acostumbrados. Primero un anuncio de la pasión, después una enseñanza y finalmente un hecho, que indica que hemos llegado al final de una etapa.

Mc 10:32-34 Tercer Anuncio de la Pasión

Jesús y sus discípulos van de camino. Jesús marca el paso; los discípulos le siguen. Jesús les dice claramente: Vamos a Jerusalén. Los discípulos se quedan pasmados. Jerusalén es territorio particular de Dios. Por tanto, hay que esperar que, por fin, Jesús, su Mesías, se decida a una acción definitiva y tome el mando del pueblo de Dios. Por otra parte, Jerusalén es la residencia de las autoridades religiosas, que ya han declarado claramente su oposición a Jesús.

Jesús toma aparte a los Doce (lo que da a entender que los discípulos eran muchos). Entonces Jesús *empezó a decirles lo que le iba a pasar.*

El Hijo del Hombre va a ser entregado a los jefes de los sacerdotes y a los maestros de la ley. Es el tercer anuncio. Por tanto, el definitivo. Es el más largo de los tres, el que da más detalles.

Quien entrega es Dios mismo, porque todo sucede de acuerdo al designio divino. Todo en pasiva. Jesús se va a dejar entregar, ultrajar y matar. *Ellos lo condenarán a muerte.* El designio divino no quita la responsabilidad personal de los que hacen planes para eliminar a Jesús.

Lo entregarán a los gentiles. Este es un dato nuevo en relación a los otros anuncios de la pasión. Los que entregan son judíos, pero los ejecutores serán gentiles (romanos). Después Jesús describe el proceso de la pasión: burlas, salivazos, golpes y muerte. Pero resucitará al tercer día.

Mc 10:35-45 Enseñanza sobre el Servidor

A) El Texto

Como en las dos ocasiones anteriores, al anuncio de la pasión le sigue un mal entendido por parte de los discípulos, que Jesús aprovecha para explicarles en qué consiste su seguimiento.

Los discípulos oyen la palabra *Jerusalén* y se imaginan que Jesús va a inaugurar su Reino, como si fuera un golpe de estado. Ahora son los hermanos Santiago y Juan, *los hijos del trueno* (3:17; ¿dados a la violencia?), los que levantan la pregunta. Así se unen a Pedro, que había reaccionado al primer anuncio. Los tres pertenecen al grupo de *discípulos privilegiados*, que están con Jesús en momentos especiales, como la transfiguración. Santiago y Juan quieren estar seguros de que van a tener un buen puesto en el banquete del Mesías. Están pensando ya en *la gloria* y quieren ocupar un lugar preferente.

Jesús les dice: *No saben lo que piden.* A la petición de *tronos*, Jesús responde con un par de imágenes: la copa de la ira que atonta al enemigo y el bautismo por el que uno participa en el mismo destino en quien se bautiza. ¿Están dispuestos a pasar las pruebas por las que yo voy a pasar? Los discípulos manifiestan su intención de ir hasta el final: Podemos. Si la gloria lo requiere, ellos están dispuestos a sufrir las consecuencias. Jesús les hace notar que él no decide lo que ha de pasar en el banquete del Mesías, porque él es el Hijo y el que asigna los puestos es el Padre. Jesús no busca su gloria, sino la del Padre.

Al malentendido sigue una enseñanza. La ocasión la provocan los mismos discípulos. Al oír la respuesta de Jesús a los hijos del Zebedeo, los otros diez discípulos se enojan con ellos. No porque no compartan sus ideas, sino porque se quedaban fuera del plan.

Jesús los llama para que se pongan a la escucha. Es bien conocido lo que hacen los jefes de las naciones y los grandes de este mundo; se imponen por la fuerza sobre los súbditos para que la gente sienta su poder y los tiranizan. *No debe ser así entre ustedes, sino que el quiera ser importante entre ustedes, sea su servidor. Y el que quiera ser primero entre ustedes, sea esclavo de todos.*

La sociedad romana se basaba en un sistema de pirámides. El emperador tenía todos los poderes y según iba bajando la escala social, delegaba poderes, de tal manera que a los de abajo no les quedaba ninguno; eran los servidores y los esclavos. Jesús le da la vuelta. Los importantes son los que sirven, empezando por el Hijo del Hombre, que no vino a ser servido sino a servir, dando su vida por la redención de todos.

Jesús *va por delante*. Revela su identidad como Hijo del Hombre, pero desde dentro. Ha venido a servir y parte de su servicio es morir para liberarnos de los poderes opresivos y hacernos servidores. Ha puesto patas arriba el sistema de los poderosos que tiranizan a los de abajo.

Los discípulos siguen llamando a Jesús *Maestro*. Ven a Jesús desde *afuera*. Todavía piensan en términos de grandeza y de gloria. Pero *van detrás de Jesús*, el que *ha venido a servir y no a ser servido.* ¿Serán los discípulos capaces de volverse *servidores y esclavos?* De momento, no saben lo que piden; están *sorprendidos y atemorizados.* Pero han aprendido que ser discípulo significa estar dispuesto a asumir el destino de Jesús, que va a morir en fidelidad al Padre. Los discípulos tienen la misma vocación de Jesús.

El vocabulario del *servidor* (diácono) va a pasar con fuerza a las comunidades cristianas. Pablo se presenta como *esclavo* y *servidor* y pide a los cristianos que se hagan *esclavos* y *servidores* unos de otros.

B) La Palabra Recibida

Los hijos del Zebedeo se sentían discípulos privilegiados, ya que Jesús los había llamado aparte con Pedro para ser testigos de eventos muy importantes. Se sentían además los más comprometidos con el Señor. Por eso ven natural también el sentarse al lado de Jesús en el banquete del Reino de Dios. Creían que habían llegado al final de la misión y que se acercaba el tiempo de la recompensa. Pedían el premio antes de empezar la lucha. Pero éste no era el tiempo de coronas, sino el del sufrimiento. Santiago y Juan estaban bien dispuestos a compartir el destino de Jesús y Jesús les anuncia que lo harán a su debido tiempo, pero entre tanto quedaba el tiempo de la pasión.

Jesús llama crucifixión a la copa, pues la acepta voluntariamente, y llama muerte al bautismo, pues por ella purifica el mundo. Como uno sale del agua del bautismo, así Cristo resucitará.

El agua y la sangre son figuras del bautismo. La primera nos regenera por medio del baño; la otra nos consagra por medio de la sangre. Por tanto hay tres bautismos: el baño regenerador, el martirio y *el de lágrimas* (de deseo).

C) La Palabra Proclamada: Vigésimo Noveno Domingo del Tiempo Ordinario.

El siervo sufriente es un hombre *triturado* por el dolor. Lo más admirable es que, al aceptar su condición de siervo sufriente, justifica a *muchos*, cargando con sus crímenes. Así salen adelante los designios de Dios (Is 53:10-11). El siervo sufriente confía en Dios y en la manera que Dios hace las cosas, *porque ama la justicia y el derecho*. No se siente desamparado, ya que *el Señor cuida de aquellos que le temen* y es un Dios salvador. Por eso lo espera todo de Dios (Salmo 33).

Así es Jesús, un servidor que vino a dar su vida *por la redención de muchos*. Es una lección difícil de aprender para sus discípulos, que preferirían estar entre los fuertes, entre los que hacen sentir su peso sobre los demás, como hacen los poderosos de las naciones. *Pero no debe ser así entre ustedes*. La nota distintiva del discípulo, como es la del maestro a quien siguen, es la de ser servidor (Mc 10:35-46).

D) La Palabra Leída

Vivimos en sociedades donde el poder tiene forma de pirámide, donde los de arriba hacen sentir su peso a los de abajo, donde los sistemas económicos y políticos se basan en la distribución de bienes de acuerdo al poder. Los papas nos siguen llamando a modificar nuestra manera de pensar y de obrar, a cambiar los sistemas económicos y políticos para eliminar pobreza y opresión, para cuidar mejor de este mundo y vivir en paz. Sin sacrificio, sin pasión no habrá un mundo nuevo. Lo celebramos en cada Eucaristía, donde se unen *el pan* y *el cáliz* - dos temas tratados por Jesús con mucho cuidado.

Mc 10:46-52 El Ciego de Jericó

A) El Texto

Marcos acostumbra a cerrar secciones con un relato de un hecho poderoso que prepara el próximo paso. Así lo hace aquí con esta historia del ciego. Llama la atención que no se narran algunos elementos que normalmente aparecen en una curación: cómo se produjo su ceguedad, palabras de sanación o un gesto, la reacción de la gente. En su lugar, se habla de la fe. Estamos a la salida de Jericó, muy cerca de Jerusalén. Ya queda poco. La escuela del caminante se cerrará pronto.

Jesús camina acompañado por sus discípulos y bastante gente. Hay un mendigo ciego sentado a la orilla del camino. Parece que el ciego ve más que el resto, pues llama a Jesús Hijo de David, el título con que se le aclamará en la entrada de Jerusalén. El ciego pide *al hijo del rey* que atienda a un desvalido. Y lo grita. Muchos lo quieren hacer callar, porque molesta.

Jesús manda llamar al ciego, que, de un salto, se presenta ante Jesús, y le hace una petición: *Maestro, que vea*. Jesús le responde, no con palabras de curación, sino con una afirmación: *Tu fe te ha salvado*. Recobrada la vista, el hombre *comenzó a seguir* a Jesús por el camino. Es el discípulo perfecto: *ve* y *sigue*.

Jesús es el Hijo de David. El ciego lo proclama abiertamente. Jesús había hecho callar a los demonios, pero deja que el ciego lo grite, porque ya están a las puertas de Jerusalén, la Ciudad de David, donde va a entrar con toda solemnidad.

Los discípulos se parecen mucho al ciego Bartimeo. Necesitan ver, pues ni saben lo que piden, ni entienden las explicaciones de Jesús. Bartimeo está *sentado* al borde del camino, no puede ser seguidor de nadie. Jesús le dirige la misma pregunta que a Santiago y Juan: *¿Qué quieres que* *haga por ti?* Los hermanos habían pedido *sentarse* en los sitios principales en el banquete de la gloria. El ciego pide *ver* para poder seguir a Jesús, precisamente cuando Jesús se dispone a enfrentarse a la pasión. La fe y la oración han transformado al ciego. ¿Podrán los discípulos *ver?* Marcos ha colocado esta historia antes de entrar en Jerusalén. Lo que va a pasar allí sólo se entiende desde la fe, que Dios da a los que se la piden. La comunidad cristiana va a acompañar a Jesús en el proceso de su muerte y resurrección. El que no tiene fe simplemente ve un fracaso. La persona de fe entiende *el paso* de Dios.

B) La Palabra Recibida

El ciego representa a la humanidad caída. Al devolverle la vista, puede reconocer a Jesús como Dios y hombre. A la gracia, sigue la respuesta: seguir a Jesús, tomándolo como modelo y recibiendo el alimento de su mano.

C) La Palabra Proclamada: Trigésimo Domingo del Tiempo Ordinario

El profeta Jeremías anima a los exiliados a que se dispongan a acoger la promesa que Dios les hace: los va a congregar de nuevo en la Tierra Santa. El profeta ya los ve de camino. Retorna una gran multitud, con un especial cuidado para los más desprotegidos: el ciego y el cojo, la mujer encinta y la que va a dar a luz (Jr 31:7-9). Es un tiempo que hace soñar al salmista, pues deja admirados hasta a los propios opresores. El llanto deja paso a la risa, como el secano al regadío y el sembrar al cosechar (Salmo 126). Es lo que trae Jesús, que escucha los gritos de dolor de un ciego, que simplemente pide luz. Al ser curado, se vuelve discípulo, precisamente a la hora en que Jesús va a entrar en Jerusalén para iniciar su pasión (Mc 10:46-52).

D) La Palabra Leída.

Observamos la transformación del ciego en vidente. No le asusta el miedo a la gente ni hace caso a los que quieren silenciar. El es una persona que necesita a Dios, que le hace *ver*. Hay muchos que van con Jesús, pero *no ven*. En ellos no ha habido paso de tinieblas a la luz. El ciego ve y acoge la propuesta de Jesús. ¿Lo hará Israel? ¿lo harán los discípulos? ¿lo haremos nosotros?

TERCERA PARTE

LA SEMANA SANTA
(MC 11:1-15:47)

Por fin llegan a Jerusalén, la meta que se había propuesto Jesús. En realidad no es la ciudad de Jerusalén lo que le interesa a Jesús, sino el Templo, que está en Jerusalén. Marcos ha organizado los eventos como si hubieran ocurrido durante una *semana santa*. Nos lo va recordando con expresiones como *al día siguiente, al atardecer*. Al final, incluso, por horas, *a las nueve de la mañana, al mediodía*.

El primer día termina con la resolución de los líderes religiosos de acabar con Jesús (11:18). El relato de la Pasión empieza con la misma resolución (14:1). En medio Marcos ha insertado unos relatos y enseñanzas para dejar bien claro los dos frentes. ¿De qué lado se pondrán sus discípulos, ahora que han entrado en un mundo muy violento? Son las últimas lecciones en la escuela del caminante.

LOS DOS FRENTES (Mc 11:1-13:37)

Jesús, que había sido proclamado a gritos por el ciego de Jericó como el *Hijo de David*, entra en su ciudad, Jerusalén.

Se dirige al Templo para dejar claro el designio de Dios. Los líderes se oponen hasta el punto de ponerse de acuerdo en quitárselo de en medio. Los seguidores de Jesús tienen que prepararse a vivir en este mundo violento que Jesús ha desenmascarado.

Los primeros días de Jesús en Jerusalén los pasa revelando el juicio de Dios con palabras y hechos. Prepara a sus seguidores (incluyendo a nosotros los lectores) para que estén atentos a los grandes eventos que se van a producir.

Mc 11:1-11 El Primer Día

A) El Texto

El Hijo de David va a entrar en la Ciudad de David, Jerusalén. Para Marcos Jerusalén no es una ciudad santa; la llama con el nombre profano que utilizaban los gentiles. Jerusalén es una ciudad más. Es la ciudad donde viven los enemigos de Jesús, que son las autoridades religiosas.

Jesús está en uno de los pueblos próximos a Jerusalén, junto al Monte de los Olivos. Éste es un lugar muy especial para los judíos. Allí fue donde el profeta Ezequiel vio la gloria del Señor (Ez 11:23) y Zacarías anunció que allí se daría la batalla definitiva (Zac 14:4). La gente creía que allí aparecería el Mesías y allí se daría la resurrección de los muertos. Allí era también donde los muchos mesías guerrilleros se daban cita para organizar sus revueltas.

Jesús se dispone a entrar con toda solemnidad. Se presenta como *el Señor*. Tiene perfecto dominio y conocimiento de todo lo que pasa. Sabe que hay un *borrico sobre el que nadie se ha sentado*. Es decir, un animal que no ha sido usado para labores profanas, sino que está disponible para funciones sagradas o reales, ya que nadie montaba el caballo del rey. Envía a dos de sus discípulos, como si fueran criados reales, a que se lo traigan, pero sin intención de robo;

lo van a devolver. Todo sucede tal y como Jesús lo había dicho.

Los peregrinos entraban en Jerusalén caminando. Jesús camina hasta las puertas de Jerusalén. Pero entra con toda solemnidad. Los discípulos preparan el borrico como si fuera un trono. La gente engalana el camino por donde ha de pasar. Todos lo aclaman gritando: *¡Hosanna! ¡Bendito el que viene en el nombre del Señor! ¡Bendito el reino que viene, el de nuestro padre David! ¡Hosanna en las alturas!*

La gente lo recibe con el Salmo 118, que se cantaba en las grandes fiestas, gritando *Hosanna*, sálvanos, ahora. La entrada de Jesús es celebrada como un acto salvador, como los que Dios había hecho tantas veces por Israel en el pasado (*Este es el día en que actuó el Señor, hagamos fiesta y alegrémonos. Señor, sálvanos ahora, danos prosperidad. ¡Bendito el que viene en nombre del Señor!*, Salmo 118:24-26). Así era como los sacerdotes bendecían a los peregrinos. Ahora es la gente la que bendice a Jesús *en el nombre del Señor*.

La segunda parte de la aclamación no pertenece al Salmo 118. La gente considera la entrada de Jesús como una restauración del reino de David. *¡Hosanna en las alturas!* se puede interpretar como una petición, a que Dios, que *está en las alturas*, intervenga o una invitación a los ángeles para que se unan a la festividad, gritando aclamaciones.

La meta de Jesús es el Templo. Es ya *tarde* (¿tarde por la hora? o ¿tarde, porque ya no tiene remedio?). Jesús no tiene nada que hacer allí. Se marcha a Betania con los Doce.

Las autoridades han visto todo desde lejos y han reaccionado con el silencio. Dejan que la multitud festeje la entrada de un profeta galileo. Ellos tienen su plan y, de momento, dejan hacer. Este *rey* no va a durar mucho; pronto será *expulsado*.

Jesús es el *Señor*. Tal vez sea una referencia al profeta Malaquías, que había anunciado que Dios, *el Señor*, se haría presente para ocupar su Templo (Mal 3:1). Ejerce su dominio con pleno poder y entendimiento. Sabe donde está el borrico y anticipa la reacción de la gente.

Los discípulos obedecen y preparan el borrico para que sirva de trono a Jesús. Se unen a los cantos festivos de la gente, que da la bienvenida a Jesús y lo bendice. La gente interpreta el evento como el primer paso para restablecer el reino de David. Al parecer, los discípulos simplemente son parte de la gente. Al final los Doce se van con Jesús a Betania.

La comunidad cristiana considera a David *nuestro padre*, que no es una expresión judía, ya que David no contaba entre los patriarcas, sino una expresión cristiana, que define al Mesías como *hijo* de David.

B) El Texto Recibido

Jesús vino al mundo en un pesebre y comenzó su última etapa encima de un borrico. Al entrar en Jerusalén cumple lo anunciado por el profeta Zacarías: La Hija de Sión recibe a su rey montado en un borrico (Zac 9:9). La Hija de Sión es la Iglesia, que es figura de la Jerusalén celeste, que es madre de todos. Tienen por rey a uno que viene humilde y pacífico, pues Dios no ha querido dar un reino terreno a los poderosos, sino un reino celestial a los humildes y pacíficos.

Jesús no se hace rey para exigir impuestos a sus súbditos ni para formar un ejército con qué derrotar a los enemigos. Jesús se hace rey en las mentes y en los corazones para educarnos para la vida eterna mediante la fe, la esperanza y la caridad. Jesús no asciende haciéndose rey con un golpe de poder, sino que desciende en un acto de misericordia para ponerse a nuestra disposición.

Después de hacer todo lo posible con las manos, prestaron sus voces con grandes aclamaciones, gritando: *¡Señor, danos tu salvación!*.

C) El Texto Proclamado (ver más abajo el comentario a toda la Pasión)

D) El Texto Leído

Los lectores observamos como la gente recibe a Jesús con entusiasmo. Pero es la gente que no vive en la ciudad, los que han venido de la periferia. Dentro de Jerusalén parece reinar una indiferencia total. Jesús, por el momento, no impresiona a la ciudadanía bien establecida. Tal vez habían visto aparecer y desaparecer a muchos mesías. La misma impresión tenemos en nuestros días. Estamos a la búsqueda de mesías, de héroes que nos saquen del agujero en que vivimos, sin embargo la figura de Jesús no mueve a la gente a ponerse *detrás* de él. Es la gente en la periferia -pobres, inmigrantes, enfermos- la que acoge a Jesús con entusiasmo.

Mc 11:12-26 El Segundo Día

Cuando Jesús entra en el Templo es *tarde*. Se marcha a Betania y regresa al día siguiente. Marcos ha enmarcado su regreso al Templo (11:15-19) en el relato de la higuera (11:12-14; 20-25). Hay que tomar los tres momentos como una unidad. Una escena explica la otra.
1) Visita una Higuera (11:12-14)
Jesús sale de Betania en dirección al Templo. Por el camino siente hambre. Ve una higuera frondosa a lo lejos. Se acerca, pero no encuentra mas que hojas, *pues no era tiempo de higos*. Entonces Jesús da una orden en voz alta: *Que nunca nadie coma fruto de ti en el futuro.*

Una persona necesitada busca alimento en una higuera. Normalmente en la Biblia la higuera anuncia una visita de Dios, que viene en busca de frutos; es decir, Dios viene para examinar la conducta humana, con frecuencia la del pueblo de Israel. *No era tiempo de higos* no se refiere a la estación del año, sino al *tiempo oportuno* cuando Dios o su Mesías aparece. La higuera no está preparada para la visita de Dios o de su Mesías. Entonces cae sobre ella el juicio divino: Nadie ha de comer más de ese árbol; tal vez lo hicieron en el pasado, pero no sirve para el futuro, para los tiempos nuevos del Mesías.

Antes Jesús se había acercado al Templo para ver si encontraba algo, como ahora se acerca a la higuera. Es el tiempo de la visita divina y del juicio. Jesús sólo encuentra hojas, apariencias, pero no frutos. Hay que buscar en otra parte, porque este árbol ya no da fruto que sirva para el tiempo del Mesías.

Los discípulos escuchan. No hemos llegado todavía al final de la historia.

2) Visita el Templo (11:15-19)

La visita a la higuera sucedió al atardecer, lo mismo que la primera visita al Templo. Entonces, Jesús *observó* bien a su alrededor y no encontró nada, *ya era tarde*. Ahora vuelve al Templo a la luz del día, cuando está en perfecto funcionamiento, lleno de gente ¿qué encontrará Jesús?

Era de esperar hallar un *lugar santo*. Pero lo que encuentra Jesús es el comercio de los que venden animales para los sacrificios y los que cambian monedas para las donaciones al Templo, ya que las monedas griegas y romanas no eran aceptables por tener imágenes. No se trata de que los comerciantes hagan fraude o roben; al contrario, cumplen una labor importante para que el Templo funcione con normalidad.

Sin embargo, Jesús tumba sus mesas. Su función ha terminado. Jesús lo explica con dos citas proféticas: Una positiva: El Templo es casa de oración para todos los pueblos (Is 56:7) y otra negativa: El Templo no puede ser convertido en cueva de ladrones (Jr 7:11). Lo que Dios quiere y lo que los hombres han hecho. El Templo no cumple la finalidad con la que Dios lo mandó construir, por tanto está destinado a desaparecer. El Templo ha llegado a su final, no en un sentido físico, sino desde el punto de vista de Dios. Nadie va a encontrar en él lo que hace falta en la época del Mesías, lo mismo que el caso anterior de la higuera.

Los jefes de los sacerdotes y los maestros de la ley no pueden tolerar que el Templo sea declarado un lugar irrelevante de cara a la nueva época que Dios está introduciendo. Se unen *buscando* de muchas maneras un plan para *acabar* con Jesús. Les retiene el miedo, pues la gente está entusiasmada con las enseñanzas de Jesús. Al anochecer, Jesús abandona la ciudad.

3) Visita la Higuera otra vez (11:20-25)

Temprano por la mañana, cuando vuelven a pasar por donde está la higuera, la encuentran completamente seca. Pedro dice que Jesús la *maldijo*, cuando en realidad Jesús sólo dio la orden de que nadie buscara fruto en la higuera.

Tanto la higuera como el Templo se han secado. Allí no se dan los elementos para un encuentro con Dios: fe, oración y perdón. La fe tiene efectos sorprendentes, incluso sobre lo que parece imposible (arrojarse una montaña al mar). La fe va unida a la oración y la oración al perdón, el perdón que se ofrece a los demás y el perdón que Dios nos ofrece (asuntos sobre los que oficialmente trata el Templo). Pero todo esto ya no se da en las instituciones tradicionales judías; hay que buscarlo en otra parte.

La meta de Jesús es el Templo de Jerusalén. En el designio de Dios el Templo debía ser *casa de oración* para todos los pueblos. Pero los que se acercan, encuentran una institución de exclusión. Sólo pueden entrar ciertas personas, sólo se pueden ofrecer ciertos animales, sólo se admiten ciertas monedas. El Templo ya no sirve, es como una higuera con muchas hojas y sin frutos. Pero todavía es posible encontrar a Dios en la fe, la oración y el perdón.

Los discípulos no se separan de Jesús. Van y vienen con él. Pedro sigue llamándolo *Maestro*, el título de los que no conocen bien a Jesús. Interpreta la orden de Jesús de no acudir ya más a buscar frutos a la higuera, como una *maldición* (Pedro sigue pensando en términos de poder). Ni Jesús ni Marcos dicen tal cosa. Los discípulos ven y oyen, pero malinterpretan.

Este es un tema preocupante para la primera comunidad cristiana. ¿Qué papel juega el Templo, es decir, toda la tradición religiosa judía, en la vida de un cristiano? Entonces recuerdan las palabras y acciones de Jesús. Ya Jesús había dicho que Dios había creado el sábado para beneficio del ser humano, pero que los maestros de la ley lo habían convertido en una institución de esclavitud donde no se podía hacer el bien. Jesús había dicho también cómo Dios mandaba honrar a los padres, pero los líderes religiosos se habían inventado excepciones para no responsabilizarse de ellos. Jesús había enseñado que Dios desde el principio estableció el matrimonio de manera firme, pero ellos habían endurecido tanto su corazón que Moisés tuvo que permitir el divorcio. Ahora Jesús dice que Dios había establecido el Templo como casa de oración para todos los pueblos, pero habían creado tantas restricciones que sólo unos pocos tenían acceso. En los nuevos tiempos a Dios se accede mediante la fe, la oración y el perdón. Estos hay que buscarlos no en el Templo sino en la comunidad cristiana.

B) El Texto Recibido

La Palabra, al encarnarse, asumió todo lo que pertenece a la naturaleza humana. Jesús, que alimenta a miles, padece hambre. Su humanidad está expuesta a todas nuestras debilidades. Pero, incluso en su bajeza, brilla la gloria de su divinidad. Sus lágrimas no son por sí mismo, su sed no es por agua, su hambre no se sacia con alimento. ¿No está hambriento de nuestras buenas obras? ¿no está sediento de nuestras respuestas en fidelidad?

Los higos que el Señor buscaba eran los frutos de la sinagoga, que tenía las hojas de la Ley, pero que no ofrecía los frutos de las obras. Así pasa también con los cristianos, que tienen el beneficio de conocer la voluntad de Dios, pero su propia voluntad no está dispuesta a rendir los frutos de las obras de misericordia.

Jesús muestra su poder al secar la higuera anticipando así su pasión. Tenía poder para hacer frente a sus enemigos, pero no lo usó, sino que aceptó voluntariamente la cruz. Así se lo enseñaba a sus discípulos.

Los cuatro evangelistas narran el relato de los vendedores en el Templo. Tal es su importancia. Pero no se da en el mismo orden. Tal vez Jesús lo hizo más de una vez. ¿Qué creen que hará Jesús ahora si encuentra a gente envuelta en disputas, perdiendo el tiempo con murmuraciones, divirtiéndose con chistes en *la casa de Dios*, en los templos cristianos?

Nuestra oración alcanza a Dios cuando está dicha con fe. Es en proporción a nuestra fe, que Dios la escucha y responde a lo que pedimos.

C) El Texto Proclamado (sólo se utiliza en la lectura continua del Evangelio)

D) El Texto Leído

Se siente la tensión entre lo que Dios quiere y lo que nosotros proponemos. Es una tentación muy grande el concentrarnos en la sobrevivencia de las instituciones religiosas en lugar de preocuparnos por sacar adelante la misión que Dios nos ha encomendado.

Mc 11:27-12:44 El Tercer Día.

El tercer día amanece con la higuera seca. Jesús ha hecho la *visita* al Templo y no ha hallado lo que Dios tenía en mente cuando mandó construirlo. Las instituciones religiosas han retorcido las intenciones de Dios. Por tanto, el encuentro con Dios en fe, oración y perdón, hay que buscarlo en otra parte, porque el Templo se ha convertido en una higuera seca. Ya no da más de sí.

Naturalmente los líderes religiosos no se pueden quedar pasivos ante tal denuncia. Ya no se trata tanto de discutir interpretaciones de la Ley sino de establecer un frente, de diseñar un plan de ataque y de eliminar al que amenaza al Templo. Ha llegado la hora de ver quién puede más.

Desde el punto de vista de los seguidores de Jesús, los tiempos del Mesías ya se han echado encima. ¿Qué actitud han de tomar?

Marcos ha reunido una serie de materiales que los otros evangelistas tratan en distintos contextos.

1) ¿Con qué autoridad? (11:27-33)

A) El Texto

Jesús se pasea por el Templo, el mismo sitio donde había provocado la ira de los cuidadores del lugar sagrado. Entonces se le acerca una comisión de líderes religiosos que incluye a todos los grupos oficiales que componen el senado judío (sanedrín). Jesús no es un maestro con títulos reconocidos. Por tanto, surgen dos preguntas: ¿Qué clase de autoridad tienes? ¿Quién te la dio?

Jesús no quiere evadir una respuesta, pero, siguiendo el método de los rabinos, propone una contra pregunta: El bautismo de Juan ¿era cosa de Dios o una iniciativa humana? Al traer el caso de Juan Bautista Jesús no está esquivando la pregunta, sino que va a la raíz del problema: Solo los que hicieron caso a Juan Bautista y aceptaron su bautismo de arrepentimiento están en posición de entender la misión de Jesús. Ciertamente, estos sacerdotes, fariseos y doctores de la ley no hicieron caso de la llamada al desierto que exigía conversión.

Antes de responder, los miembros de la comisión quieren ponerse de acuerdo, mirando bien en qué posición se iban a quedar con su respuesta. Por una parte, los líderes religiosos nunca reconocieron a Juan; por otra, la gente tenía a Juan como un auténtico profeta. Si decían que estaba autorizado por Dios, entonces ¿por qué no habían hecho caso a Juan? Si decían que era un asunto humano, entonces ¿cómo reaccionaría la gente?

Su respuesta: *No sabemos.* Si no quieren enfrentarse a la verdad, Jesús tampoco tiene nada que decirles. La negativa a darles una respuesta en su mismo plano, no significa que Jesús no tenga un mensaje profundo que comunicarles.

B) La Palabra Recibida

Los líderes religiosos saben muy bien lo que están tratando, pero no quieren comprometerse con la verdad. Prefieren mentir. No quieren responder, porque no tienen fe. Más aún, construyen una muralla que impide a otros entrar en el Reino de Dios. Jesús no los considera merecedores de una respuesta; ellos mismos se denuncian por sus propias palabras.

C) La Palabra Proclamada (sólo se utiliza en la lectura continua del Evangelio).

D) La Palabra Leída

Se vive de mentiras. Queremos fabricar otra verdad, porque no nos gusta la verdad que Dios ofrece y que es la que hace libres. Preferimos nuestras versiones particulares de la verdad porque nos permiten vivir a nuestras anchas. Tal vez no seamos merecedores de la verdad.

2) ¿Qué van a hacer con *el Hijo Amado*? (12:1-12)

A) El Texto

Jesús responde a la pregunta anterior, pero lo hace con una *parábola*. ¿De dónde le viene la autoridad? De ser *el Hijo Amado*. Demuestra su autoridad, al hacer que salgan a la luz las verdaderas intenciones de los líderes. Para eso Jesús propone la Parábola de los Viñadores.

Un hombre plantó una viña y la cuidó con mucho esmero. Como tenía que salir de viaje, se la arrendó a unos campesinos. Cuando llegó *el tiempo debido*, envió a un criado para que reclamara la parte que le correspondía. Pero los viñadores le dan una paliza y lo mandan de vuelta con las manos vacías. El propietario de la viña envía a otros criados; a unos insultan, a otros golpean y, finalmente, a otros matan. Tres veces actúa el propietario de la viña. La historia debería terminar aquí. Pero no es así, la parábola tiene una sorpresa: el propietario de la viña dice: Me queda uno más, mi *hijo amado*. A éste, respetarán.

No sólo matan al *hijo amado*, sino que le niegan una sepultura digna, arrojándolo fuera de la viña. ¿*Qué hará el dueño de la viña*? Alguien (tal vez en nombre de los espectadores) dice: *Vendrá, acabará con los viñadores y dará la viña a otros*. Es decir, Dios buscará a otros renteros más honestos, implicando que dejaría las cosas tal y como estaban. Pero no es ésa la respuesta de Jesús. Jesús cita el Salmo 118: la piedra rechazada por los constructores, sorpresivamente, Dios la coloca en el sitio clave.

Los líderes religiosos se sienten aludidos y, por tanto, ofendidos. Han quedado al descubierto: Jesús les ha dicho quién es él (el hijo amado) y con qué autoridad hace las cosas (lo que Dios ha dispuesto). También les ha dicho quienes son ellos: los que buscan matar, herederos de los que mataron a los antiguos profetas que Dios envió a su viña de Israel. No actúan, porque tienen miedo a la gente. *Dejándolo, se marcharon*.

Jesús es *el Hijo Amado*, declarado por la voz celestial en el bautismo (1:11) y en la montaña de la Transfiguración

(9:7). Esa es la base de su autoridad. Pero sabe que no va a ser bien recibido. Al revés, los que quieren robar *su herencia* lo matarán de una manera ignominiosa. Pero la última palabra le corresponde a Dios Padre, que hará que la piedra rechazada por los constructores se convierta en la piedra que sostiene todo el edificio.

Los discípulos simplemente oyen. Ven el enfrentamiento, Jesús a un lado y los líderes religiosos al otro. Sus pensamientos son de muerte, pero no se atreven a implementarlos por miedo a la gente. Tal vez los discípulos se pregunten: ¿Qué sucederá cuando se les pase el miedo o la gente cambie de opinión?

La comunidad cristiana recita con frecuencia el Salmo 118:22-23, de acuerdo a la versión griega de la Biblia. Jesús es la piedra rechazada que se convierte en piedra que sostiene todo el edificio (Hechos 4:11; Rm 9:33; Ef 2:20; 1 Pedro 2:6-8).

B) El Texto Recibido

Los viñadores matarán, pero no heredarán la propiedad, ya que no cuentan con que el Hijo va a resucitar. Los líderes religiosos pueden azotar y crucificar a Jesús, pero no lo pueden eliminar.

C) El Texto Proclamado (sólo se utiliza en la lectura continua del Evangelio).

D) El Texto Leído

Nos maravilla la dureza de los líderes que no quieren reconocer el ministerio de Juan Bautista ni tampoco están dispuestos a considerar el del Mesías que él anuncia. No sólo no quieren reconocer la verdad, sino que la quieren eliminar, para mantener sus puestos, porque para ellos su posición es lo que está en juego. Sólo les retiene el miedo a la gente. Pero a la gente se la puede manipular. Los representantes de Dios luchan contra el mismo Dios para defender su lugar en la sociedad. Han puesto la religión a su propio servicio.

3) ¿Caerá en una Trampa Política? (12:13-17)

A) El Texto

Los líderes religiosos ya han decidido deshacerse de Jesús. No actúan por miedo a la gente. Hay que esperar la ocasión propicia. Entonces, mandan una embajada diabólica, compuesta por fariseos y herodianos, enemigos por naturaleza. Van con la intención de *pescarlo en algo*.

Empiezan con una alabanza: Le dan el título de *Maestro*, reconocen que siempre dice la verdad, que no se deja llevar por el rango que pudieran tener las personas y que enseña *el camino* de Dios con rectitud. Después viene la pregunta: ¿Es lícito pagar el impuesto que exige el emperador romano?

En el año 6 de nuestra era, Judea dejó de ser un reino y pasó a ser una provincia romana bajo un legado imperial. Enseguida aumentaron los impuestos. El pago se hacía con una moneda que llevaba la inscripción del *divino* Augusto, lo que irritaba a los fariseos, y la moneda tenía que ser de plata, no de las que acuñaba el rey Herodes, que sólo tenía permiso para fabricar monedas de cobre. Por tanto, fariseos y herodianos estaban bien molestos con todo el asunto del pago de impuestos. Llegó a tal punto su malestar, que un tal Judas Galileo lanzó una rebelión violenta contra el pago del impuesto diciendo que era un acto contra la soberanía de Dios sobre su pueblo.

Por tanto la trampa estaba bien tendida. ¿Con quién estaba Jesús, con el Dios de los judíos o con el emperador romano? ¿contra el pueblo o contra el gobierno?

Jesús lee sus pensamientos y les dice: *¿Por qué me tientan?* Entonces les pide una moneda y pregunta: *¿De quién es esta imagen y esta inscripción?* Le responden: *Del César.* Jesús saca la conclusión: *Devuelvan al César las cosas del César y las cosas de Dios a Dios.*

La imagen y la inscripción indican quién es el dueño. Si lleva la imagen y la inscripción imperial es que le pertenece y, por tanto, hay que *devolver* al César lo que es suyo. Pero los seres humanos hemos sido creados a imagen y semejanza de Dios, es decir llevamos la inscripción de que pertenecemos a Dios. Por tanto, debemos dedicarnos al servicio de Dios. Si el César tiene derecho sobre la moneda, Dios tiene derecho sobre los seres humanos. Se quedaron completamente maravillados.

B) La Palabra Recibida

Los creyentes sirven a Dios, pero en asuntos temporales se someten a los gobiernos, incluso oran por los emperadores para que tengan una larga vida, rijan con una mente clara y defiendan al país de sus enemigos. Dios y los gobernantes son honrados, pero de distinta manera. Al final, a quien hay que rendir cuentas es a Dios mismo.

La moneda es para el César porque lleva su imagen. Nosotros somos para Dios, porque fuimos creados a su imagen. Somos la moneda de Dios, pero una moneda desgastada por el uso de la vida. Ahora Dios quiere su moneda de vuelta para renovar en ella su imagen.

Cristo es la moneda con que se paga el tributo que debemos por nuestros pecados. Por eso tomó la forma de esclavo, para restituirnos con su sangre.

C) La Palabra Proclamada (se utiliza sólo en la lectura continua del Evangelio).

D) La Palabra Leída

No debemos de leer en esta escena la doctrina de la separación de Iglesia y Estado. Era un tema que no entraba en la manera de pensar de la gente que vivía en tiempos de Jesús. Teólogos posteriores fabricaron la teoría, pero basados en otros presupuestos.

Somos monedas desgastadas. Estamos a punto de perder nuestra humanidad. Ya es dificultoso apreciar la imagen de Dios en nosotros mismos, mucho más verla en los demás. Los gobiernos se creen con derecho a un dominio total. Toman con facilidad decisiones de vida o muerte. Dios quiere de vuelta *su moneda*, que somos nosotros.

4) ¿Caerá en una Trampa Religiosa? (12:18-27)

A) El Texto

Ahora es el turno de los saduceos, un grupo aliado con los poderosos, en especial con el alto clero que dominaba las finanzas del Templo y, a través del dinero del Templo, controlaba todo el país. Los saduceos eran *fundamentalistas* en el sentido de que se agarraban a *los libros de Moisés*, es decir, a los primeros cinco libros de la Biblia, y negaban valor a la *Tradición*, es decir, a los profetas y sabios.

El tema de discusión es la resurrección de los muertos. Los fariseos creían que habría resurrección *al final de los tiempos* cuando el Mesías inaugurara su época. Mientras que los saduceos no querían oír hablar ni de Mesías ni de resurrección, ya que la palabra no aparecía en *los libros de Moisés*.

Le proponen un caso basado en la institución del *levirato* (Dt 25:5-10). Si el marido muere sin dejar hijos, entonces el pariente más próximo se ha de casar con la viuda para darle descendencia. A partir de aquí, los saduceos se inventan un caso ridículo: La viuda se casa siete veces porque ninguno de los *hermanos* le pudo dar descendencia. Cuando resuciten todos ¿de quién será esposa?

Andan muy perdidos, les dice Jesús. Primero, no entienden las Escrituras; después, no valoran *el poder de Dios*. El matrimonio es una institución para el tiempo presente. La resurrección no es simplemente una continuación de lo que ahora existe. Los resucitados son transformados, se vuelven *como ángeles*, que no necesitan del matrimonio. Por tanto, el caso propuesto no tiene sentido.

Entonces Jesús expande su respuesta con una cita *del libro de Moisés*. En el episodio de la zarza, Dios se declara como Dios de Abraham, de Isaac y de Jacob (Ex 3:1-6). Dios no podría cumplir sus promesas, si aquellos a quienes se las hizo, estuvieran muertos. *No es Dios de muertos, sino de vivos.* El nombre de Dios no lo pueden llevar personas que ya no existen, pues entonces reducirían el poder de Dios a la nada. Los saduceos podían leer las Escrituras muy bien, pero no tenían sentido de lo que Dios estaba haciendo. *Andaban muy perdidos.*

Jesús es tratado como *maestro* por *los de fuera*. Pero su sabiduría es muy superior a la de los maestros titulados del establecimiento religioso, porque no discute casos, sino que ve las cosas desde el punto de vista de Dios, de la intención de Dios, que ha creado a los seres humanos a su semejanza y que es fiel a sus promesas, abriendo el camino de la resurrección. Los maestros conocen *los textos escritos*, pero Jesús conoce al Padre, porque es su Hijo. Por eso lee las intenciones de los enemigos y los pone en evidencia.

Los discípulos no hacen nada. Simplemente ven y oyen. Tal vez, también, como los enemigos y la gente, *se quedan asombrados*.

La primera comunidad cristiana se tiene que definir ante las continuas revueltas armadas de los judíos en nombre de Dios. No se unen a los que se oponen a pagar el impuesto romano, ni tampoco a los que usan el poder de los romanos, como son los saduceos. Los cristianos se apoyan en *el poder de Dios* manifestado en el evangelio y en la resurrección de los muertos.

B) La Palabra Recibida

Los creyentes miramos hacia adelante, a un mundo resucitado, es decir, totalmente transformado con bases muy distintas a las que tenemos ahora. Esta transformación no se basa en nuestro optimismo, sino que es promesa de Dios, que ya ha cumplido otras promesas. Nuestra esperanza no se va a perder, aunque nuestro amor sea puesto a prueba.

C) La Palabra Proclamada (sólo se utiliza en la lectura continua del Evangelio).

D) La Palabra Leída

No podemos leer la Sagrada Escritura como lo hacen *los expertos*, que saben mucho del texto y conocen poco las intenciones de Dios. La fuerza le viene a Jesús de conocer al Padre por dentro, como lo conoce un buen Hijo. Tal vez nos estemos agarrando mucho a la letra de la Biblia y poco al contacto personal con Dios.

5) Uno se Pone de Parte de Jesús (12:28-34)

A) El Texto

Judas Galileo se había rebelado en nombre de Dios contra los romanos en el asunto del pago del impuesto, justificando sus acciones por fidelidad al primer mandamiento. Ahora un maestro de la Ley desenmascara a los líderes religiosos, uniendo el amor a Dios y el amor al prójimo. Así se coloca de parte de Jesús.

No todos los maestros de la ley son iguales. Hay uno que ha presenciado el debate y que ha oído la respuesta dada por Jesús. Entonces pregunta: ¿Cuál es el primero de todos los mandamientos? No está preguntando por el orden de los mandamientos, ni siquiera por el que tiene más importancia, sino que está preguntando qué tipo de mandamiento tiene prioridad. ¿Hay que dar prioridad al cumplimiento de los ritos o a la conducta de las personas? ¿a la circuncisión o la asistencia al enfermo? Era un tema muy discutido entre los rabinos.

Jesús responde citando el *shema* (Dt 6:4-9; 11:13-21; Nm 15:27-41) y otro texto sobre el amor al prójimo (Lv 19:18). La unión de los dos mandamientos ya era conocida antes de la declaración de Jesús. El amor a Dios hace posible el amor al prójimo y el amor al prójimo es signo del amor a Dios. A partir de aquí todos los demás mandamientos y normas adquieren sentido. El teólogo de la ley está totalmente de acuerdo con Jesús. Y Jesús lo juzga digno del Reino de Dios.

B) La Palabra Recibida

El primer mandamiento, que se refiere al amor de Dios, lo tomó de la primera tabla; el otro, que corresponde al amor del prójimo, de la segunda.

El ser humano se compone de cuerpo, alma que mantiene la vida y espíritu que piensa y decide. A Dios hay que amarlo con todo el corazón, que es corporal, con todo el espíritu, que es intelectual, y con toda el alma, que une a los dos. Así se ama a Dios con todo el ser. Cuando decides amar a Dios sobre todas las cosa, estás declarando la guerra a todos los que quieren ocupar su lugar.

La manera cómo se demuestra el amor a Dios es amándonos unos a otros de la manera ordenada por Dios. El que ama a Dios no puede despreciar a su hermano; no puede estimar más su dinero que a su hermano. Pues lo que se hace por otro, eso es lo que se hace por Cristo. Los dos amores van juntos; si falta uno, se falsea el otro. Pedro lo aprendió bien, cuando tuvo que escuchar la pregunta de Jesús por tres veces: ¿Me amas? Entonces apacienta mis ovejas…

El que se agarra al dinero, se entusiasma con la belleza del cuerpo y persigue la pequeña gloria de este mundo: gasta el poco amor que tiene en lo que no vale la pena y se hace ciego para contemplar lo que realmente merece ser amado.

Esto es todo lo que Jesús pide, pues si uno ama de verdad, cumple con todo lo mandado y mucho más. La conducta de una persona no se define por lo que sabe, sino por lo que ama; el buen amor y el mal amor deciden la buena conducta y la mala conducta.

El maestro de la Ley está en línea con Jesús al afirmar que las obras de misericordia son más importantes para Dios que todos los sacrificios. Está cerca del Reino de Dios, pero todavía no ha llegado, ya que no reconoce que el Reino de Dios se manifiesta en Jesús. Se ha quedado corto, porque ve a Jesús desde el punto de vista de la carne, como descendiente de David, y todavía no lo ha descubierto como *el Señor de David*.

C) La Palabra Proclamada

1) Viernes de la Tercera Semana de Cuaresma

Dios manifiesta sus intenciones: Curaré sus infidelidades, los amaré, los restauraré. El pueblo se compromete a ser fiel a Dios: No volveremos a llamar *dios nuestro* a las obras de nuestras manos, ni confiaremos en las alianzas con los imperios poderosos (Os 14:2-10). El salmista lo repite: El pueblo clamó en la aflicción y Dios lo libró. Por tanto, *no tendrás otro Dios fuera de mí*. Pero, parece ser que el pueblo no *oye* bien ni tampoco les va bien (Salmo 81). Jesús lo reafirma. Hay que empezar por este *primer mandamiento*: *Escucha, Israel: El Señor nuestro Dios es el único Señor, amarás al Señor tu Dios con todo tu corazón* (Mc 12:28-34).

En el tiempo de cuaresma nos centramos en lo que importa: amor a Dios y amor al prójimo. Pero también oímos el lamento: *¡Ojalá que mi pueblo escuchara y cumpliera Israel mis mandamientos!*

2) Trigésimo Primer Domingo del Tiempo Ordinario

Moisés da la clave de la religiosidad judía antes de tomar posesión de la Tierra Prometida. Israel es un pueblo *a la escucha* y a quien tiene que escuchar es a Dios mismo y lo tiene que hacer *con todo tu corazón, con toda tu alma, con todas tus fuerzas.* Escuchar equivale a obedecer. Aquí está el secreto de su felicidad y prosperidad, que ha de pasar de una generación a la siguiente (Dt 6:2-6). Así lo vive el salmista, que *ama* a Dios. Él ha sentido como Dios ha respondido en fidelidad: mi refugio, mi salvación, mi escudo, mi fortaleza (Salmo 18). De la misma manera lo sienten Jesús y el maestro de la Ley que se ha puesto de su lado: Amar a Dios y amar al prójimo van juntos, uniendo así Moisés y los profetas (Mc 12:26-34).

D) La Palabra Leída

Amor a Dios y amor al prójimo. Parece que amamos poco a Dios, pues los inmigrantes son deportados y una cuarta parte de la población humana se marcha a la cama hambrienta.

6) Jesús Pasa al Ataque (12:35-37)

A) El Texto

Jesús ya ha dejado confundidos a los líderes religiosos, a los saduceos, a los fariseos y a los herodianos, y ha recibido la aprobación de un maestro de la ley. Hasta ahora Jesús ha respondido a lo que otros le traían. En esta ocasión, es Jesús el que toma la iniciativa.

Los fariseos enseñaban que el Mesías era Hijo de David. Jesús propone un enigma, citando el Salmo 110:1, *Dijo el Señor a mi Señor... Si el mismo David lo llama Señor, ¿cómo es su hijo?* El superior (David) llama al inferior (hijo) *mi Señor.*

No hay comentario ni respuesta por parte de los maestros de la ley ni de los fariseos. Sólo se cita la reacción de la gente: *La multitud lo escuchaba con agrado.*

Ya Marcos nos ha dicho desde el título del evangelio, que Jesús es Mesías e Hijo de Dios. Los oyentes todavía no lo captan porque tienen que esperar a la cruz y resurrección de Jesús.

B) El Texto Recibido

La divinidad de Jesús viene a través de María y no muere; María le dio la carne, que es mortal. Por su divinidad, Jesús es Señor incluso de su misma madre la Virgen María. De la misma manera se dice que Jesús es Hijo de David, en cuanto a su humanidad, pero es Señor de David, en cuanto a su divinidad.

C) El Texto Proclamado (sólo es utilizado en la lectura continua del Evangelio).

D) El Texto Leído

Es una gran tentación querer entender a Jesús simplemente desde una perspectiva humana, como si fuera una figura más de la historia. Entonces nos colocaríamos a la altura de los líderes religiosos judíos. Nos quedaríamos cortos. Jesús es más que un héroe histórico.

7) Un Par de Ejemplos (12:38-44)

A) El Texto

Un Ejemplo Negativo (12:38-40): Los maestros de la ley usan su prestigio para enaltecer su propia posición. Se visten con mantos lujosos. Son la higuera sin frutos y la viña sin uvas. Buscan el aplauso de la gente. Viven de las bendiciones que dan a los ricos. Ocupan las primeras posiciones en los banquetes. Lo peor de todo es que usan su posición para sacar dinero a las viudas. Vanidad y avaricia. El día del juicio recibirán una sentencia severa.

Un Ejemplo Positivo (12:41-44): Si los discípulos quieren saber bien lo que significa dar culto a Dios, no deben fijarse en los maestros de la ley, que explotan, sino en la pobre viuda, que se juega la vida en cada visita al Templo.

En el Templo había trece alcancías, donde se depositaban las donaciones, destinadas a distintos proyectos. El donante le decía al oficial para qué donaba su dinero. Jesús les dijo a sus discípulos que observaran a la gente. Los ricos echaban muchas monedas. Pero una pobre viuda depositó dos monedas, de tan poco valor, que los maestros decían que no se debían traer al Templo. *La viuda ha echado en las arcas más que todos los demás*, porque los demás dan de lo que les sobra, mientras que la viuda entrega lo que ella necesitaba para vivir. Eso es amar a Dios con todo el corazón y con toda la fuerza. Eso es lo que se requiere para ser discípulo de Jesús.

B) El Texto Recibido

El cielo no se compra con dinero. La donación es simplemente una muestra de la intención. ¿Qué depositas de ti mismo cuando das limosna? ¿lo que te sobra o lo que necesitas? La disposición es lo que cuenta.

Moisés había dado muchas leyes sobre la obligación de contribuir al sostenimiento del culto, qué se podía ofrecer, cuándo debía hacerse y cómo presentarlo. Jesús no necesita de eso, porque está dispuesto a recibir incluso del que no tiene nada.

Somos administradores de bienes temporales, porque en realidad no poseemos nada, ya que nada nos podemos llevar de este mundo. Ganemos, pues, una posesión celestial, que es para siempre, usando bien nuestros bienes temporales, como la pobre viuda.

C) El Texto Proclamado: Trigésimo Segundo Domingo del Tiempo Ordinario

Una pobre viuda con un hijo pone todo lo que tiene para sobrevivir a disposición del profeta Elías, como un acto de obediencia al *hombre de Dios*. Nunca le volvió a faltarle nada (1 Reyes 17:10-16). Como reconoce el salmista, así es Dios en quien confiamos: hace justicia a los oprimidos, da pan a los hambrientos, libera a los cautivos, abre los ojos de los ciegos, alivia al agobiado, sustenta al huérfano y a la viuda (Salmo 146).

A los discípulos de Jesús les asombra la grandeza del Templo y la generosidad de los ricos que lo sostienen. Jesús, en cambio, admira el ejemplo de la viuda que se lo juega todo por Dios (Mc 12:38-44).

D) El Texto Recibido

Nos deslumbran los grandes edificios religiosos. Leemos los nombres de los donantes en grandes carteles. Todavía seguimos dando a Dios lo que nos sobra. Tal vez Jesús vaya por otro camino.

Mc 13:1-37 Mirando al Futuro

El desenlace final se acerca. El ejemplo de la pobre viuda nos ha dejado en el Templo. Es la última declaración que Jesús hace sobre el Templo. Sólo queda que las autoridades religiosas pongan en marcha su plan de eliminar a Jesús. Entre la actividad de Jesús en el Templo y la narración de la pasión, Marcos ha insertado, como suele hacer, un discurso para preparar a los discípulos para *los malos tiempos* que se avecinan y darnos el contexto en que se debe interpretar la misión de Jesús.

La Iglesia, reflejada en los discípulos, también se tiene que poner lista. Es enviada al mundo, un mundo destinado a sufrir grandes cambios, para llevar el mensaje del evangelio a todas la naciones. Pero lo va a hacer desde la debilidad de los evangelizadores. Para ello Jesús promete el Espíritu Santo. Por eso, para los cristianos, éste es el tiempo de la vigilancia y de la paciencia. Se puede leer este discurso como un testamento a *los hijos* antes de enfrentar la muerte.

A) El Texto (13:1-8)

1) La Ocasión (13:1-4)

Jesús y sus discípulos, después del episodio de la viuda pobre, salen del Templo. Los discípulos llaman la atención de Jesús sobre la construcción tan impresionante que era el Templo con todos los edificios que lo rodeaban. Jesús anuncia su destrucción. No es la primera vez que se oyen tales mensajes. Ya lo habían dicho los profetas. Cuando el pueblo se creía seguro porque habían puesto su confianza en el Templo, Dios se deshizo del Templo. Los escritores apocalípticos esperaban la desaparición del Templo como paso previo a los tiempos nuevos. Ha venido el Mesías, que es Jesús; su visita es juicio. Jesús ya ha denunciado el Templo como *cueva de ladrones* en lugar de *casa de oración para todos los pueblos*.

El Templo fue destruido en el año 70. Pero no sucedió tal como se lo imagina Marcos. Los romanos lo quemaron y muchas piedras quedaron en su sitio. Para el evangelista lo importante no es cómo pasaron las cosas, sino la constatación de que Dios ha abandonado el Templo, como en tiempos de Ezequiel, y se ha convertido, por tanto, en un edificio más, destinado a su desaparición. Es parte del juicio que recae sobre todo el pueblo, que no ha dado los frutos que Dios esperaba.

Jesús y sus discípulos llegan al Monte de los Olivos, justo en frente al Templo, una vez que atraviesan el valle Kidrón. Entonces los discípulos *escogidos* comenzaron a preguntarle *en privado* a Jesús *cuándo* sucederán estas cosas y *qué señal* puede adelantarles para que estén preparados. Jesús se sienta como maestro y les dirige el *discurso sobre la vigilancia*.

Las primeras comunidades cristianas pensaban que el tiempo entre la resurrección de Jesús y su venida gloriosa iba a ser corto. Para muchos la destrucción del Templo de Jerusalén era *la señal* de que estaban al *principio del fin*, cuando toda la historia universal iba a cambiar.

2) Falsas Señales (13:5-8)

Jesús no responde a la pregunta del *cuándo* será la destrucción del Templo. Simplemente les advierte que habrá un tiempo de engaño en el que aparecerán algunos que, pretendiendo ser mesías, van a decir que ha llegado el final de los tiempos. No se unan a las revueltas de los grupos mesiánicos. En la historia se van a dar muchas desgracias, pero no son mas que *el comienzo de los dolores de parto*, expresión que los profetas usan para anunciar el Día del Señor, cuando Dios venga como juez y liberador a poner las cosas de acuerdo a su designio divino.

B) El Texto Recibido

La creación tuvo principio y tendrá fin. Así como vemos que un cuerpo se debilita, de la misma manera toda la creación empieza a disolverse. Hay fuerzas destructivas que disminuyen la capacidad regeneradora que Dios ha puesto en la naturaleza.

Cada vez que hay una guerra la gente cree que llega el fin del mundo. No lo sabemos. Pero sí sabemos que ahora hay dos reinos, el de Cristo y el del demonio, que están enfrentados.

Un cristiano es como un templo, cuando acoge la Palabra de Dios en su corazón. Si comete pecado, empieza a destruirlo. Si continúa pecando y llega hasta el punto de no hacer caso a la Palabra de Dios, entonces se convierte el templo en un montón de ruinas, donde no queda en pie piedra alguna de la doctrina santa.

C) El Texto Proclamado (sólo se utiliza en la lectura continua del Evangelio)

D) El Texto Leído

Tenemos la sensación que nosotros mismos estamos provocando el fin, tal vez no sea el fin del universo, pero ciertamente el fin del planeta Tierra. Las señales de su debilidad aparecen cada vez más claras. Pero ni aún así estamos dispuestos a cambiar los hábitos de derroche y el malgasto de recursos. Nos estamos quedando sin *casa*. Tal vez todavía estemos a tiempo de cambiar nuestras costumbres y de aprender a respetar esta tierra que Dios nos ha dado.

A) El Texto (13:9-23)

3) Esperen una *Entrega* (13:9-13)

Jesús se fija en los discípulos. Lo que había anunciado para sí mismo, lo dice para los discípulos. Ellos también serán *entregados*, incluso por miembros de la propia familia, como ya lo había dicho el profeta Miqueas sobre Israel (Miq 7:6), porque el odio de los que se oponen a Jesús es profundo y caerá también sobre sus seguidores. Se valdrán de todos los organismos oficiales, tanto judíos como gentiles, para perseguirlos.

Los seguidores de Jesús deben mantenerse *vigilantes*. Su persecución servirá de ocasión para dar testimonio sobre Jesús, una prueba contra los mismos jueces. Por tanto, no deben preocuparse de preparar una defensa, porque en esos momentos el Espíritu Santo les dará lo que necesiten. Pero hay que aguantar hasta el final.

Marcos introduce una nota explicativa: Los seguidores de Jesús tienen que pasar por todo esto *hasta que primero se proclame la buena noticia a todos los pueblos*. Por tanto, los sufrimientos que han de pasar los discípulos no son señal de que ha llegado el final, sino de la necesidad de llevar adelante la misión que se les ha encomendado. La proclamación del Evangelio ya ha comenzado en el testimonio que los discípulos dan ante los tribunales.

4) El caso de Judea (13:14-20)

Habrá desgracias a nivel universal y los discípulos tendrán que sufrir mucho, como parte de llevar su misión evangelizadora a todos los pueblos. Pero Judea sufrirá un desastre particular, en el que el Templo será destruido y la gente se verá envuelta en una guerra.

Cuando los escritores bíblicos hablan de la destrucción de Jerusalén y de oprimir al pueblo de Dios, utilizan imágenes fuertes, que vienen de los profetas, dando la impresión de que se ha llegado a un final y que hará falta una recreación por parte de Dios. Así también Marcos, cuando habla del futuro de los seguidores de Jesús en Judea.

Marcos habla de *la abominación de la desolación*. Los judíos llamaban *abominación* a las estatuas de los ídolos, que representaban las fuerzas del mal que pretendían devolver la creación a la situación de caos, dejando la tierra como un desierto. El evangelista aconseja a los seguidores de Jesús huir a las montañas inmediatamente, porque no hay tiempo para volver a casa a recoger las cosas, como se hizo en los tiempos de los Macabeos. De ahí el lamento de las mujeres embarazadas y de las que están criando niños pequeños.

Marcos une la caída de Jerusalén con lo que pasó en tiempos de Calígula que en el año 40 intentó meter los símbolos del imperio romano en el Templo de Jerusalén y la gente se rebeló.

Pero, antes de que todo ser viviente perezca, Dios reacciona ante el caos y pone en orden su creación. Por eso *acorta* los malos tiempos. Pero lo hace en razón de sus *elegidos*, ya que las persecuciones pueden afectar su fe.

5) ¿Y después de la destrucción de Jerusalén? (13:21-23)

Volverán los falsos mesías y los falsos profetas, ya que, dadas las persecuciones, la comunidad cristiana suspirará por la vuelta de Jesús, creando un ambiente propicio para los impostores que harán peligrar la fe de los *elegidos* al realizar prodigios. Los discípulos quedan avisados.

B) El Texto Recibido

Antes de que llegue el fin del mundo, el evangelio ha de ser predicado a todas las naciones. Es muy prematuro pensar que todos han tenido la oportunidad de escuchar el evangelio y de tomar una decisión ante la Palabra de Dios. Delante de nosotros no nos espera una *nada*, ni tampoco la *no existencia*, ni la aniquilación total, sino que nos espera una *vida bienaventurada*. Pero para ello hay que mantenerse firmes resistiendo hasta el final y guardando una fe viva.

El lugar santo es la Sagrada Escritura proclamada por los profetas, los apóstoles y los evangelistas. En este lugar santo el Anticristo ha introducido una palabra falsa. Esta es la abominación de la desolación.

El que haya subido a la altura de una vida de fe, que no baje a buscar cosas corruptibles, a hacer obras de la carne. ¡Desgraciados aquellos que ponen su esperanza en las cosas materiales!

Hay que orar para que no nos venga una desgracia cuando menos preparados estamos, en el invierno cuando no damos fruto, ni en el sábado cuando no hacemos obras. ¡Que no nos sorprenda desprevenidos cuando estemos descansando de los trabajos del verano o de las obras de la semana! Este es el tiempo en que tenemos que prepararnos haciendo el bien, para afrontar las desgracias con serenidad.

El Anticristo incluye muchas clases de anticristos. Toda palabra engañosa, ya venga de paganos o de cristianos, que nos desvía de la verdad, pertenece al anticristo. Todo aquel que pretenda apartarnos de Dios o de la Iglesia es un anticristo. Quedamos advertidos.

C) El Texto Proclamado (se utiliza sólo en la lectura continua del Evangelio).

D) El Texto Leído

Estamos viviendo tiempos de martirio. Hay persecuciones violentas y persecuciones sosegadas; persecuciones a las claras y persecuciones encubiertas en legalidades. Pero, en todas partes, los seguidores de Jesús estamos expuestos a ser perseguidos, como lo fue Jesús. Pero contamos con el apoyo divino que nos manda al Espíritu Santo para nuestra defensa, por un lado, y la reducción de los días de la persecución, por otro.

6) La Venida del Hijo del Hombre (13:24-27)

A) El Texto

A las actividades de los *anticristos* seguirá la venida del verdadero Hijo del Hombre *entre nubes con gran poder y gloria* con todas las tropas angélicas. Será un acontecimiento cósmico, que conmoverá todo lo que la gente da por más seguro: el sol, la luna y las estrellas. El Hijo del Hombre viene a llevarse consigo a todos aquellos que pertenecen al pueblo del Mesías que se encuentran esparcidos por todo el mundo.

B) El Texto Recibido

La venida del Hijo del Hombre es un estallido de luz. Todo lo que ahora parece iluminar palidecerá. Unos lo recibirán con angustia, porque se les terminará su poder; otros lo recibirán con alegría, porque sus esperanzas quedarán finalmente cumplidas. Si recibimos a Jesús en la Palabra proclamada, no tendremos que temblar cuando venga en toda su gloria.

Así como un eclipse hace que la luna pierda su resplandor, de la misma manera la Iglesia pierde su luz cuando los vicios se interponen entre la Iglesia y Cristo, que es el sol divino. Las estrellas, que son los líderes de la Iglesia, caen, cuando, envueltos en las alabanzas de la gente, viene la amargura de las persecuciones. Muchos creyentes que brillan en tiempos tranquilos se apagan cuando vienen las persecuciones. Incluso los más fuertes en la fe se tambalean.

C) El Texto Proclamado: Trigésimo Tercer Domingo del Tiempo Ordinario.

El profeta Daniel anuncia *un tiempo de angustia, como no lo ha habido desde el principio del mundo*. Serán tiempos de juicio, de vida eterna y de castigo eterno. Pero para el pueblo de Dios serán tiempos de salvación, porque el mal no prevalecerá (Dn 12:1-3). El salmista ya goza de la amistad con Dios, tan profunda que durará más allá de la muerte (Salmo 16).

Jesús también anuncia tiempos de *gran tribulación*, cuando el Hijo del Hombre vendrá *con gran poder y majestad* para reunir *a sus elegidos desde los cuatro puntos cardinales* (Mc 13:24-32).

D) El Texto Leído

Nos asusta pensar en los tiempos finales, porque sólo nos imaginamos la gran destrucción del mundo al que estamos acostumbrados y no somos capaces de anticipar la gran transformación que trae Jesús. Nos cuesta soñar con *cielos nuevos y tierra nueva*. Preferimos quedarnos con lo malo conocido que por lo bueno por conocer.

7) ¿Cuándo? (13:28-31)

A) El Texto

Jesús vuelve a señalar la higuera como *una parábola*, un ejemplo que dice algo y oculta algo. Lo que dice es que tiene hojas, indicando el cambio de estación de invierno a verano. De igual manera los discípulos deben saber leer en los acontecimientos, que se acerca el Hijo del Hombre, que, tal vez, esté *a las puertas*. Lo que no dice es cómo será ese evento.

¿Qué cosas anuncian la cercanía del Hijo del Hombre? Antes se había dicho que *el Reino de Dios* se haría presente (9:1); ahora se dice que vienen persecuciones y la destrucción de Jerusalén. Marcos quiere dejar bien claro que *todo* puede *pasar*, incluso que el sol se oscurezca y la luna deje de brillar, pero las palabras de Jesús nunca pasan. Por tanto, a esto se tienen que agarrar los discípulos.

B) El Texto Recibido

El verano es el tiempo de la cosecha, cuando se recogen los frutos y se almacenan. Por tanto, representa el final del mundo. Dios puso esta señal en la naturaleza y otra en la historia: las guerras y conflictos en el mundo. La Escritura llama *destrucción* al pasar de una forma inferior a otra mejor.

Nada pasa más rápido que una palabra. Una vez dicha, desaparece. Nos imaginamos que lo más firme es lo que encontramos todos los días, el cielo y la tierra. Estos también están destinados a pasar. Sin embargo, la Palabra, que estaba en Dios, *al principio*, antes de la creación del universo, no podrá ser reducida a nada, pues es eterna.

C) El Texto Proclamado: Trigésimo Tercer Domingo del Tiempo Ordinario (ver la sección anterior).

D) El Texto Leído

Nos gustan los calendarios; queremos controlar los pasos que hay que dar cada día. Pero el calendario de Dios no es nuestro calendario. Las catástrofes que nos imaginamos, tal vez tienen poco que ver con la venida de Cristo. Si queremos agarrarnos a algo seguro, lo único que se nos ofrece es la Palabra de Dios.

8) ¿Qué hacer? (13:32-37)

A) El Texto

¿Cuándo sucederá? Jesús simplemente les ha dicho que *está cerca*, porque el calendario está en las manos del Padre. Por tanto, nadie ni en el cielo ni en la tierra sabe el día o la hora, cuando vaya a aparecer el Hijo del Hombre. ¿Entonces, qué tienen que hacer? Estar atentos, estar despiertos, estar vigilantes. Jesús les pone el ejemplo del amo que se marcha de casa y encarga a cada criado su tarea, especialmente al portero. No hay fecha para el regreso de su amo. Por tanto, han de estar vigilantes, no sea que su amo se presente de pronto y los encuentre dormidos. El mensaje es para todos, no sólo para los discípulos.

Jesús es capaz de leer el interior de los corazones y también puede anticipar el futuro. Por tanto, quiere preparar a los discípulos para lo que viene. No sólo su pasión y muerte, sino también el futuro calamitoso que espera a los habitantes de Judea, y el panorama de sufrimiento que caerá irremediablemente sobre los seguidores de Jesús. Pero todo esto no es más que preparación para cuando venga Jesús en toda su gloria y poder como Hijo de Hombre.

Los discípulos también deben anticipar que su compromiso con Jesús es tan radical que la propia familia se dividirá y todos los *odiarán*. Jesús les dice que sus sufrimientos son ya parte de la misión que les ha encomendado de proclamar el evangelio a todos los pueblos. Además, sus sufrimientos son *los dolores de parto* antes de que Dios restablezca el orden de la creación y de que el Hijo del Hombre implante definitivamente el Reino de Dios. ¿Estarán los discípulos a la altura de la propuesta de Jesús?

La primera comunidad cristiana desea que la venida del Hijo del Hombre sea inmediata, la ve a la vuelta de la esquina. Esa misma ansiedad abre la puerta a *falsos mesías, falsos profetas* y *anticristos*. Por tanto, hay que vigilar y no dejarse engañar.

Hay que estar en vela, como el criado que espera el regreso de su amo, porque nadie sabe ni el día ni la hora.

B) El Texto Recibido

Los Padres de la Iglesia están muy preocupados porque se dice que Jesús *no sabía* ni el día ni la hora. ¿Cómo puede ser si Jesús es Dios? Jesús quiere decir que no ha llegado el momento de revelar el designio divino. No es cuestión de ignorancia, sino de tiempo oportuno para actuar. Jesús es ignorante en la manera de hablar de los discípulos, ya que no estaban preparados para recibir esta clase de conocimiento. Los oyentes no lo van a saber del Hijo. Jesús decide lo que debe revelar y lo que no es conveniente enseñar, porque no nos beneficia. No nos conviene saber el día final para que no despreciemos el tiempo intermedio. Hay que vivir día a día en oración.

Hay tres venidas del Señor: la encarnación en el pasado, la del final de los tiempos en el futuro, y la de su presencia en cada uno de nosotros en el presente. La primera venida del Señor fue en oscuridad. La segunda será a vista de todo el mundo, tanto buenos como malos. En la primera venida fue juzgado; en la segunda vendrá como juez. Todo esto se nos dice para que estemos bien preparados y lo acojamos ahora.

C) El Texto Proclamado: Primer Domingo de Adviento.

El profeta Isaías (63:16-17,19; 64:2-7) es la voz del pueblo angustiado que se siente lejos de Dios. No es que Dios se haya escondido, sino que el pueblo le ha dado la espalda y ha dejado de practicar los mandamientos, endureciendo el corazón. El pueblo rebelde, dejado a su voluntad se siente *marchito, impuro, un trapo asqueroso,* una hoja llevada por el viento de un lado para el otro.

Consciente de su situación el pueblo se vuelve a Dios, pues tiene buenos argumentos: somos *siervos tuyos* y *heredad tuya.* Dios es *nuestro padre,* el que nos ha hecho como un alfarero que modela el barro. Por tanto Dios tiene que venir a defender lo *suyo*. Basado en esa seguridad el pueblo clama: *Rasga* los cielos y *baja* a socorrernos.

El salmista continúa el grito del pueblo (Salmo 80) con nuevos títulos: *Pastor de Israel* y *Dios de los ejércitos*, y nuevas razones: somos tu *viña*, y nuevas peticiones: mírala, visítala, despierta tu poder, manifiéstate. También con una nueva resolución: *Ya no nos alejaremos de ti*.

Dios Padre responde con el envío de su Hijo, Jesús. Pero no fue bien recibido. Sin embargo, los que lo acogieron han *sido enriquecidos* con toda la clase de dones para que puedan mantenerse firmes hasta la manifestación gloriosa de Jesús (1 Cor 1:3-9). Mientras tanto han de mantenerse velando (Mc 13:33-37).

D) El Texto Leído

Esta es nuestra condición de cristianos: estar a la espera del regreso del Señor, como los criados de la parábola. Jesús ha ascendido y nos ha dejado la Iglesia; cada uno ha de hacer el trabajo que le ha sido encomendado. No es tiempo para la angustia, sino para la esperanza. Vivimos con la certeza de que el Señor vendrá, aunque no sepamos ni el día ni la hora.

Nos sentimos angustiados. Nos asusta el pensar que *el sol se oscurezca* y que *la luna no brille* tal vez no sean metáforas, sino una posibilidad real. El caos total puede venir, incluso lo imaginamos ya cerca. La *buena noticia* es que podemos contar con Dios, el creador, que puede devolver las cosas a su curso, y con el Hijo del Hombre, que va a restablecer el Reino de Dios. Mientras tanto padecemos *dolores*

LOS TRES DIAS GRANDES (Mc 14:1-15:47)

El discurso sobre el futuro es la última gran lección que reciben los discípulos en la escuela del caminante, aunque todavía quedan algunas cosas por aprender en la unción de Betania y en la Última Cena. Después, la escena en el Monte de Olivos pondrá punto final a la educación de los discípulos, con un resultado un tanto negativo: No estuvieron vigilantes en la oración y, por tanto, no podrán hacer frente a los eventos que se avecinan. Los discípulos se dispersan, Jesús se queda solo. La escuela del caminante se cierra para los discípulos, pero no para nosotros, los lectores. Sorpresivamente, Marcos dice que un grupo de mujeres seguía *a lo lejos*. Nosotros también seguimos. Nuestra formación continúa; hasta ahora ha sido en compañía con los Doce, desde ese momento será en compañía de las mujeres.

El relato de la pasión y muerte de Jesús constituye una unidad. Todos los evangelistas lo narran siguiendo el mismo orden. Es posible que las comunidades cristianas tuvieran un texto básico para la celebración de la Pascua. Para Marcos este relato corona todo su proyecto: Jesús es reconocido como Mesías, no sólo por el pueblo judío (la declaración de Pedro, en el centro del evangelio), sino por el pueblo gentil (la declaración del centurión al pie de la cruz). Jesús es Mesías para todos. La cuestión es si todos estamos dispuestos a seguirlo.

Nos encontramos en Jerusalén, que era el único sitio permitido por la ley donde se podía celebrar la pascua. Idealmente se debería celebrar en el Templo, pero dada la cantidad de gente que se aglomeraba en esos días, estaba permitido que se hiciera en cualquier casa dentro del recinto de la ciudad de Jerusalén.

Se celebraba la fiesta de la pascua el día 14 del mes de Nisán. Por la mañana se mataba el cordero y por la tarde se celebraba la cena pascual. En tiempos de Jesús, a la fiesta de pascua se le había unido otra fiesta, la de los panes ázimos, que duraba del 15 al 21 de Nisán.

Mc 14:1-11 Una Muerte Anunciada

A) El Texto

Marcos ha insertado en el relato de la pasión la unción de Betania, que los evangelistas Lucas y Juan colocan en otro contexto muy distinto. Marcos la ha puesto aquí para decirnos que Jesús no va a salir vivo y que se le prepara para la sepultura. Por eso, antes de la unción aparece la decisión de los líderes de matar a Jesús y después narra la decisión de Judas de ofrecerles una oportunidad para llevarla a cabo. Esta escena se corresponde a la de las mujeres que van a la sepultura (15:40-47).

1) La Conspiración (14:1-2)

Durante las fiestas mucha gente de la zona rural acudía a la capital para participar en las celebraciones. La gente del campo tenía fama de revoltosa, porque sentía que la ciudad era una capital opresiva y porque estaban más apegados a las tradiciones que los habitantes de la ciudad que se contagiaban fácilmente de las influencias extranjeras. Por otra parte, la aglomeración de tanta gente daba una buena oportunidad a los que se creían mesías para incitar al pueblo a la rebelión y a los revoltosos se les hacía fácil encontrar un escape rápido. Por tanto, eran tiempos en que tanto las autoridades religiosas como las civiles tenían los ojos muy abiertos para impedir cualquier sobresalto.

Los jefes de los sacerdotes y los maestros de la ley ya han tomado la decisión: arrestar a Jesús mediante una trampa y después condenarlo a muerte. De nuevo, el miedo a la gente les impide poner el plan en marcha. Es miedo a la gente que ha venido de la zona rural, porque los de la capital siempre van a estar allí. Fueron los peregrinos que acudían a Jerusalén los que aclamaron a Jesús; la gente de la ciudad permaneció bastante indiferente a la entrada de Jesús en el Templo. Entonces los líderes deciden esperar a que pasen las fiestas y la gente se disperse volviendo a sus casas.

2) La Unción (14:3-9)

Mientras los líderes religiosos consultan para decidir la muerte de Jesús, una mujer sencilla le muestra su devoción. Jesús quiere que nos fijemos bien en esta mujer, porque es la única vez en todo el evangelio en que Jesús insiste en que esta escena forme parte de la proclamación del evangelio y que se recuerde en todos los tiempos. Por tanto, es un buen ejemplo a retener en nuestras mentes.

Estamos en Betania, en la casa de *Simón el leproso*, aunque no sabemos por qué lo llaman así. Jesús está *reclinado* a la mesa, la postura normal en un banquete. De pronto, aparece una mujer con un frasco de perfume muy caro y unge la cabeza de Jesús. Los que están presentes se enojan con la mujer. Era un derroche imperdonable. Se podía haber usado el dinero para ayudar a los pobres. Tal vez se menciona a los pobres porque durante las fiestas se animaba a la gente a que fuera más generosa con los pobres.

Jesús la defiende: ¿Por qué se han metido con ella, si simplemente ha hecho *una obra bonita*? *A los pobres los tienen siempre con ustedes y pueden hacerles bien cuando quieran, pero a mí no me tendrán siempre.* Jesús afirma un hecho y recuerda la obligación de asistir a los pobres. Jesús no va a estar con ellos por mucho tiempo. Ya no van a tener oportunidades de hacer algo por él. En cierta manera, es un nuevo anuncio de la pasión. *Ha hecho lo que ha podido. Se ha anticipado a ungir mi cuerpo para la sepultura.* A Jesús le correspondía ser enterrado de una manera regia.

3) La Traición (14:10-11)

Los líderes religiosos no se atrevían a actuar por miedo a la gente. Pero aparece un aliado sorpresa, Judas Iscariote, uno de los Doce, que les proporciona una buena ocasión. Los líderes se alegran y le prometen pagar bien.

La entrega de Jesús es parte del designio de Dios de cómo hacer que progrese el Reino de Dios. Pero eso no quita la responsabilidad personal de Judas, *uno de los Doce.* Algo bien duro de aceptar para la primera comunidad cristiana.

B) El Texto Recibido

Los Padres de la Iglesia relacionan el perfume que trae María con el perfume de la enamorada del Cantar de los Cantares (1:3-4; 1:12) que celebra el amor de la Iglesia por Cristo. María actúa fuera del Templo y lleva un frasco de perfume. Así figura a la Iglesia, que se presenta ante el Salvador con el perfume de la fe de los creyentes. Al romper el frasco, el olor del perfume se extiende por todas partes, como la bendición del evangelio se ha extendido por todo el mundo. Con el frasco roto, Cristo, el ungido, nos convierte en sus *cristos,* sus ungidos.

La cabeza que unge María representa la divinidad de Jesús y sus pies, la humanidad. Nosotros también ungimos su cabeza cuando veneramos su divinidad y ungimos sus pies cuando celebramos su encarnación. Limpiamos sus pies con nuestras lágrimas cuando consolamos a los tristes y asistimos a los pobres.

Judas hablaba en nombre de los pobres, pero estaba más interesado en el dinero que en los pobres. Sin embargo, Jesús aprecia el gesto de esta pobre mujer que había gastado tanto en adquirir el perfume, para prepararlo para su sepultura.

Jesús fue vendido muy barato, pero compró todo el mundo con su sangre. Es un cordero llevado al matadero, pero se convierte en pastor universal.

C) El Texto Proclamado (ver el comentario a la pasión)

D) El Texto Leído

Una pequeña escena en un lugar remoto de un rincón del imperio romano se convierte en un pasaje leído en todas las partes del mundo. Admiramos la valentía de esta mujer que desafía la manera de pensar de la gente. Vemos la sorpresa de los que sólo saben leer dinero en cada acción. Es lo último que se puede hacer por un ser querido. Celebramos la libertad de Jesús de encarar la muerte con serenidad.

Mc 14:12-16 Preparativos para la Pascua

Jesús y los discípulos son forasteros en Jerusalén. Tienen que encontrar un lugar donde celebrar la cena pascual. Jesús actúa con pleno sentido de su señorío, como lo hizo en la entrada a Jerusalén. Sabe exactamente lo que va a pasar y cómo van a actuar las personas; hasta conoce la estructura de la casa. Los discípulos sólo tienen que declarar: *El Maestro dice...* Así pasa. Los discípulos *encontraron todo tal como les dijo*. Es Jesús quien prepara la cena.

Mc 14:17-31 Una Muerte Ofrecida

A) El Texto

Marcos, siguiendo su costumbre, encuadra el relato de la Eucaristía en medio de dos relatos, que anuncian la debilidad de los discípulos: la traición de Judas y la negación de Pedro.

1) La Traición al Descubierto (14:17-21)

Por la tarde llega Jesús con los Doce a la casa donde van a celebrar la cena. Jesús sabe muy bien lo que están tramando. También sabe que todo ocurre según el designio del Padre. Por tanto, lo acepta. Cuando están a la mesa, Jesús anuncia: Se va a dar una traición. Lo importante no es la persona, sino el hecho. El grupo de los Doce se va a romper.

Los discípulos reaccionan con tristeza e inseguridad: *¿No soy yo?* Jesús no descubre al traidor, como en los otros evangelios, porque en realidad, es un fallo de todo el grupo de los Doce.

Jesús continúa: El Hijo del Hombre se va, porque así lo ha dispuesto Dios (*está escrito*). Pero a Jesús le duele, que haya tenido que ser por medio de uno de los Doce. No debemos de leer aquí una maldición, sino un lamento de una persona con el corazón roto. Es un lamento con tinte de amenaza, porque se trata de una traición.

2) La Celebración de la Pascua (14:22-25)

Marcos ha colocado la Eucaristía en el contexto de una cena pascual. Lo que va a pasar con Jesús hay que explicarlo por medio de la experiencia del Exodo. Dios vuelve a intervenir a favor de su pueblo para sacarlo de la opresión. El ritual de la cena es el mismo, pero las palabras de Jesús le dan un nuevo contenido.

Jesús toma el pan y lo parte diciendo: *Tomen, esto es mi cuerpo*. Lo importante no es *el romper* el pan, sino el pan repartido que crea unión. *Mi cuerpo* es toda la persona de Jesús en cuanto está listo para el sacrificio.

Marcos pasa por alto toda la comida para centrarse en la copa. Jesús dice sus palabras después de que todos han bebido de ella. Jesús le da al vino el valor de la sangre derramada en los sacrificios; es la sangre que sirve de firma a la alianza. Es además una sangre *derramada*, es decir, entregada violentamente. Al día siguiente se pasará del símbolo a la realidad.

Por muchos es lo contrario de *uno*. Es una expresión hebrea para decir *todos*. En el proyecto de Jesús caben todos.

Entonces Jesús habla personalmente mirando hacia adelante. La comida presente es signo del banquete celestial. Jesús espera participar también en ese banquete; por tanto, Jesús está declarando su certeza en la resurrección. Entonces allí volverá a beber *vino nuevo* en el sentido de una nueva clase de vino, el que corresponde al banquete del Mesías. Los discípulos quedan invitados al banquete celestial.

La celebración de la Eucaristía mira adelante al banquete del Reino de Dios, que ya ha empezado a abrirse camino y que Jesús hace que entre en una nueva fase. No estamos allí, pero ya lo celebramos en la Eucaristía.

3) La Negación Anunciada (14:26-31)

La cena termina con el canto de algunos salmos. El último de ellos, el salmo 118, al que se ha hecho referencia durante toda *la semana santa*, habla de traición de amigos, de liberación y de coronación del Mesías.

Van de camino al Monte de los Olivos. Jesús les dice: *Todos se escandalizarán*. No quiere decir que Jesús vaya a ser tentado, sino que todos van a encontrar en Jesús una piedra donde van a tropezar, es decir, que los discípulos no van a superar la prueba de ver al *pastor herido*. Jesús está citando al profeta Zacarías: *Heriré al pastor y se dispersarán las ovejas* (Zac 13:7). Jesús cuenta con que los discípulos lo van a abandonar. Cuando llegue el momento de la verdad, se encontrará solo.

Marcos añade una sorpresa: *Después de resucitar, iré delante de ustedes a Galilea*. Muchos judíos creían en la resurrección de los muertos, pero sería un evento universal, cuando todos resuciten *al final de los tiempos*, una vez que el Mesías hubiera derrotado a los enemigos. Pero aquí Jesús, habla de sí mismo y de resucitar en unos pocos días.

Jesús convoca a los discípulos a un encuentro en Galilea; allí los va a esperar. Allí, donde empezó todo, será también el principio de una nueva etapa para los discípulos. La pasión los va a dispersar, pero Jesús resucitado los reunirá de nuevo, precisamente allí donde se dio el primer encuentro, que fue un tiempo de fidelidad cuando los discípulos estaban entusiasmados con las palabras y las obras de Jesús y caminaban con él. Después de la resurrección los discípulos *entenderán*.

Ahora no *entienden* como muy bien lo muestra Pedro con su actitud. Jesús acaba de decir que los discípulos no soportarían la prueba. Pedro salta diciendo: *Yo, no*. Entonces Jesús le anuncia que lo habrá negado esa misma noche tres veces, antes del segundo canto del gallo. Pedro y los demás discípulos responden: Nunca, hasta la muerte.

B) La Palabra Recibida

El tiempo propio para la celebración del bautismo es la Pascua. El bautismo ya está indicado al principio de la historia de la pasión mediante la referencia al que *lleva agua*.

Jesús tiene mucha paciencia con sus discípulos no sólo explicándoles las cosas *en privado*, sino también alrededor de la mesa pascual, donde está sentado Judas. No lo delata, sino que dice *Uno de ustedes*, uno cualquiera de ellos pudo ser el traidor. La amenaza de Jesús no se dirige sólo a Judas, sino a todos los que traicionan a Jesús.

Los creyentes que han aceptado la *Buena Noticia* que Jesús ha traído se reúnen en asamblea dominical para compartir el pan y el vino consagrados, que son el cuerpo y la sangre de Cristo. Después llevan la Eucaristía a los enfermos. Pan y vino son frutos de la tierra para nuestro alimento; así también la Eucaristía es el alimento de los creyentes.

Dios nos conoce por dentro, mejor que nosotros nos conocemos a nosotros mismos. Pedro se creía muy fuerte, pero Jesús lo conoce mejor.

C) La Palabra Proclamada: Fiesta del Cuerpo y la Sangre de Cristo

Moisés renovó la alianza rociando el altar y al pueblo con la sangre de los sacrificios ofrecidos (Ex 24:3-8). El salmista sigue viviendo dentro de esa alianza ofreciendo con gratitud sacrificios y levantando el cáliz de salvación (Salmo 116).

Jesús, en su última cena pascual, le da un nuevo sentido al cáliz que comparte con sus discípulos, diciendo: Esta es mi sangre, sangre de la alianza, derramada por todos. La sangre de Jesús sella la alianza de Dios con todos los seres humanos (Mc 14:12-16, 22-26).

La sangre de Cristo no sólo limpia exteriormente de una pureza legal, sino que tiene poder para ejercer una purificación interior de todo pecado, que nos dispone para servir a Dios como él quiere ser servido. Así Cristo es mediador de una alianza nueva (Heb 9:11-15).

D) La Palabra Leída

La celebración del Cuerpo y Sangre de Cristo se puede reducir a una procesión pomposa, perdiendo el marco de tensión que le ha dado el evangelista. Una comida de despedida precedida por una traición de uno de los discípulos y terminada en el anuncio del abandono por parte de los demás discípulos. La Eucaristía de cada domingo también se puede volver en algo pomposo si dejamos fuera todas las tensiones de la vida.

Mc 14:32-52 Jesús Entregado

A) El Texto

En la institución de la Eucaristía Jesús se ha *entregado* a *todos*. Ahora se va a *entregar* al Padre. Después se *entregará* a los enemigos. Jesús siempre está en control de lo que pasa.

1) La Entrega al Padre (14:32-42)

Estamos de vuelta en el Monte de los Olivos, en un lugar rústico llamado Getsemaní. Jesús deja atrás a los discípulos porque él ha decidido retirarse a orar, como suele hacer en momentos importantes. Este es también un momento crucial, porque tiene que enfrentarse al Padre, el único que lo ha sostenido para no dejarse llevar por el aplauso de la gente, ni por la oposición de los líderes religiosos, ni por la falta de entendimiento de sus propios discípulos. Se acerca el momento de la verdad, en que tiene que aceptar la pasión y muerte en fidelidad al Padre.

Jesús toma consigo a Pedro, Santiago y Juan, los tres que habían sido testigos de la curación de la hija de Jairo y de la compañía gloriosa en el Monte de la Transfiguración. Pero aquí Jesús no es el médico capaz de resucitar muertos ni el personaje glorioso que se codea con Moisés y Elías, sino que es un hombre que *tiene miedo y siente angustia* porque ve lo que se le echa encima. Entonces les dice: *Me muero de tristeza. Quédense aquí y velen.* El tiempo de la prueba, de la que había hablado en el capítulo anterior, ha comenzado.

Es tal la conmoción interna de Jesús, que se caía y oraba, se volvía a caer y volvía a orar pidiéndole al Padre que *pasara de largo aquella hora de él.* Jesús se dirige a Dios con una palabra característica suya: *Abba, Padre.* Esta situación de *angustia mortal* no le va a impedir llevar la misión encomendada hasta el final. Jesús no ha venido a hacer *su voluntad,* sino la del Padre. En cierta manera se le está dando media vuelta a lo que pasó en el Monte de la Transfiguración. Allí se oyó la voz del Padre llamando a Jesús *Hijo;* ahora es Jesús quien lo llama *Padre.* Entonces contemplamos a Jesús en toda su gloria divina; ahora lo vemos en toda su humillación humana. Los que no han cambiado son los discípulos: entonces no entendieron y ahora duermen.

La copa es *la copa de la cólera* de Dios. Jesús acepta colocarse en la posición que corresponde a los enemigos de Dios. Jesús acepta *ser pecado* para cargar sobre sus hombros la condición pecadora del ser humano. Esto significa ponerse *en frente* a Dios. No es el miedo al sufrimiento lo que le hace temblar a Jesús, sino la ruptura con el Padre.

Jesús no puede contar con sus discípulos. Tres veces acude a ellos: primero al grupo en general, después a los escogidos y finalmente a Pedro, que acababa de decir que iba a estar al lado de Jesús *hasta la muerte*, pero ni siquiera ha podido *velar por una hora*. Velar era lo que había pedido Jesús a todos sus seguidores en el tiempo peligroso que se acercaba. Estos discípulos no están preparados para el seguimiento que requiere el camino de la cruz. Si no son capaces de mantenerse firmes en la oración, tampoco lo serán cuando empiece la pasión. El discípulo ha de acompañar a Jesús en la oración de compromiso con el Padre, para después poderlo acompañar en el sufrimiento. Hay que velar pidiendo en oración la fuerza para superar la *tentación*. El ataque de Satanás ya ha comenzado y encuentra un apoyo en la debilidad del ser humano.

La acción se repite varias veces. No hay manera de que los discípulos puedan seguir a Jesús en el momento clave. Simplemente no pueden abrir los ojos para ver. Tres veces les había anunciado su pasión; tres veces los llama a la oración; tres veces lo negará Pedro. El momento decisivo ya está encima. *El Hijo del Hombre va a ser entregado en manos de pecadores*. Ya se oyen los pasos del *que me va a entregar*.

2) La Entrega a los Hombres (14:43-52)

Jesús ha velado y orado. En la oración ha unido su voluntad a la del Padre. Ha superado la *tentación*. Sabe y está preparado para asumir lo que se le viene encima. Jesús no es simplemente una víctima de una trama oscura de los líderes. Los discípulos no han velado ni orado; no se han puesto en línea con la voluntad de Dios. No están listos para enfrentar la *tentación*. ¿Qué harán?

Llega Judas. Se insiste en que es *uno de los Doce*. Le acompaña un gentío con palos y espadas que vienen de parte de los líderes religiosos. No es un arresto oficial hecho por la guardia del Templo o por soldados romanos, sino una captura realizada por una turba armada.

Parece que la gente no conoce a Jesús y necesita una señal. Judas se la da: *Al que yo bese ése es; agárrenlo y llévenlo bien custodiado.* El beso era el saludo normal entre discípulo y maestro. Pero Judas lo hace *con fervor.* Jesús no reacciona. La turba inmediatamente se le echa encima.

Dado el revuelo que se forma, *uno* (Pedro, en el evangelio de San Juan) saca la espada y corta la oreja al *Siervo del Sumo Sacerdote,* que es un título honorífico, tal vez el jefe de la turba. Perder una oreja era considerado un hecho vergonzoso en el ambiente judío. Jesús ni siquiera lo comenta. Los que no han estado en oración recurren a la violencia, lo mismo que Judas y sus acompañantes.

Han venido de noche, a escondidas. *¿Como a un ladrón han salido a detenerme con espadas y palos?* Los ladrones se esconden, pero Jesús ha estado enseñando públicamente en el Templo *todos los días* y no se atrevieron a detenerlo. Entonces aquí hay algo más: Se tiene que cumplir la Escritura, es decir, todo tiene que pasar de acuerdo al designio del Padre.

¿Cómo reaccionan los discípulos? *Y, dejándolo, todos huyeron.* Un joven, tal vez una de esas personas que seguían a Jesús *de lejos,* se había quedado allí cubierto tan sólo por una sábana. Lo agarran, pero él, soltando la sábana, huye. Ni siquiera los que siguen a Jesús *de lejos* van a acompañar a Jesús. Jesús se queda solo en manos de sus enemigos.

B) El Texto Recibido

Los Padres de la Iglesia quieren reconciliar las dos naturalezas en Cristo: su divinidad y su humanidad. En aquellos tiempos no se cuestionaba la divinidad de Jesús; todos lo reconocían como Hijo de Dios. Lo que era problemático para ellos era su humanidad. Por eso los Padres de la Iglesia afirman con convicción que Cristo asumió la miseria y la debilidad de cualquier ser humano. La mente humana no está preparada para comprender este misterio.

En el sufrimiento se prueba la fe. Uno querría conseguirlo todo sin padecer. Pero no hay misión sin cruz. Jesús no está dispuesto a pasar *la copa de cólera* a otro. Eso no va con Dios. Jesús obedece voluntariamente. No es una obediencia ocasional, sino eterna, la que corresponde a un Hijo respecto a su Padre. Con su ejemplo, Jesús enseña a todos los que sufren a ponerse en las manos de Dios, que sabe bien cómo guiarnos a la resurrección.

Hacemos oración no para no tener tentaciones, porque eso es imposible; las tentaciones pertenecen a nuestra naturaleza humana. Oramos para superar las tentaciones. El primer paso para vencerlas es precisamente la oración. Porque si no oramos, el Judas que llevamos dentro nos traicionará y el Pedro interior se quedará dormido. La oración es el medio por el que la carne se somete al espíritu.

Judas traicionó a Jesús por dinero. Pero no lo disfrutó, sino que lo perdió todo, en este mundo y en la eternidad. En la traición de Judas, la Iglesia ha de aprender que, aunque algunos de sus ministros sean malos, la misión ha de seguir adelante. Judas fue reemplazado por otro apóstol.

C) El Texto Proclamado (ver el final de la pasión)

D) El Texto Leído

Jesús vive en tensión. Hay que distinguir entre lo que uno quiere y lo que Dios tiene dispuesto. Es una tensión que se resuelve en soledad. Cada uno tiene que decidir por su cuenta si va a ser fiel al amor del Padre o fiel a lo que la sociedad propone. Los acompañantes se quedan atrás y dormidos; el amigo lo traiciona. Todo esto contribuye a la tensión, que Jesús resuelve en la oración.

Mc 14:53-15:15 La Causa contra Jesús

A) El Texto

Marcos ha escrito un doble juicio. Uno es oficial y se realiza dentro del salón donde se reúne el sanedrín; el otro es informal y se realiza fuera en el pórtico donde están los criados. El oficial tiene como acusado a Jesús y lo presiden los líderes; el informal tiene como acusado a Pedro y lo llevan a cabo los sirvientes.

1) Juicio Oficial a Jesús (14:53-65)

El sanedrín era una asamblea de líderes religiosos, compuesta por jefes de sacerdotes, maestros de la ley y *los ancianos* (representantes políticos). Estaba presidida por el sumo sacerdote. Trataban asuntos legales, tanto civiles como religiosos. Era política de los romanos el permitir que los pueblos sometidos siguieran usando sus propias instituciones para tratar asuntos internos de la nación.

La misma noche en que *capturan* a Jesús se reúne el sanedrín para buscar pruebas contra Jesús. Su condena a muerte ya estaba decidida desde hacía mucho tiempo, ahora se trataba de hacerla legal, pues sabían muy bien que la gente estaba con Jesús. *Muchos* testifican contra Jesús, pero sus testimonios no tienen base suficiente para sostener una condena. Ni siquiera coinciden en lo que dicen.

La acusación parece centrarse en el valor que tenía el Templo. Jesús había dicho que destruiría el Templo, fabricado por manos humanas, y lo reconstruiría en tres días fabricado por manos no humanas. Para los habitantes de Jerusalén era un asunto grave, pues la ciudad dependía del Templo para su sobrevivencia. Sin embargo, para la gente rural era algo aceptable, incluso deseado, pues el Templo presente, aunque era una obra espléndida, había sido construido por Herodes, que no era judío. Además se acordaban de las palabras de una larga lista de profetas rurales que habían atacado el Templo como tal: Miqueas de Moreseth (Miq 1:1; 3:9), Urías de Kiriath Yearim (Jr 26:20) y Jeremías de Anatot (Jr 1:1;

26:1). Por tanto, Jesús, que viene de Galilea, estaba en buena compañía. No había nada malo en decir que este Templo desaparecería para dejar paso a otro, una vez que los romanos fueran expulsados del país. Los escritores apocalípticos esperaban que Dios reconstruiría el Templo de la época definitiva o incluso de que no habría Templo en la nueva Jerusalén.

Entonces el sumo sacerdote, la persona de mayor autoridad en la asamblea, poniéndose en medio para hacer una declaración lo más formalmente que cabía, le pregunta: *¿Eres tú el Mesías, el Hijo del Bendito?*

Declararse Mesías era condenable, pero no con pena de muerte. Jesús hace una declaración solemne: *Yo soy, y verán al Hijo del Hombre sentado a la derecha del Poder y que viene entre las nubes del cielo.* Jesús se pone a la altura de Dios: *Yo soy* es el nombre de Dios en la Biblia. Jesús está diciendo que allí está Dios en actitud salvadora y que es el Hijo del Hombre sentado como juez universal. Eso era blasfemia, que merecía pena de muerte a los ojos de los judíos.

Ante tal declaración, el sumo sacerdote se rasga las vestiduras, en señal de dolor. *¿Qué necesidad tenemos ya de testigos?* Jesús mismo se ha condenado por sus propias palabras. Todos coinciden en la sentencia: Merece la muerte.

Entonces le demuestran a Jesús, que no es mas que un pobre infeliz, que no puede hacer nada por evitar el ridículo al que lo someten tanto los miembros del sanedrín como los mismos guardias. Así Jesús nos recuerda al Siervo Sufriente de Isaías, que es el modelo del Justo perseguido de los salmos.

2) Juicio Informal a Pedro (14:66-72)

Jesús ha sufrido un interrogatorio y ha *confesado* valientemente ante los líderes religiosos. Ahora Pedro aparece delante de los criados y niega a Jesús.

Pedro había confesado que Jesús era el Mesías, pero no se imaginaba qué clase de Mesías iba a ser. Siguen tres anuncios de la pasión, que los discípulos no oyen con agrado, y Jesús tiene que explicarles cómo se ha de seguir a un Mesías sufriente. Después Jesús los llama tres veces a velar y orar en Getsemaní. Los discípulos no son capaces de unirse a Jesús en su oración. Ahora se dan tres negaciones graduadas. Primero Pedro dice que no conoce a Jesús, después lo niega y, finalmente, lo niega con juramento.

Pedro ha seguido a Jesús *de lejos*. Ese seguimiento lo ha llevado hasta el patio interior de la casa del sumo sacerdote. Una criada se queda fija mirándolo: *Y tú estabas con Jesús Nazareno*. Pedro responde: No tengo nada que ver con él.

Después la criada dice a los que estaban allí: *Éste es de ellos*, uno de sus discípulos. Pedro vuelve a negar. Pero los presentes insisten: *Ciertamente eres uno de ellos, pues eres galileo*. Entonces Pedro *comenzó a maldecir y a jurar: No conozco a ese hombre del que hablan*. Pedro, por una parte, invoca una maldición sobre sí mismo si las negaciones que ha hecho son falsas y, por otra parte, pone a Dios por testigo. Pedro rechaza a Jesús con una declaración solemne y con testigos.

Inmediatamente se cumplen las palabras de Jesús. El gallo canta por segunda vez. Entonces Pedro recuerda las palabras de Jesús, se tapa la cara con las manos y rompe a llorar. El *buen maestro* Jesús ha guiado a su *discípulo preferido* a la posición de aprender de verdad lo significa *seguir a Jesús* - eso lo hará cuando vuelva a Galilea, para reiniciar allí el camino del Señor resucitado.

3) Juicio Civil (15:1-15)

La acción vuelve al sanedrín. Estamos *al punto de la mañana*. El sanedrín *entrega* a Jesús a Poncio Pilato (15:1), para que éste lo *entregue* a los ejecutores (15:15).

El sanedrín ha celebrado una asamblea oficial, ha tomado una resolución de condena y traslada al prisionero a la autoridad civil que es Poncio Pilato, gobernador de Judea entre los años 26 y 36.

La acusación oficial ante el poder romano es que Jesús se hace pasar por *rey de los judíos*, un desafío al emperador. Ante el gobierno romano, Jesús es un rebelde nacionalista. Pilato le pregunta: *¿Eres tú el rey de los judíos?* Jesús ni lo afirma ni lo niega: *Tú lo dices*. Una respuesta ambigua ya que cada uno ha de definirse en favor o en contra de Jesús.

El interrogatorio no lleva a ninguna conclusión clara. Entonces intervienen los jefes de los sacerdotes con *muchas* acusaciones, aunque Marcos no nos revela su contenido. Parece que Pilato no hace mucho caso a los jefes de los sacerdotes, porque se dirige de nuevo a Jesús. Pero esta vez Jesús se queda mudo y Pilato *asombrado*.

Pilato llega a la conclusión de que Jesús es políticamente inofensivo, de que se lo han entregado *por envidia*, es decir, es un asunto interno entre grupos locales. Por tanto, no ve una razón para sentenciarlo. Entonces Pilato recurre a una estratagema para quitarse el caso de encima sin ofender a los líderes religiosos. Dado que se acostumbraba a dejar libre a un preso durante las fiestas, a petición del pueblo, les propone que escojan entre Jesús y un tal Barrabás, un sicario que había sido condenado con otros por asesinato durante una revuelta. Los jefes de los sacerdotes incitan al pueblo a que pidan a Barrabás - el rebelde nacionalista.

Entonces Pilato pregunta: *¿Y qué quieren que haga con el que ustedes llaman rey de los judíos?* Gritaron: Crucifícalo. Es la única vez en todo el evangelio de Marcos en que la gente se pone contra Jesús.

Pilato ha caído en su propia trampa. Se ve obligado a *satisfacer* a la gente. Suelta al culpable y manda ejecutar al inocente, pues en realidad Pilato nunca lo condena. Pilato es el ejecutor de la condena que han pasado los líderes religiosos.

Entonces Pilato lo *entrega* para que, después de azotado, como solía hacerse con los condenados a muerte, lo crucificaran.

B) El Texto Recibido

Si no quieres saber quién es Cristo de boca de aquellos que lo acogieron, lo puedes hacer de boca de aquellos que lo rechazaron, del sumo sacerdote que preguntó: ¿Eres tú el Mesías, el Hijo de Dios? No aceptaron a Jesús pero sabían que el Mesías sería el Hijo de Dios.

A los Padres de la Iglesia les impresiona el testimonio de los evangelios que no ocultaron las faltas de los apóstoles ni los agravios dirigidos a Jesús. Jesús confiesa ante *las altas autoridades*. Pedro lo niega ante unos humildes servidores. Cuando Pedro se deje guiar por el Espíritu Santo, entonces podrá desafiar a las *altas autoridades* (Hechos 5:29, 41-42). ¿Por qué permitió Dios que Pedro cayera tan bajo? Para que aprendiera a ser misericordioso antes de estar a cargo de otros.

Jesús calla. Es victorioso en su silencio. Habló cuando tenía que enseñar en beneficio de la humanidad; se calló ante aquellos que lo provocaban en los tribunales. Guardó silencio en su pasión, pero no lo guardará el día del juicio. Aquel día su silencio se volverá un grito que se oirá por todo el universo.

Los que realmente crucificaron a Jesús no fueron los soldados, sino los que pidieron la liberación del asesino y la condena del inocente.

C) El Texto Proclamado (ver el final de la pasión)

D) El Texto Leído

Autoridades civiles y religiosas se alían para que la sociedad siga funcionando con normalidad. No les preocupa la inocencia de las personas; es algo secundario, que se puede sacrificar por el bien de todos; lo importante es que continúen las cosas como están. Todo es legal. La legalidad cubre los crímenes y los hace aceptables. Hasta los íntimos de Jesús, colaboran. Pero Jesús no se echa atrás, sino que declara la verdad tanto ante las autoridades religiosas como civiles. ¿No se estará repitiendo la historia en nuestros días?

Mc 15:16-32 La Instalación del Rey

A) El Texto

1) El Rey en su Corte (15:16-20)

La acusación oficial contra Jesús es que ha pretendido hacerse *Rey de los Judíos*, como dice el cartel que preparan para ponerlo junto a la cruz. Entonces los soldados montan una farsa cortesana para recibir al *rey*. Primero llaman a *toda la tropa*. Después lo visten de emperador con su manto púrpura y una corona, pero de espinas con púas a semejanza de rayos de sol que emanan de su cabeza, como solían representar al emperador en las monedas de la época. Finalmente le rinden homenaje real, con el saludo imperial y doblando la rodilla ante él. Llegada *la hora*, ponen fin a la farsa. Lo visten de nuevo con su ropa y *lo sacaron para crucificarlo*. Jesús, como blasfemo, es expulsado de la comunidad.

2) El Rey Elevado (15:21-28)

Se ponen de camino. El condenado a muerte tiene que cargar con el madero trasversal de la cruz; el vertical ya está clavado en el lugar de la ejecución. Jesús lo lleva por un buen trecho, pero parece que los soldados se dan cuenta de que no va a poder llegar hasta el lugar de la ejecución. Entonces fuerzan a un campesino a cargar con el madero. Marcos lo identifica con su nombre, Simón de Cirene, y el de sus hijos, Alejando (nombre griego) y Rufo (nombre latino). Había una sinagoga en Jerusalén para la gente de Cirene, una región del norte de África. A pesar de ser una persona forzada, a los ojos de los cristianos ha pasado como un ejemplo de buen discípulo, pues toma la cruz y sigue a Jesús (8:34).

Llegan al Gólgota o Lugar de la Calavera, un sitio impuro. La crucifixión era una muerte por tortura, ya que dejaban que el mismo condenado provocara su muerte por asfixia en medio de los dolores. El propósito era meter miedo a la gente, para que vieran donde terminaban los rebeldes. Antes de la crucifixión solían dar a los condenados una bebida para aliviar el dolor. Jesús no la acepta. Los soldados se reparten las vestiduras de los condenados, que van desnudos a su muerte.

Marcos señala el momento de la ejecución: La Hora Tercia, las nueve de la mañana. El evangelista no nos quiere dar un dato cronológico, como si fuera un periodista, sino una enseñanza: el momento que Dios ha dispuesto, cuando el juicio y la salvación se van a llevar a cabo.

Había allí un cartel con la razón de su ejecución: El Rey de los Judíos. Era una declaración política; se trataba de un rebelde. Le colocan a su lado dos ladrones (también llamaban *ladrón* a los que se alzaban contra el imperio romano). Esa es la corte que se merece esta clase de rey que Jesús pretende ser, según la manera de pensar de los líderes. Sin embargo, para los que conocen el designio de Dios, para los creyentes, ese cartel es una declaración divina: Jesús, el Mesías, es Rey. Algunos manuscritos del Evangelio de Marcos ven una referencia al Siervo Sufriente: *Fue contado con los malvados* (Is 53:12).

3) El Rey en su Trono (15:29-32)

A las burlas de los soldados antes de empezar el camino de la cruz, corresponden las burlas de los presentes una vez crucificado. *Sacudían sus cabezas* en señal de desprecio. Decían: *El que destruye el Templo y lo edifica en tres días* debería usar su poder en propio beneficio *¡Sálvate a ti mismo, bajando de la cruz!*.

Los líderes religiosos no se quedan atrás en los insultos, pero no se dirigen a Jesús sino que se lo dicen unos a otros: *¡A otros salvó, a sí mismo no puede salvarse! ¡El Mesías! ¡El Rey de los Judíos! ¡Baja ahora de la cruz, para que lo veamos y creamos!* Se sienten vencedores: el Templo sigue en pie y el *blasfemo* está en la cruz.

Incluso aquellos que estaban crucificados con Jesús lo insultan.

B) El Texto Recibido

Lo visten de rey en una farsa, pero con un manto auténtico; lo coronan de espinas, pero es una corona de verdad. Lo hacen de burla, pero es realidad; se está cumpliendo una profecía, porque Jesús es un verdadero rey. Aunque lo hicieron como juego, era una revelación. Lo hicieron y, sin querer, lo reconocieron como rey.

Al que había curado con saliva, lo recibieron a salivazos. Jesús todo lo aguantó con paciencia.

Le dieron tantos golpes que no podía con la cruz. Llamaron al Cirineo, no porque tuvieran compasión de Jesús, sino porque querían terminar pronto con la ejecución.

A la muerte sólo se le vence con la muerte más baja que se puede concebir, que es la crucifixión.

Oren a *la hora de tercia*, cuando Pilato pasó sentencia, y a *la hora de sexta*, cuando fue crucificado, y a la *hora de nona* cuando el sol se oscureció y la tierra tembló de horror porque no podía soportar tales crueldades.

C) El Texto Proclamado (ver el final de la Pasión)

D) El Texto Leído

Burlas que son verdades. Hay una regla constante en la Biblia por la que el despreciado se vuelve *salvador*. A José en Egipto lo desecharon sus hermanos y se convirtió en el que rescató a su pueblo del hambre. A David, por ser el más pequeño, se le había echado en el olvido y fue el rey que unificó a todas las tribus. Así también Jesús. ¿No estará pasando hoy día lo mismo, que los que despreciamos son precisamente los que Dios envía para sacarnos adelante?

Mc 15:33-47 El Final del Rey

A) El Texto

1) La Muerte (15:33-41)

Es la hora sexta, el mediodía. Aparece la oscuridad *sobre toda la tierra*, como había anunciado el profeta Amos: *Aquel día, oráculo del Señor, haré que el sol se oculte a mediodía y en pleno día cubriré la tierra de oscuridad* (Am 8:9). Es día de revelación y es día de juicio.

Llega la hora nona, las tres de la tarde. Jesús grita con una voz fuerte: *Dios mío, Dios mío, ¿por qué me has abandonado?* No es un grito de desesperación, sino el recitado del Salmo 22, por el que un justo perseguido, renueva su confianza en Dios.

Los que están presentes no entienden el arameo y piensan que Jesús está llamando al profeta Elías, a quien se le invocaba en momentos difíciles. Le dan a beber un *vino agrio* para alargarle un poco la vida y ver si Elías viene a hacer el milagro de su rescate y se venga de todos los que lo están ejecutando.

Jesús, lanzando un grito muy fuerte, expiró, un grito que se oye por el mundo entero.

Normalmente la muerte de los crucificados era lenta, pues se producía por agotamiento. Sin embargo la muerte de Jesús es violenta y rápida, tanto que el mismo Pilato se quedó sorprendido al enterarse (15:44).

La cortina del Templo que separa lo sagrado de lo profano se rasga en dos *de arriba abajo.* La muerte de Jesús pone punto final a la función del Templo. El camino a Dios es la cruz. Así lo reconoce el centurión: *Verdaderamente este hombre era Hijo de Dios.* Es el principio de otra era, la de los creyentes. Tal vez el centurión, en su manera de pensar romana, sólo quería decir que Jesús era un hombre extraordinario. Para Marcos éste es el momento culminante en el que Dios se da a conocer en plenitud a todo el mundo y que es reconocido por un gentil. La voz celestial ya lo había proclamado en el bautismo y en la transfiguración, los demonios lo gritaban cada vez que se acercaban a Jesús, finalmente un ser humano lo confiesa con toda claridad.

Los discípulos no han estado presente en el gran evento de revelación. Habían sido testigos de las obras de Jesús y de sus palabras, pero no habían sido capaces de seguirlo hasta la cruz. De todas maneras, Jesús nunca abandona. Habrá otra oportunidad. Queda pendiente una promesa: Un encuentro después de la resurrección (14:28).

Algunas mujeres se habían quedado con Jesús hasta el final, observando todo *desde lejos.* Eran personas que habían seguido y servido a Jesús desde los tiempos en Galilea y otras que lo habían acompañado en la *subida* a Jerusalén. Es la primera vez que Marcos nos habla de este grupo de mujeres. Ahora se vuelven importantes, porque son las únicas personas que lo han visto todo, desde Galilea hasta la muerte en la cruz.

2) Entierro (15:42-47)

Es viernes por la tarde, cuando hay que prepararse para el descanso del sábado. José de Arimatea, un miembro destacado de la asamblea, se atreve a presentarse ante Poncio Pilato y pedirle el cuerpo de Jesús. Se describe a José de Arimatea como alguien que *también esperaba el Reino de Dios.* Tal vez una persona piadosa preocupada por la pureza ritual de la fiesta de la Pascua, ya que la Ley exigía que el cuerpo de un criminal fuera removido de donde estuviera colgado antes de la puesta del sol para que no cayera una maldición sobre la tierra (Dt 21:23). Los romanos dejaban los cadáveres colgados hasta que se los comieran los animales. Por tanto fue un acto de valentía, por parte de José de Arimatea, el pedir el cadáver de Jesús a Poncio Pilato.

Pilato se quedó sorprendido de que Jesús hubiera muerto tan pronto. Un centurión confirma el hecho y Pilato le concede el cuerpo de Jesús a José de Arimatea, que compra una sábana para envolverlo, lo coloca en un sepulcro excavado en roca y lo tapa con una piedra enorme.

Las mujeres observan con cuidado todo lo que se había hecho con Jesús y dónde lo habían sepultado. Por tanto se asegura la continuidad entre la cruz y la tumba.

B) La Palabra Recibida

La creación entera llora y se conmueve por la muerte de aquel por quien fue hecha. La oscuridad física se convierte en oscuridad mental en los líderes religiosos que no dejaron entrar la luz del evangelio.

El alma humana de Jesús grita porque carga sobre sí mismo nuestro terror. En el peligro uno se siente abandonado. Jesús se apropia la voz del salmista, porque es la voz de la debilidad humana.

Así como el sumo sacerdote se rasgó las vestiduras ante la confesión de Jesús, de la misma manera el Espíritu rasga la cortina del Templo, indicando que el reino de Dios les ha sido quitado para dárselo a otros. El día de la liberación de la esclavitud de Egipto se convierte en el día de la liberación de la esclavitud del pecado.

José de Arimatea había sido discípulo de Jesús en secreto. Pero, después de la muerte de Cristo, se declara discípulo abiertamente, desafiando tanto a las autoridades judías como a las romanas. Exige el cuerpo de Jesús hasta que se lo entregan. Después demuestra su amor en el cuidado que puso en su sepultura.

C) La Palabra Proclamada: Domingo de Ramos

Todo el relato de la Pasión de Jesús se lee el Domingo de Ramos. Está iluminado por dos lecturas: El Siervo Sufriente de Isaías (Is 50:4-7) y el Comentario sobre la humildad de Jesús (Filip 2:6-11).

El servidor es, ante todo, una persona que escucha a su Señor. Escuchar no es solamente oír, sino obedecer. Ante lo dispuesto por el Señor el servidor ni pone resistencia ni se echa para atrás. Por eso el servidor se convierte en un siervo sufriente, porque su misión no es hacer cosas sino vivir en fidelidad aguantando todo lo que le hacen sufrir los que ni escuchan ni hacen caso a su Señor. Dios lo hace fuerte y hará que salga adelante y que se vea justificado. Es decir, su sufrimiento dará el fruto esperado.

La imagen del siervo sufriente se complementa con la del justo perseguido en el salmo 22, que forma la base de la narración de la pasión. Se oyen las voces de los enemigos, que son perros rabiosos: se burlan, hacen gestos, dicen que venga Dios a salvarlo ya que confiaba en él, taladran sus pies y sus manos, se reparten las vestiduras y se juegan la túnica a los dados. El justo acude a Dios: No te quedes alejado de mí.

El comentario de Filipenses presenta la historia *por dentro*, desde la Trinidad. Jesús tenía todos los privilegios que le corresponden a Dios, pero *se vació* completamente para tomar la condición de esclavo. Ese proceso de abajamiento lo llevó a darlo todo *en obediencia*, hasta la muerte en cruz. Precisamente, en lo más bajo, en una vida de servicio total, se da a conocer como *Señor*, ante quien toda creatura ha de doblar la rodilla. Quien quiera conocer a Dios tiene que mirar a la cruz.

D) La Palabra Leída

Lo hizo por mí. Ese fue el gran descubrimiento de San Pablo (*me amó y se entregó por mí*, Gal 2:20). La fe tiene pocos apoyos. Jesús muere abandonado por todos. Los discípulos han desaparecido. Unas mujeres, de las que no sabíamos nada hasta este momento, observan todo *desde lejos*. Un extraño, José de Arimatea, se hace cargo del cuerpo de Jesús. Parece ser un fracaso total. San Pablo lo llama locura y estupidez. Tal vez hay que sentirlo así para dar el paso siguiente.

FINAL
HACIA UN ENCUENTRO
EN GALILEA (MC 16:1-8)

Al principio, Juan Bautista va por delante abriendo camino para introducir al *más fuerte*. Al final, Jesús resucitado se dispone a ir por delante de los discípulos para un encuentro en Galilea, según lo había prometido (14:28).

A) El Texto

Algunas mujeres habían *observado* bien la crucifixión y la sepultura de Jesús. Como todo había sucedido justo antes del sábado, ese día no pudieron hacer nada y tuvieron que esperar al domingo para ir a la tumba. Fueron muy de madrugada, al salir el sol.

Marcos da como motivo de la visita el deseo de *ungir* el cuerpo de Jesús. El evangelista está escribiendo para lectores que practicaban embalsamamientos, pero los judíos no solían hacerlo. Tampoco tiene mucho sentido *ungir* un cuerpo cuando ya llevaba un par de días en la tumba, pues estaría muy descompuesto para entonces. Además, José de Arimatea ya había hecho todo lo requerido para un enterramiento de acuerdo a la piedad judía. Sea por la razón que fuere, de hecho, las mujeres van al punto de la mañana al lugar donde Jesús había sido sepultado; tenían la intención de honrar al difunto como se honraba a un rey con unciones y perfumes y no se equivocaron de lugar porque lo habían observado todo muy bien.

Por otra parte, Marcos quiere conectar esta escena con el episodio de la unción en Betania (14:3-9) y así encierra todo el relato de la pasión y muerte de Jesús en medio de dos historias de unción, hechas por mujeres.

Las mujeres se han puesto de camino muy temprano con sus ungüentos y perfumes sin pensar mucho en las dificultades que pudieran encontrar. *¿Quién nos rodará la piedra de la entrada del sepulcro?* El sepulcro estaba cavado en una roca y la entrada tapada con una piedra *extremadamente grande* que la *rodaban* para cubrirla.

Las mujeres vienen con sus cabezas bajas, *miran hacia arriba* y ven que la piedra ya ha sido removida. Es la primera señal de que Dios ya ha intervenido.

Cuando entran se encuentran a *un joven sentado a la derecha, vistiendo una túnica blanca.* En la manera de ver judía, se trata de un ángel que trae buenas noticias, pues está al lado derecho. Las mujeres se quedan extremadamente asombradas a la vista del ángel.

El ángel les trae un mensaje, para que entiendan bien los hechos. *Buscan a Jesús Nazareno, el crucificado. Ha resucitado; no está aquí. Miren el lugar donde lo depositaron.* El ángel les llama la atención sobre la dimensión humana de Jesús; es el hombre de Nazaret, que proclamó la buena noticia del Reino de Dios y que lo crucificaron. Ese mismo es el que *ha sido resucitado.* De nuevo, una acción de Dios. Los hombres matan, Dios resucita. El sepulcro vacío no es mas que una señal de lo que Dios ha hecho y que el ángel ha proclamado.

El ángel pasa de la proclamación a la misión: *Vayan, digan a sus discípulos, y a Pedro: Va por delante a Galilea; allí lo verán como les dijo.* Las mujeres son el punto de conexión entre la crucifixión, la sepultura y la resurrección. Por eso les corresponde a ellas ir en misión, primero a los discípulos, que se habían desbandado y, en especial a Pedro, que lo había negado tres veces.

¿Por qué hay que dejar Jerusalén atrás? Porque allí no queda mas que una tumba vacía. Ya no hay nada que hacer allí, ni nada que encontrar. Quien quiera saber de Jesús tiene que volver a su escuela del caminante, a Galilea; allí es donde todo empezó con entusiasmo y fidelidad y allí es donde todo puede volver a renovarse. El maestro ha vuelto y la escuela del caminante se ha abierto de nuevo.

Jesús ya va por delante; no viene en plan de venganza, sino de encuentro; sigue siendo el que encabeza y pide que los demás vayan detrás de él. Como Israel es llamado al desierto para renovar su amor por el profeta Oseas, así los discípulos son llamados a Galilea para renovar su primer entusiasmo y fidelidad en el seguimiento de Jesús. Tal vez en este nuevo encuentro, se decidan a tomar la cruz, porque ahora, ya que conocen la resurrección, entenderán todo. Habrá un nuevo comienzo.

El ver lleva al proclamar. Las mujeres vieron y fueron enviadas en misión. Los discípulos verán y serán enviados en misión, una misión especialmente dirigida a los gentiles. Alejarse de Jerusalén significaba *ir a los gentiles*. Fue un gentil el primer ser humano en proclamar: *Ciertamente éste es Hijo de Dios*.

Pero hay una sorpresa. La noticia de la resurrección no les llega a los discípulos, porque las mujeres, llenas de miedo, se quedan calladas. La historia se corta, sin un desenlace feliz. Hay promesa y Dios siempre cumple sus promesas. De hecho Marcos y todos los creyentes hemos recibido el mensaje de la resurrección. ¿De quién? ¿Cómo? El evangelista lo deja en suspenso. Las encargadas de pasar la noticia no lo hicieron. Jesús se queda esperando en Galilea a los discípulos dispersos. La escuela está abierta ¿acudiremos o no?

B) El Texto Recibido

La noche deja paso al amanecer, la muerte a la resurrección, el hombre viejo al hombre nuevo.

Las mujeres fueron las primeras en honrar a Cristo resucitado, pero los apóstoles fueron los primeros en sufrir por él. ¿De dónde quitaron la piedra, del sepulcro o de tu corazón? ¿del sepulcro o de tus ojos? Hay corazones pesados y ojos cerrados que no ven la gloria de la tumba abierta. Pon, entonces, ungüento no sobre el cuerpo del Señor, sino sobre tus ojos y tu corazón para que por la luz de la fe veas lo escondido en la oscuridad.

La piedra fue corrida no para permitir la salida del Resucitado, sino como evidencia para los que acudieron allí. El vientre de María estaba tan cerrado como el del sepulcro y el Señor entró en el mundo en ambos casos.

El ángel a la izquierda representa la vida en este mundo; el ángel a la derecha representa la eternidad. Por eso el ángel encargado de proclamar al Señor resucitado se sitúa a la derecha. Está sentado, anticipando a Cristo triunfador, sentado a la derecha del Padre, como corresponde a un rey.

Hay muchos que se llaman Jesús y muchos que se hacen pasar por Mesías. Pero el resucitado es Jesús, el crucificado.

Jesús resucitó al tercer día por mandato del Padre. Es el mismo Jesús que devolvió la vida a Lázaro y a la hija de Jairo. El que sacó a Jonás de la ballena a los tres días y el que liberó a los tres niños del horno de Babilonia y a Daniel de la boca de los leones, no carece de poder para resucitarnos a nosotros.

Jesús tomó la muerte sobre sí mismo y la venció. La muerte quedó muerta en Jesús. De la misma manera morirá en nosotros. Lo que ya ha sucedido en la cabeza, sucederá también en los miembros de su cuerpo. ¿Cuándo? Al final de los tiempos, en la resurrección de los muertos.

Lo que celebramos en el bautismo con signos es promesa de lo que vamos a ser. La realidad es la victoria de Cristo, en la que estamos llamados a participar. Vengan, benditos de mi Padre, a tomar posesión del reino preparado para ustedes desde el principio de la creación. Ayer estaba crucificado con Cristo, hoy estoy glorificado con él. Ayer moría con él, hoy recibo vida con él. Ayer fui enterrado con él, hoy resucito con él.

C) El Texto Proclamado: Domingo de Resurrección (y Vigilia Pascual)

Las mujeres que acuden al sepulcro escuchan la proclamación del ángel: Jesús de Nazaret, el crucificado, ha resucitado. Vayan a decirles a los discípulos (Mc 16:1-7).

Aunque el evangelio de Marcos termina con el silencio de las mujeres, de alguna manera se cumplió la promesa del Resucitado de encontrarse con sus discípulos. Pedro da testimonio, un testimonio completo sobre Jesús que abarca desde los tiempos de Juan el Bautista hasta el envío de los apóstoles al mundo entero, pasando por la cruz (Hechos 10:34, 37-43).

La primera comunidad cristiana lo vio todo anunciado en el Salmo 118: Dios se ha salido con la suya; la piedra que los constructores desecharon, Dios la ha colocado como piedra central. Es la obra más maravillosa que Dios ha hecho.

Pablo lo aplica a cada cristiano: Por el bautismo, nos hemos unido a Cristo, no sólo en la pasión, sino también en la resurrección; vivamos, pues, como resucitados en Cristo buscando *los bienes de arriba* (Col 3:1-4).

D) El Texto Leído

¿No nos estará esperando Jesús a nosotros, los lectores del evangelio? Nos parecemos mucho a los primeros discípulos. Empezamos a leer el evangelio muy entusiasmados al oír las palabras poderosas sobre el Reino de Dios y ver las obras maravillosas hechas con autoridad. Después, al ir descubriendo a un Mesías sufriente, nos echamos atrás porque nos asusta el camino de la cruz. Jesús, el Hijo de Dios resucitado, va por delante y nos espera para ver si la resurrección nos ha cambiado la manera de pensar y estamos dispuestos a ir *detrás* de él, enfrentando todos los sufrimientos que nos puedan venir.

No hace falta volver a Jerusalén, la ciudad sagrada, que ya no da los frutos necesarios en *los tiempos del Mesías.* El encuentro va a ser en Galilea, lugar de la vida normal de cualquier persona, tanto judía como gentil. ¿Nos echaremos atrás como la primera vez?

El Evangelio de Marcos es sólo *el comienzo* de la buena noticia sobre el Reino de Dios. No es el final de una historia, sino un punto de partida para los lectores del evangelio. Jesús está a la espera.

Los lectores de este evangelio somos personas privilegiadas. Hemos tenido la oportunidad de escuchar el llamado del Reino de Dios y ahora recibimos el llamado al encuentro con Jesús Resucitado. ¿Hemos aprendido algo? La escuela del caminante sigue abierta.

COMPLEMENTO
APARICIONES DEL
RESUCITADO (MC 16:9-20)

Marcos no nos ha dejado un *final feliz*, sino un *final abierto* en espera de nuestra respuesta. Para las generaciones cristianas posteriores fue difícil aceptar el final *en punta* del evangelio de Marcos, porque, de hecho, la noticia de la resurrección había llegado a los discípulos y, de hecho, había pasado a otras generaciones. Es posible que las mujeres se quedaran calladas, pero la misión tuvo éxito. ¿Cómo se explica?

Algunos manuscritos del evangelio añadieron un *final corto*, diciendo que, después de pasado el susto, las mujeres les comunicaron a Pedro y a los demás discípulos el encargo que el ángel les había dado. Más tarde Jesús mismo hizo que se proclamara el evangelio por todo el mundo a través de los discípulos.

Otros manuscritos del evangelio añadieron un *final largo*, un resumen de las apariciones de Jesús narradas en los otros evangelios. Al decir *añadido* no estamos diciendo que no pertenezcan a la Sagrada Escritura, sino que no son una conclusión al relato tal como Marcos lo contó.

A) El Texto

1) Aparición a María Magdalena (16:9-11)

El relato de Marcos había terminado con Jesús saliendo al encuentro de los discípulos camino de Galilea. Ahora se muestra a Jesús apareciéndose a María Magdalena, *de la que había expulsado siete demonios* (tal vez teniendo en cuenta Jn 20:11-18 y Mt 28:9-10). Después corre a decírselo a los discípulos, que *estaban tristes y gimiendo* (es decir, algunos seguidores de Jesús se habían quedado en Jerusalén haciendo los ritos funerarios), pero *ésos* no la creyeron (expresión que Marcos nunca usa para los discípulos).

2) Aparición a Dos Discípulos (16:12-13)

Como no creyeron a María Magdalena, Jesús lo intenta de nuevo apareciéndose a dos discípulos que se marchaban de la ciudad a la zona rural (tal vez en referencia a Lc 24:13-35). Cuando llevaron la noticia a los demás discípulos, tampoco los creyeron. Es decir, se presentó Jesús de una forma a María Magdalena y no aceptaron su testimonio; se presentó Jesús a dos discípulos de otra manera y tampoco aceptaron su testimonio.

3) Aparición a los Once (16:14-18)

Por último Jesús decide aparecerse directamente a los Once, cuando están alrededor de la mesa (referencia a Jn 21:12-13). Lo primero que hace es echarles en cara *su incredulidad y su dureza de corazón*, por no haber creído el testimonio de María Magdalena y de los dos discípulos.

Al superar su incredulidad, al ver por sí mismos, Jesús los acepta de nuevo como mensajeros. A la visión sigue la misión: Ir por todo el mundo y proclamar el evangelio a toda la creación (en referencia a Mt 28:16-20 y otros textos). Pero deben de saber que no todos acogerán el evangelio. Entonces *el que crea y se bautice, se salvará. El que no crea será condenado* en el juicio futuro. A las palabras seguirán los signos, que los realizarán todos los creyentes, no sólo los discípulos. Jesús, el Señor de toda la creación, la pone a disposición de los que creen. Son signos maravillosos en sí mismos (según Marcos, los hechos maravillosos tienen sentido sólo en cuanto revelan la presencia del Reino de Dios). Los seguidores de Jesús deben ser misioneros en un mundo peligroso, pero contarán con el apoyo del mismo Jesús.

4) Fin de la Historia (16:19-20)

Una vez que Jesús ha enviado a los discípulos en misión por todo el mundo, ya no le queda más que hacer y *fue elevado al cielo y se sentó a la derecha de Dios* (referencias a Lc 24:50-53 y Hechos 1:9-11). A Jesús se le llama *el Señor*. Los discípulos obedecen puntualmente el mandato de Jesús. Y sucede tal como Jesús lo dijo: Palabras, confirmadas por signos.

B) La Palabra Recibida

Domingo es el Día del Señor en que se celebra su resurrección; día en que el universo es re-recreado y los creyentes somos renovados. Así como Jesús no pudo ser contagiado por el pecado, tampoco pudo ser retenido por la muerte.

María Magdalena, que había gustado la muerte al ser poseída por tantos demonios, es la primera en gustar la presencia de Cristo resucitado y la primera en llevar el anuncio a sus discípulos.

Dos discípulos se alejan de Jerusalén. A pesar de los anuncios de Jesús que tras su pasión vendría la resurrección, la

crucifixión fue un golpe tan duro que perdieron la memoria.
Ya no esperaban nada. Es tal su desconsuelo que no reconocen
a Jesús que camina con ellos. Entonces Jesús les abrió los ojos
y los envió a anunciar su resurrección a los demás. Jesús se
hace presente cuando nos reunimos alrededor de la mesa de la
Eucaristía y cuando compartimos el pan con los pobres.

Los apóstoles se resisten a creen. Necesitan profundizar
su fe antes de ser enviados a proclamar el evangelio. Antes de
reprender a otros por no aceptar la Buena Noticia, son ellos
reprendidos por su falta de fe. La Iglesia es apostólica porque
se basa en el testimonio de los apóstoles enviados por Jesús.

Las señales que Jesús les dio eran buenos signos en
aquellos tiempos cuando la fe requería acciones que llamaran
la atención, pues los signos no son para beneficio de los
apóstoles, sino para que los que no tienen fe se acerquen
a ellos, si no por las palabras que enseñan, al menos por las
acciones que llevan a cabo. Hoy la Iglesia ha echado raíces y
continúa haciendo obras maravillosas pero de otra manera.

Jesús, antes de ascender a los cielos, puso las bases para
que nuestra fe no decaiga, nuestra esperanza no se tambalee y
nuestra caridad no se enfríe. Desde su ascensión la presencia
visible de Jesús ha pasado a los sacramentos. La vista material
deja paso a la fe, que se recibe en la enseñanza con autoridad,
que es iluminada por Dios.

C) La Palabra Proclamada

1) Fiesta de la Ascensión

La ascensión es la culminación de la resurrección. Jesús
termina su misión en Palestina e inicia la época de la misión
de los discípulos por todo el mundo (Hechos 1:1-11). Para
Jesús personalmente también termina una etapa, la de su
humillación e inicia otra, la de su glorificación. Jesús asciende
a su trono como rey del universo (Salmo 47).

Jesús ascendido no quiere decir Jesús ausente (Mc 16:15-20). Jesús sigue enviando apóstoles, profetas, evangelizadores, pastores y maestros para construir *su cuerpo* hasta que alcancemos la plenitud de Cristo (Ef 4:1-13).

2) Conversión de San Pablo (25 de enero)

Jesús envía a los apóstoles a que vayan por el mundo entero y prediquen el evangelio a toda creatura (Mc 16:15-18). San Pablo da testimonio de que Jesús mismo salió a su encuentro en el camino de Damasco y lo cambió de perseguidor en apóstol. Desde entonces, él ha sido enviado como testigo de todo *lo que ha visto y oído* (Hechos 22:3-16). Por su ministerio todas las naciones han sentido el amor y la fidelidad de Dios (Salmo 117).

3) San Marcos Evangelista (25 de abril)

Marcos nos ha dado *el principio* de la Buena Noticia de Jesús, el Mesías, el Hijo de Dios. Este principio fue seguido por el envío misionero de los apóstoles por el mundo entero (Mc 16:15-20).

Marcos aparece al lado de Pedro (1 Pedro 5:5-14) que trata de animar a los cristianos a permanecer alerta y fieles en los tiempos de persecución en que viven. Por su apostolado, la misericordia del Señor es proclamada sin cesar por el mundo entero (Salmo 89).

D) La Palabra Leída

La Buena Nueva ha llegado hasta nosotros. Somos discípulos misioneros. Tal vez no seamos muy buenos discípulos ni tampoco muy buenos misioneros. Pero ahí estamos. Cristo sigue contando con nosotros y nos sigue llamando a un encuentro para que nos pongamos de una vez por todas *detrás* de él y así nos llene de fuerza para llevar adelante la misión que nos ha encargado.